数智未来

从宇宙到元宇宙

曾凡昌 著

经济日报 出版社

图书在版编目（CIP）数据

数智未来：从宇宙到元宇宙 / 曾凡昌著. —北京：
经济日报出版社，2023.4
ISBN 978-7-5196-1295-5

Ⅰ.①数…　Ⅱ.①曾…　Ⅲ.①信息经济　Ⅳ.①F49

中国国家版本馆CIP数据核字（2023）第038782号

数智未来：从宇宙到元宇宙

作　　者	曾凡昌
责任编辑	宫婷婷
责任校对	孙鹤窈
出版发行	经济日报出版社
地　　址	北京市西城区白纸坊东街2号A座综合楼710（邮政编码：100054）
电　　话	010-63567684（总编室）
	010-63584556（财经编辑部）
	010-63567687（企业与企业家史编辑部）
	010-63567683（经济与管理学术编辑部）
	010-63538621 63567692（发行部）
网　　址	www.edpbook.com.cn
E-mail	edpbook@126.com
经　　销	全国新华书店
印　　刷	天津中印联印务有限公司
开　　本	710 mm × 1000 mm　1/16
印　　张	19
字　　数	278 千字
版　　次	2023 年 4 月第 1 版
印　　次	2023 年 4 月第 1 次印刷
书　　号	ISBN 978-7-5196-1295-5
定　　价	68.00 元

序

2021年10月29日，市值排名世界第六的社交巨头Facebook官宣，其公司名称正式更名为"Meta"。相应地，公司原来的LOGO——蓝白色字母"F"也将被一个寓意"无限"的符号代替，我想这或许意味着Facebook的CEO马克·扎克伯格认为元宇宙的未来存在无限的想象空间。

这种猜测是有依据的，他在其公司"Connect 2021"大会上的演讲就有如下内容："我们正处于互联网下一篇章的开端，而这也是我们公司的下一篇章。"由此可见Facebook更名的原因，也看得出来扎克伯格对元宇宙未来的憧憬。

图1　Meta的新LOGO

世界好像一瞬间就被扎克伯格带入了元宇宙时代，自从"Facebook"更名，"元宇宙"一词也成为2021年的流行词汇。

当然，元宇宙并非起源于这次更名事件。虽然Facebook的更名确实很具有代表性，但这仅仅是元宇宙发展过程中的一个标志性事件，在此之前已经发展数十年的数字经济为元宇宙时代的到来早已埋下了无数的伏笔，打好了坚实的地基，而元宇宙本身也无非是科技发展和人类社会数字化进程中的一个阶段。

早在2021年3月10日，视频游戏公司Roblox在纽交所上市时就已经将Metaverse（元宇宙）这个概念写入招股说明书，这或许是元宇宙在商业领域的第一次"面世"，所以Roblox也被称为"元宇宙第一股"，Metaverse也正是从那时开始正式进入普通民众的视野。

不过，即便是Roblox使用的Metaverse一词也只能算是"旧瓶装旧酒"。说它是"旧酒"，那是因为元宇宙无非是数字经济的一种具体表现形式，而数字经济自1996年被美国学者唐·泰普斯科特提出并被社会各界所接受至今已经26年。

再则，我之所以说"Metaverse"也是"旧瓶"，那是因为这一名词根本就不是Roblox初创，它最初出现在一本科幻小说里。

1992年，美国作家尼尔·斯蒂芬森在他的科幻小说《雪崩》（Snow Crash）中，最早提出了"Metaverse"的概念，小说描绘了一个庞大的虚拟世界，人们在虚拟世界中用数字化身来代替自己，并像在现实社会一样生活。小说中用"Metaverse"称呼这个虚拟世界，用"Avatar（阿凡达）"称呼虚拟世界的人类替身，可见元宇宙、阿凡达都不是新名词。后来，詹姆斯·卡梅隆借用"阿凡达"作为电影名称，而Roblox和扎克伯格则借用"元宇宙"指代一种数字经济形态。

扎克伯格构想的元宇宙，即人类与虚拟世界的"虚拟对象"通过交互而共生的情景也并非其创举，早在1981年美国数学家和计算机专家弗诺·文奇在其小说《真名实姓》中，就已经创造性地构想了一个通过脑机接口进入、并可获得感官体验的虚拟世界。

对游戏稍有了解的人或许都知道，美国旧金山林登实验室在2003年也发布过一款名为"Second Life"（第二人生）的游戏，游戏参与者可以在网络中创造自己的"第二生命"。游戏者指定游戏中的某个虚拟人物，让虚拟人物按自己的意愿参与虚拟世界的生活，游戏中的虚拟角色可以经商、学习、旅游、工作，甚至可以去过丰富的夜生活。从内容的角度看，这就是扎克伯格设想的"虚实共生"元宇宙，无非"第二人生"是2D元宇宙，而扎克伯格构想的是"沉浸式元宇宙"而已。

如果内容类似，仅仅是表现形式不同，我们不免好奇地问一个问题："'第二人生'成功了吗？"

这是个好问题。为了让大家更形象地了解元宇宙可能的未来，我们不妨先花点时间深入地了解下这个"2D元宇宙"——"第二人生"。

最初，虽然"第二人生"的游戏场景是通过现实世界的"化身"参与游戏，但其商业模式和其他游戏并没有太多不同，也是需要玩家通过现金购买点卡参与游戏并赚取游戏中的虚拟币——"林登币"。

"第二人生"升级的第一步是开放林登币与美元的直接兑换，这使得很多人不再将"第二人生"仅仅看作一款游戏，而是使用虚拟角色在游戏中实现其在现实社会中无法实现的梦想，这正是"第二人生"鼓励玩家去做的事情。游戏中有教堂、酒吧、剧院、各种交友小圈子，还有店铺、学校、集会场所、巡回演出和体育赛事，可以说现实世界中有什么、这里就有什么。在这样的场景中，"第二人生"通过开放"玩家设计情节"模式，让游戏者不但可以在这里聊天、交友、开办学校、召开虚拟会议、观看演出或举办赛事，甚至可以经商、旅游、虚拟结婚。

这就是一个虚拟的自由经济体，在这里商品和服务可以通过林登币自由买卖，游戏设计者需要做的仅仅是将供给与需求撮合起来。你如果选择在游戏中提供相应的商品和服务，则有可能实现相应的收入，而这些商品可以是虚拟的，也可以是和现实世界中的商品互通的，只要是有需求就行。

游戏玩家还可以买卖虚拟不动产，林登实验室（游戏所有者）出售"原始地块"给玩家，每个地块对应现实世界中的一个物理服务器，购买土地者可以利用该空间打造自己的梦想王国，也可将地块打包出售、出租，或者建造Super Mall。

2007年，德国华裔女子Anshe Chung登上《商业周刊》封面，她依靠在"第二人生"上从事地产开发，拥有了与100万美元现实货币等价的虚拟财产，成为虚拟世界中名副其实的地产大亨。

这类事件产生了足够强大的"眼球效应"，2007年前后这种虚实结合的经济模式让许多企业嗅到了商机。美国最大的线上书店亚马逊进驻"第二人生"

并接受虚拟角色购买书籍，路透社也到"第二人生"建立了自己的新闻分支机构，喜来登饭店则来到"第二人生"建设宾馆，丰田、IBM等公司也在"第二人生"中推介和销售它们的产品，IBM甚至曾一度计划把整个公司都迁移到"第二人生"，虽然最终未能实现，但这种想法已经足够证明跨国企业们对"第二人生"经济模式的看好。

随着"第二人生"游戏中虚拟世界与现实世界的友好互动，玩家数量也一路上涨，到2007年"第二人生"的活跃用户数已经超过了100万。最重要的是，不少人像AnsheChung一样在"第二人生"中通过商业经营实现了其人生价值，截至2007年3月已经有3.2万用户从"第二人生"获得了净收入，这些人的平均月收入超过了1000美元，很多人对"第二人生"这种虚实结合的经济模式前景都无比看好。

然而，出乎意料的是，2007年成为"第二人生"的"人生巅峰"，自2008年开始"第二人生"的活跃用户数莫名其妙地开始下降，而且这一趋势并非短期波动，时至今日曾经繁荣的虚拟社区已经几近凋零，虚实结合的经济模式就这样以一种都让人无法理解的方式无声无息地离开了人们的视线。

2021年末，"第二人生"的创始人林登（其真名是菲利普·罗斯代尔，1968年出生在美国）接受采访时总结了"第二人生"由盛转衰的几个原因。

第一，人们没有必须留在虚拟世界的理由，也就是虚拟世界并没有为用户带来真正的、有意义的价值。换句话说，他认为"第二人生"并非人们的刚需。

第二，人们虽然会使用现金在"第二人生"游戏中购买虚拟产品，但很少创作者能够真正以此谋生，由于无法形成稳定的经济系统，整个商业模式也很难持续。进一步来说就是，虚拟世界与现实世界在"第二人生"中还是隔离开来的，二者并没有真正地共荣共生。

第三，操作体验上的挑战仍然是"第二人生"普及的巨大障碍，因为交互技术的发展并没有跟上"第二人生"的需求，这使得很多用户玩过一次或几次后就再也没有登录过。

第四，虚拟世界对某些人群来说依然难以接受。同时，由于虚拟身份的识别与验证困难，在游戏中出现了不少违反道德的现象，如向未成年人发布不健康的内容、洗钱及其他犯罪行为，这些严重影响了人们对"第二人生"的接受度。我认为这一点尤为重要，它说明解决虚拟世界的信用问题已经成为未来元宇宙具有长久生命力的必要条件之一。

"第二人生"的由盛转衰，以及创始人林登对这一过程的反思非常值得目前正热衷于元宇宙的玩家们警醒。这也是我之所以用这么长的篇幅来介绍"第二人生"前世今生的原因。

《圣经》中有句话："已有之事，后必再有；已行之事，后必再行。日光之下，并无新事。"

果然，2021年11月，虚拟现实平台Decentraland中的一块土地以约243万美元的高价成交，刷新虚拟房产的交易纪录。与此同时，歌手林俊杰也宣布，在Decentraland上购买了3块土地。

几天后，元宇宙发展房地产公司Republic Realm宣布，公司以约430万美元的价格购入元宇宙游戏Sandbox上的一块土地。2021年末，国内元宇宙公司"天下秀"开发的元宇宙App"虹宇宙"开始内测，用户预约后可以购买虚拟房产，部分房产还未上市之时就在第三方网站上被炒到了几十万元。

不难看出来，这些虚拟房产的一夜暴富故事，其包装模式与2007年"第二人生"中的虚拟地产经济有极大的类似之处。

相对于虚拟房产，另外一种元宇宙概念虚拟数字资产——NFT（Non-Fungible Token）近期的火爆程度更是出乎人们的意料。

2021年3月，佳士得拍卖行将数字艺术家Beeple的《每一天：最初5000天》拍出6934万美元（约合4.5亿元人民币），而同期梵高的大作《蒙马特尔街景》也只卖出1亿元人民币，这让NFT强势闯入大众视野。这幅如此昂贵的画作也并无特别的新鲜之处，它是Beeple自2007年5月1日起每天在网上发布的绘画照片，凑满5000张后用NFT加密技术组合到一起制作生成的。

此后，NFT交易活跃起来，在全球最大的NFT交易平台OpenSea上，看似普通的马赛克头像、图片、收藏品频频售出天价。截至2021年底，在OpenSea平台上NFT数字藏品销售额累计已经超过100亿美元。

随着国外NFT市场的炙手可热，国内数字藏品交易平台也如雨后春笋般地冒了出来。到2021年底，国内大大小小的NFT交易平台已达近300家，其中比较成规模的有阿里鲸探、腾讯幻核（近期已关闭）、京东灵稀、小红书R-space、网易星球、B站哔哩哔哩数字藏品，另外还有唯一艺术、元视觉、洞壹元、iBox、HOTDOG、Artpro等专门从事数字艺术藏品交易的平台。

特别是进入2022年以来，数字藏品的暴涨暴跌已经频频成为热门话题，开通寄售二级市场的数字藏品平台也成为炒作者的天堂，多数玩家其实也清楚这或许就是一个"击鼓传花"的游戏，但谁都认为自己不会是那最后一位"幸运儿"。

可以说，元宇宙概念催生的种种乱象已经让人们无法看清元宇宙的真面目，这不但会影响元宇宙整个产业的发展，甚至最终有可能会扼杀数字经济的未来，毕竟元宇宙是数字经济的一种具体形态。

所以，我认为厘清元宇宙的底层逻辑，让人们认清到底什么是元宇宙，以及元宇宙到底能够为我们带来什么利益，已经成为一件迫在眉睫的大事，这也是我动笔写本书的初衷。

回顾任何一种得到大规模应用的科技发展历史，我们都会发现它要么拉近了人与人之间的时空距离，比如语言、文字、蒸汽机、电力、汽车、飞机、通信、互联网；要么极大地丰富了人们的文化物质生活，比如电影、电视、游戏、手机等。

"第二人生"游戏之所以未能持续，最重要的原因之一就是它除了提供虚拟的空间和交易的场所之外，并未能够给人们带来以上两种利益。

基于此，我认为如果元宇宙未来想打破"第二人生魔咒"，闯出自己的一片天地，就必须先从应用着手，即让元宇宙相关的技术赋能传统的产业、赋能消费领域的应用，让人们能够通过使用元宇宙相关技术受益，最终自然而然地进化到元宇宙时代，这是一个渐进的过程，切不可拔苗助长。

令人欣慰的是，与那些概念炒作者相对应，宣布进军元宇宙领域的巨头们多数都在脚踏实地地推进元宇宙相关技术的落地和应用。Meta在努力推进虚拟会议室、虚拟社交和VR眼镜的结合，微软重点打造AR眼镜在工业领域的应用场景，Roblox通过游戏创建一个自由、开放的社区，马斯克则努力让人类加入人工智能的大家庭……

看着巨头们不同方向的努力，普通民众就更加迷惑，如果这些都是元宇宙，那可真应了"元宇宙是个筐，什么技术都能往里装"这句话。

元宇宙到底是什么？为了解开这个谜题，本书将从元宇宙底层逻辑的角度给你呈现一个完整的元宇宙模型，让"一千个人心中有一千个元宇宙"的情况再也不会发生。

我认为，元宇宙不是设计出来的，它应该是在特定的规则之下演化出来的有机社会生态。既然是演化，就有必要回顾其生成的环境——现实世界，再通过其演化的规律尝试探索其未来的形态。

基于此，本书将根据元宇宙的基本逻辑结构和相应的技术迭代路径分析出元宇宙价值功能及其大致的演化方向，特别是从满足产业需求和消费需求的角度去看元宇宙，它的未来图景就不再会像是"雾里看花"一样模糊。

这也正是本书致力达成的目标。

对于普通百姓而言，本书有助于你形成对元宇宙基本模型的认知并对未来你可能面对的元宇宙社会图景有初步的了解，当然这也能够指导你在入局元宇宙的同时不必"踩坑"。对于已经进入元宇宙（包括AR、VR、NFT、数字货币、Web3.0等）领域的从业者，知晓元宇宙的底层逻辑结构及其未来可能的演化方向，对你寻找商业机会和进行行业判断也将大有益处。

基于以上目标，本书的内容将从以下七个部分，争取用最通俗易懂的语言来阐述元宇宙的底层逻辑。

第一部分通过回顾宇宙的演化过程进而提出适用于宇宙万物，包括生命体和非生命体通用的规则——信息与能量。

第二部分定义元宇宙的概念，即元宇宙就是数智社会，并试图从宏观的角度描述元宇宙的终极社会图景及其底层逻辑框架。

第三部分描述物理世界的数字化技术，因为"万物皆数"是元宇宙运行的基础，也是算法得以起到决定性作用的原因。

第四部分讲述以区块链、Web3.0技术为基础的元宇宙社会规则，并比较这种"数字社会规则"与人类现实社会规则的异同点。

第五部分则从虚实相生的角度来看元宇宙未来可能呈现的具体形态，这些交互技术很多，包括XR、脑机接口等，但人机交互的目的只有一个，那就是人与机器之间的互相理解，在这个基础上我们"邀请"元宇宙时代的四大主角登场。

第六部分重点分析在元宇宙逻辑框架下运行的内容，即元宇宙可能为企业、为消费带来的赋能点，进而在读者面前展示出一个丰富多彩的，以万物数字化和算法为基础、以区块链为规则、以交互技术为形式的"数智社会"新形态。

第七部分着眼于展望未来，既展望元宇宙及其他新兴科技可能给人类社会带来的改变和影响，同时也尝试讨论新技术给人类带来的影响及我们应采取的措施。

通过以上七个方面的论述，希望呈现给读者一个清晰的元宇宙底层逻辑，不但让读者清楚地认识到什么是元宇宙，厘清真元宇宙与"伪元宇宙"的根本区别，同时也能够从书中找到元宇宙与产业需求、消费需求之间的结合点。

当然，元宇宙毕竟属于新鲜事物，数智社会也是一种未来形态。凡预测必然有风险，任何人都不敢保证未来元宇宙的发展方向与本书预测方向完全相同，但基本逻辑只要清晰，就不会犯原则性错误。

由于认识的不足，在本书的写作过程中难免产生疏漏或谬误，还请读者海涵并指正。

目　录

第一章

凡是过往，皆为序章

如果你真想从零开始制作一块苹果派，

你得先创造宇宙。

——《宇宙》卡尔·萨根（天文学家、作家）

想要预测未来，必先了解过去。

莎士比亚在其创作的最后一部戏剧《暴风雨》中有一句人皆耳熟能详的名言："凡是过往，皆为序章。"对于宇宙、对于地球、对于人生，皆是如此。同理，要理解元宇宙的底层逻辑，则必须了解真实宇宙的演化进程以及人类社会的形成过程。

因为元宇宙绝非一项技术，它是一种新型的社会形态。既然是社会形态，就涉及经济基础、上层建筑，以及人与人、人与物之间的关系。

若我们从当下看，人类无疑是地球的主宰，人类之伟大不言自明，现今人类不但已经成为这个蓝色星球的"主宰"，甚至很多人在遥望星空之时也都会产生一种遐想，那就是人类是否终有一天也会征服遥远的未知星球并成为太阳系、银河系，甚至整个宇宙的主宰？

事实果真如此吗？略加分析，我们便会发现这种想法的可笑之处。虽然我们人为地将世界上所有物质分成了截然不同的两大类：生命体和非生命体，但细想想，这种分类方式其实挺矛盾。从物质本身的组成来看，生命体如人类和非生命体如石头都是由分子、原子构成，同样物质组成的不同物体怎么可能会分成两类呢？它们本质上肯定是一类才对嘛，或许这就是遥远未来的方向——万物归为一宗。

这一点不但指向了未来的元宇宙时代，亦可以从宇宙诞生以来的138亿年历史中寻找到答案。

如果从宇宙诞生到人类出现这整个过程看来，你会发现人类不过是这个大历史中微不足道的物种。更刻薄一点说，甚至连"物种"都不能算，人类仅仅是宇宙中由某些元素组成的物体之一，因为有机物本身就是一种不同元素组合在一起的特定形式而已。

人类的历史也非常短暂。天文学家卡尔·萨根在《伊甸园的龙》中提出宇宙年历的概念，他将宇宙138亿年的历史压缩成1年做成"日历"。在这个日历中，一秒相当于438年，一小时相当于158万年，一天相当于3780万年，以此类推，一年就相当于138亿年。

在按这个比例尺模拟出来的日历中，太阳系在9月9日诞生，而我们的祖先——智人，则是在这一年中的最后一天（12月31日）晚上23点52分才登上这个舞台，也就是说人类在宇宙之中的活动时间仅仅相当于一年之中的最后8分钟。

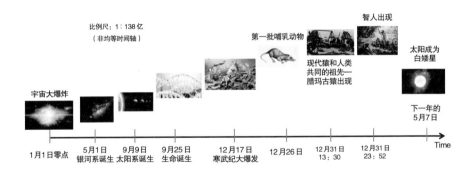

图1.1　将宇宙历史浓缩为一年后的"宇宙年历"

当然，别看人类历史很短，却很特别，粒子之间在人类身体内部的信息交流让人类看起来很"智慧"，这一点与地球上的其他物体形成了鲜明的对比。不过，不同视角看同样的问题可以得出完全不同的结论，当我们从宇宙大历史这个视角来看待人类时，就会发现我们根本没有骄傲的理由。面对宇宙万物，我们的正确态度只有一个，那就是敬畏，这种敬畏源于对过去的无知和对未来的不确定。

对于人类这个智慧生命体，敬畏肯定不代表着畏首畏尾的止步不前，敬畏是怀着对未知无限尊重的一种态度，但探索未知领域的行动人类从未停止过。

宇宙，从奇点到生命

对于宇宙的过去，目前科学界比较认可的是大爆炸理论[①]。这个理论认为，宇宙是从一个无限小的奇点开始迅速膨胀，并且延续至今。

虽然大爆炸发生之前的事情目前还是科学界未能破解的谜团，但可以推测的是如下时间序列：

大爆炸发生之后的10^{-33}～10^{-32}秒，宇宙在强力、电磁力、引力等各种力的相互作用之下以超光速膨胀，宇宙温度降低至绝对零度[②]附近。大爆炸之后的10^{-10}～10^{-6}秒，各种基本粒子迅速诞生和消亡，质子与中子形成，不过其总和仅相当于最初诞生的粒子总数的十亿分之一，绝大多数最初粒子都泯灭在茫茫未知之中。大爆炸之后的1~6秒，正负电子结对消亡，残留下来的电子也仅仅约为电子最初数量的十亿分之一。

大爆炸之后的3分钟，质子与中子结合成氢和氢的同位素氘的原子核，被今天的科学家们称之为元素的物质正式形成。从大爆炸开始的3分钟到其后的30万年间，宇宙都是以氢、氦元素为主体的巨大星云结构。此后的10亿年，在氢、氦元素较为集中的区域出现了第一批巨大星云，这些星云的组成元素仍然是氢和氦。

虽然在更大的范围之内，大爆炸所产生的膨胀力仍然居于统治地位，但在这些星云内部，原子之间的引力开始占据主导地位。原子之间在引力的作用下不断靠近，温度也不断升高，在超过1000万摄氏度的高温环境中，一对氢原子聚变为一个氦原子，并释放出巨大的能量（因为其质量丢失约为0.7%，

[①] 1927年，比利时天文学家和宇宙学家勒梅特（Georges Lemaître）首次提出了宇宙大爆炸假说，目前已为科学界广泛接受和认可。

[②] 绝对零度是热力学的最低温度，即−273.15℃，在该温度下粒子动能低到量子力学最低点，目前绝对零度是仅存于理论的下限值。

根据爱因斯坦的能量方程$E=mc^2$，丢失的质量将转化为能量）。

核聚变所产生的巨大热量与能量抵消了引力作用触发的向内塌陷，这种微妙的平衡结构便形成了恒星。年轻的恒星一旦被点燃（核聚变反应）就不再继续塌陷，但一个恒星中的氢元素毕竟有限，当"氢燃料"不多，聚变反应不足以抵消引力之时，恒星再次开始因引力作用向内塌陷。第二次塌陷使得恒星内部温度达到1亿摄氏度以上，氦原子在这样的温度下可以像氢原子一样发生聚变，聚变反应的参与者可能是氦和氢或氦和氦，这些不同的组合聚变将产生不同的元素，如锂、铍。接着，这种过程循环往复，不断地聚变反应生成硼、碳、氮、氧等元素，并在这些聚变的过程中不断丢失部分质量，释放巨大的能量，直到铁元素出现。

因为铁原子核的核子平均质量最小[1]，在它形成之前核聚变释放能量，在它之后核聚变就要吸收能量，在没有外来能量供给的情况下，恒星的核聚变反应过程到铁也就停止了。也就是说元素周期表中比铁序号更大的元素不可能通过释放能量的核聚变产生，那么它们又是如何被创造出来的呢？

体积大于太阳30倍的恒星，在核聚变反应结束之后，其塌陷过程无比剧烈，内核很快就被挤压成黑洞，在内核以外，质子与电子结合成中子，中子和中微子形成巨大的洪流，从垂死的恒星向外逃散，巨大的脉冲形成了一个温度高达十几亿度的大熔炉。在这个大熔炉中，因有足够的能量输入，进而引发了比铁元素"重"[2]许多的元素瞬间被"烤"了出来，这种现象被科学家们称为"超新星大爆炸"。

在超新星大爆炸的过程中形成了元素周期表中的铁后面的元素，直到第94号元素钚，94号之后的元素都是人造的放射性元素，其中排位越靠后的元素放射性越强。所谓放射性，其实就是一种慢速核裂变，所以这些元素是现代科技作为"裂变原子能"的好材料。

太阳系缘起于距今约45.6亿年前的一场超新星大爆炸，所以太阳算是宇

---

[1] 核子平均质量最小代表着如果由它形成新元素，那么要增加质量，而不是减少质量，增加质量的过程不可能靠"核聚变"来完成。

[2] 这里的"重"代表原子质量高，即元素周期表铁元素之后的元素。

宙中第二代或第三代恒星。根据科学家们预测，太阳的寿命应该还有50亿年，也就是说现在正值太阳的中年。

在太阳形成的初期，其"脾气"异常暴躁，氢原子的核聚变反应向内侧轨道喷射大量的气体与尘埃，这些物质形成了周围的行星，包括地球。

在地球的形成早期，太阳周围有很多小行星。这些小行星互相撞击、融合形成更大一些的行星。太阳系内这一"轨道大扫除"过程经历了大约整整10亿年。在这10亿年间，地球也把自己轨道周围的小行星清理了个干干净净。

不过那个时期的地球和现在的地球有很大不同，它没有大气层，甚至也还没有磁场。幸运的是地球上有不少超新星爆炸后留下的重金属，这些重金属在地球形成约4000万年后，像炽热的淤泥一样陷入地心，这样地球就形成了一个以铁元素为主的金属地核，这个金属地核使地球产生了特有的磁场，磁场让来自太空的高能粒子偏转方向，以确保地球上产生生命的精密化学反应能够顺利进行。当然，这是一种无意识的偶然或者称之为幸运，但谁又知道没有这种条件是否会产生其他形式的生命呢？

较重的金属沉入地心之后，轻一些的硅化物浮在地球表面，形成了厚达3000公里的地幔，在其上更轻的花岗岩又形成了大约35公里厚的大陆地壳，地壳的厚度相对于地球6400公里的半径来说，真的是像鸡蛋的蛋壳一样薄。

地核是炽热的，一些很轻的气体，包括氢气、氦气、甲烷、水蒸气、氮气、氨气、硫化氢等都从地球内部争先恐后地涌向地表，可以想象早期的地球一定是熔炉一般的场景。大部分氢气和氦气都逃到了太空，当地球完全形成时，它已经通过吸收周边的小行星长大到足够用引力场保留住一些剩余的气体。这些气体的主要成分是甲烷和硫化氢，甲烷与硫化氢反应形成二氧化碳，最终形成了最初的、以CO_2、氮气和水蒸气为主的地球大气层，所以当时的天空应该是红色的[①]。

随着地球的冷却，聚集在大气中的水蒸气转化为一场持续几百万年的滂沱大雨，大雨造就了最早的海洋。因为存在液态的海水，可以知道这时的地

---

① 液体二氧化碳无色，红色天空是指太阳的颜色。

表温度已经降至了100摄氏度以下，这意味着地球的环境已经适宜于构成最早生命的、复杂又脆弱的分子出现。

有关地球上生命的来源一直有两种观点，一种观点认为地球上的生命源于地外空间，即撞击地球的陨石或彗星中所含的氨基酸为地球带来了最初的生命；第二种观点是生命诞生于地球的海洋之中。

我比较倾向后者，因为在40亿年前的地球上，基本没有氧气，火山喷发时的温度很高，这种条件非常有利于多种物质之间发生更加复杂的化学反应，合成有机聚合物和氨基酸。而此时的地球已经存在海水，这些物质在落到地面，受到海水的保护，经过多年的相互作用后，合成具有自我复制能力的核糖核酸分子，从而使原始细胞的出现成为可能。

这一从无机物向有机物转变的可能性已经为米勒·尤里实验所证明。1952年，美国芝加哥大学博士生斯坦利·米勒和说服他的导师，诺贝尔奖获得者哈罗德·尤里搭建了一个模拟原始地球环境的装置，使用甲烷、氨、氢气和水混合在一起模拟上古时代的地球大气、用加热的海水模拟当时的海洋、用电极产生的火花模拟闪电。结果仅仅在一天之后，这样的环境中就产生了全新的化学物质——氨基酸分子，这个实验成功地再现了早期地球有机物产生的过程。

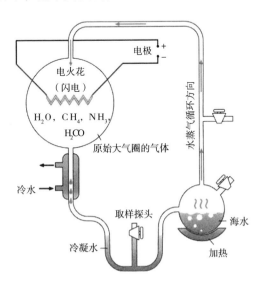

图1.2　米勒·尤里实验模型图

虽然科学家们至今还未能破解"简单的氨基酸分子如何变成复杂的生命"，但由无机物可以产生有机物这一观点已经被除了米勒·尤里实验之外的好多科学实验证实。

无论生命是地球自生的还是随彗星的造访意外来到地球，至少有一点可以确认，那就是地球上的生命最初生活在海洋之中，而且自从有生命存在于地球上开始，生命与地球之间就形成了互相影响、互相改造的动态平衡。

据古生物学家们研究，最早的古生物体可能是从地表下的化学物质中汲取能量的。从大约38亿年前，一部分最早形成的、生活在海洋中的单细胞原核生物——蓝细菌开始通过光合作用吸收太阳能制造出葡萄糖来供给自己能量，同时释放出氧气和臭氧。由于氧气的化学性质极不稳定，最初光合作用产生的氧很快就会与其他物质反应，如高温的铁。但从大约距今25亿年前开始，氧气已经多到无法被完全吸收，大气层中便开始出现氧。距今20亿年前，氧已经占到大气层气体体积的3%，距今约10亿年前这个数值已经上升到了21%，一直稳定地保持到今天。

富氧大气层的出现又是地球生命史上最伟大的革命之一，极具活性的氧气不但成为后续的生物进化加速器，臭氧形成的大气层又能保护地球生命不受紫外线的伤害，这使得陆地上的生命能够像海洋里的生命一样轻而易举地蔓延开来。

量变带来质变，到了距今约5.4亿年前的寒武纪，生命形式终于大爆发，树、花、鱼、两栖动物、爬行动物都已经出现。当然，还有许多其他没有留下痕迹的"生命种群"也曾经一度繁荣，后来又消失了。

之后，虽然自然界为生物的演化"设置"了难度更高的障碍，这些障碍分别是距今约4.4亿年的奥陶纪大灭绝、距今约3.8亿年的泥盆纪大灭绝、距今约2.52亿年的二叠纪末期大灭绝、距今约2亿年前的三叠纪末期大灭绝和距今6500万年的白垩纪大灭绝。每次大灭绝的原因我们并不清楚，但可以肯定的是每次大灭绝都会有大多数物种随之消亡。然而，大自然的这种大灭绝障碍并未能中断生命的进程，仿佛每次大灭绝过程中大批物种的消亡就是复杂新生物种诞生的前提条件。

第一次奥陶纪大灭绝之后出现了陆生植物，第二次泥盆纪大灭绝之后首批动物开启了离海登陆之旅，第三次二叠纪末期大灭绝之后出现了哺乳动物，第四次三叠纪末期大灭绝让恐龙成为地球的霸主，第五次白垩纪大灭绝之后诞生了人类的远祖。

正是在这样前仆后继的生命长河之中，灵长类动物在距今2000万年左右演化成为人科动物，这些人科动物又在距今200万年前演化成了直立人，直立人在距今31.5万年左右演化出了和我们现代人类基因结构非常类似的晚期智人，这些晚期智人也就是人类正宗的祖先了。

从以上简略的宇宙138亿年演化史中我们不难看出，无论是有机物还是无机物，无论是生命体还是非生命体，大家的基本粒子都是一样的，也都是在宇宙大爆炸之后一步步演变而成的，也就是说我们"万物同源"。

因为万物同源，科学界甚至已经得出如下初步结论，即人类与其他生命体，甚至是与其他非生命体的区别仅仅在于基本粒子的组成结构和相互作用的方式不同，也可以描述为编码不同。

那么问题来了，既然仅仅是编码方式不同，为什么我们认为生物是有生命的，而石头、水滴却是没有生命的呢？这句话也可以表述为：生命到底是什么？

生命，以负熵为生

"生命是什么"这个问题，自从人类诞生以来就曾经有无数人问起，也有很多人试图解答过。

其中最有名气，也是对未来影响最大的当属物理学家薛定谔在1944年出版的一本"跨界"演讲集——《生命是什么：活细胞的物理观》。

总结起来，这本书的主要观点有三个。首先，薛定谔认为尽管复杂的生命体中很可能会涌现出全新的定律，但这些新定律不会违背基本的物理学和化学原则，也就是说用物理和化学可以诠释生命现象。他认为："在一个生命有机体的范围内，发生在时间和空间上的事件应该如何用物理和化学知识来描述？初步的答案……可以概括如下：虽然当前的物理和化学在描述这些事件上无能为力，但绝不能成为我们合理怀疑这些事件可以用物理和化学方式来描述的理由。"

其次，他认为生命活动需要精确的物理学定律，这种定律应该被记录在遗传物质上。同时他还设想这种遗传物质基因应该是一种"非周期性晶体"，而遗传的变异则可能源于"基因分子的量子跃迁"。

最后，他认为："一个生命有机体要活着，唯一的办法就是从环境中不断地汲取负熵，有机体依赖负熵为生。或者更确切地说，新陈代谢的本质是使有机体成功地消除了当它活着时不得不产生的全部的熵。"

这三个结论虽然并未给生命一个明确的科学定义，但为后来者的研究指明了方向。日本遗传学家近藤原平是这样评价《生命是什么》这本小册子的："它所起的作用就像《汤姆叔叔的小屋》成为奴隶解放战争①的启明灯一样，成为生命科学研究的灯塔。"

后来生物科学的发展确实也正应了近藤原平的评价。受这本书的启发，十年后的1953年，沃森、克里克和威尔金斯发现了DNA的双螺旋结构，并于1962荣获诺贝尔奖。

薛定谔《生命是什么》一书中的三个主要结论中最有名气的应该是第三个，即"生命以负熵为生"。

熵，是一个热力学概念，它最初是用来度量一个系统中不可做功的能量，通俗一点说就是指系统的无序程度。举个例子，汽车靠汽油的燃烧提供动力，汽油燃烧时产生热量并膨胀做功，进而驱动汽车前进。在这个过程中，汽油燃烧所消耗的能量与做功的能量并不相等，二者之差，也就是不可做功的部分能量就是这一过程中熵的增加值。

如果你还是不理解，我们可以举个更通俗的例子。当你将一滴墨水倒入水中，它会慢慢地散开来，直到分布均匀，这个过程就是一个熵增的过程。

---

① 这里指的是美国的"南北战争"。

热力学第二定律认为一个孤立系统的熵只会增加不会减少。宇宙中，只有宇宙自身是一个完全孤立的系统，任何星系、物质都有可能获取外界的能量，所以对于整个宇宙来说，大爆炸之后不断地膨胀下去，最后达到所有物质都均匀分布的"热寂"状态，就是宇宙熵不断增大的过程。但对于星系和星球这些非孤立系统，它们的形成本质上是一个对抗熵增，即熵减的过程，但这局部的熵减反而导致宇宙整体的熵增。

生命体的新陈代谢也是通过摄取外界的能量使得自己的身体保持一个低熵有序的状态，这一过程维系了生命体的低熵，但却会让整个环境继续熵增。

为了便于理解，我们使用另外两个词来代替高熵、低熵，即无序、有序，高熵意味着无序，低熵意味着有序。

这就像一个房间，如果长期不打扫、整理，你会感觉很乱，这就是熵增，或者称之为无序；你将房间认真地打扫一遍并将物品分类摆放，这就是房间的熵减过程，在这个过程中你付出了劳动（能量），并将物品分类（编码信息），于是房间变得低熵，即有序。

在我们可观察的时间周期内，生命体有能力通过自身的新陈代谢维持自身的有序状态，而非生命体却只能随着时间的推移逐步无序，非生命体没有主动追求熵减的能力，这也是生命体与非生命体的本质区别。

不难看出，如果想让生命体维持低熵有序状态首要有能量，并让这些能量按一定的编码信息干活，最终实现维持低熵的目标。如果我们将生命体看作一座大厦，编码信息是设计图，而能量则是建设工人。

这个编码信息就是生命体的DNA，DNA是地球上绝大多数生命体用来存储遗传信息的物质，无论是微小的细菌还是复杂的人类。根据生命的中心法则，DNA上携带的遗传信息通过mRNA转录之后再制造出生命体所需要的各种蛋白质，同时蛋白质也反过来协助前两项流程的完成，甚至DNA的自我复制也需要蛋白质的协助（部分生命体如病毒没有DNA，它们直接利用RNA存储遗传信息并指导蛋白质合成）。

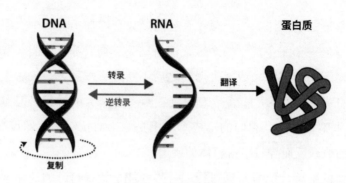

图1.3　中心法则流程图[①]

这里面有几个细节特别重要。一是DNA的自我复制过程并非简单的拷贝，在这个过程中会发生结合和变异两种情况，进而形成生命个体的多样性。这种生命个体的多样性给后续我们要讲到的"自然选择"提供了足够多的可选择对象，这种现象最终导致了生命体的演化。

第二是遗传信息并未直接去指导合成的蛋白质如何工作，遗传信息仅仅是制定基本规则。这就类似象棋游戏，DNA记录的仅仅是如何制造各种棋子和这些棋子各自的行走、吃子基本规则，如马走日、相走田、车走直路、炮打隔山等，但根据这些规则却可以衍生出无数种棋局，这就是"由简单生成复杂"的魅力所在。在生命体内，不同类型的蛋白质一旦被合成，便仅仅根据分子内含的行为规则及其所处的环境行事，无数个蛋白质分子的共同协作便形成了复杂的生命体。

第三点需要特别注意的是，DNA所记录的遗传信息仅仅是生命体的"组装"信息，这些信息组合在一起要有生命也必须经过一个成长过程，不可能一蹴而就，也只有成长才有协作。以克隆技术为例，即便是使用单体的体细胞繁殖出一个新的、一模一样的单体，这个单体也需要从小慢慢长大，这种长大的过程也是生命体内的各个细胞通过分工、合作形成团队战斗力的过程。

以上三点特别重要，通过这三点基本可以解释生命体为何能够"活"起来，以及为何能够通过繁殖形成一个不断演化的种群。

---

① 来源：https://byjus.com/biology/cental-dogma-inheritance-mechanism/.

不过我们知道，越是复杂的工作耗能越大，是什么能量驱动生命体实现如此庞杂工作的呢？这也是我们需要了解的第二个问题，即建造生命大厦的能量来源（工人）从哪里来？

宏观来讲，当然是新陈代谢，即生命体摄入的食物或其他能量。微观来讲是一种叫三磷酸腺苷（ATP）的分子，ATP和线粒体组成的整体结构类似于现实世界中的水力发电站，不过这个"发电站"动力来源不是水高差，而是离子浓度差，因为在线粒体内外仅仅几纳米的距离上就存在上百毫伏的氢离子浓度差，这个离子浓度差形成的电压堪比雷雨云和地面之间的电荷差别，其产生能量的级别也可想而知。这一理论模型由爱丁堡大学的彼得·米切尔在1961年率先在《自然》杂志上发表，并于1994年被其英国同行约翰·沃克使用现代科技证实。

通过了解生命体的能量来源、编码信息及其遗传方式，或许大家已经认识到生命体的本质也并没有想象中那么神秘。生命体的本质就是信息和能量，信息是可以根据环境自我演化的一些编码信息，这一编码信息就是基因，这一演化过程则是通过自然选择来实现的；能量的来源是新陈代谢，新陈代谢将摄入的食物转换成线粒体内部的离子浓度差，在生命体需要能量的时候由ATP"发电"供给。

看得出来，我们在这里讨论的"生命"指的狭义上的生命，即地球上的生命。至于宇宙中可能存在的其他生命体，它们完全可能不是以碳元素为基础的，那不在我们的讨论之列。但可以猜想的是，无论是以什么元素作为基础的生命体，它们之所以能够被称之为生命体，至少都应该具有以信息和能量为基础，去主动对抗熵增的能力。

演化，生命算法的迭代

如前所述，生命的编码信息并非一成不变，因为在信息的复制过程中会存在偏差，特别是有性繁殖出现之后，编码信息还会出现不同个体的组合，进而加速了生命体的个体差异和种群差异。

到底什么样的基因能够留存下来，却非基因自己决定的，决定谁留存的裁判是环境。

地球自46亿年形成以来至今，其环境一直在发生变化，环境对最初生命体通过复制、繁殖形成的巨大种群进行筛选，那些与当时的环境相适应的生命体信息得以留存下来继续复制、繁殖，生生不息。

这就是自然选择。在宇宙的时间尺度里，百万年或许可以作为自然选择的基本时间单位，这一隐藏在人们认知范围之外，却自生命出现以来就一直存在的规律被一位叫达尔文的人发现并为世人逐渐接受。

1831年到1836年间，年仅22岁的查尔斯·罗伯特·达尔文以博物学家的身份参加了英国海军"小猎犬号"环绕世界的科学考察航行。在这次航行中，达尔文不但接触到一些地质学家、昆虫学家、植物学家和博物学家，他还对沿途的各类生物进行了详细的考察研究。特别是1835年他在太平洋上的加拉帕戈斯群岛发现的14种类似雀鸟，让他充分意识到环境与物种之间的互动关系。

最终，达尔文又经过近20年的资料收集，并于1859年出版了震惊世界的《物种起源》。当然，在这20年间，达尔文除了收集资料之外，还被一件事情耽误了时间，那就是"犹豫不决"。

达尔文和其妻子艾玛都是虔诚的基督教徒，达尔文非常清楚自己手里掌握的资料以及这些资料得出的结论能够毁掉神学的根基，他不希望自己的观点被视为攻击教会，所以一直犹豫不决。直到一位叫华莱士的小伙子在《博物学杂志》上发表了类似的观点之后，达尔文才下决心完成其书稿——《物种通过自然选择或在生存竞争中占优势的种族得以存活的方式的起源》，简称《物种起源》。

该书的主要观点有如下四个方面：

第一，达尔文认为物种是变异的，而变异可遗传；第二，变异是逐渐发生的，且变异方向随机，这导致个体各不相同；第三，物种大量繁殖超过自然承受能力之时，必然有生存竞争和优胜劣汰，只有适应环境的变种才能够生存下来并将优势性状遗传给下一代；第四，对物种竞争胜败的裁决权在自然，物种本身只能被选择。

达尔文的学说一发表就遭到不少误解，直到今日还有很多人分不清"用进废退"和"自然选择"之间的异同，甚至也不理解"进化"与"演化"的不同，这里有必要详细解释一下《物种起源》。

首先，"进化论"这一词语就很有误导性，好像任何生物都是越进化越高级。其实不然，进化是没有方向的，只有适应环境与否的区别，所以"Evolution"一词或许更应该被翻译为"演化"。因为进化隐含着一种方向，而演化则没有任何方向，宇宙的前进、生物的演化真的就是没有进步与否、更无方向可循。这一点美国著名古生物学家古尔德在其《生命的壮阔——从柏拉图到达尔文》一书中已经做过详细的论证。基于此，本书中再涉及"自然选择"时全部使用"演化"一词，因为"进化"还有其他含义，这个我们后面再讲。

严复在翻译赫胥黎所著的《Evolution and Ethics》一书时使用的书名《天演论》即是此意，我认为严复的翻译真正做到了信、达、雅，抓住了达尔文思想的本质，即"物竞天择，适者生存"。当然，或许是为了警醒当时的国人，严复也故意曲解了赫胥黎，将人类社会的伦理关系亦等同于自然法则，将自然选择的法则扩大到了国与国、族与族之间的竞争，即谁更强横有力，谁就是优胜者，谁就能立于不败之地，反之则只能走向灭亡，这种曲解可能会导致社会达尔文主义，我们一定要竭力避免。

其次，变异的原因是繁殖、突变或其他因素，并非"用进废退"导致，"用尽废退和获得性遗传"是拉马克提出来的，并非达尔文的观点。因为当时的人们还不懂得遗传机理，不理解也在情理之中，随着生命科学的发展，科学家们逐渐解开了遗传的密码——DNA，而DNA的复制过程可能会发生变异、畸变或杂交，即复制不准确，这种变异就会给个体带来不同的性状，于是便出现了个体差异和生物多样性。这些具备多样性的差异个体只有适应自然环境者能够存活下来并繁衍后代，进而形成一个较庞大的物种。

最后，所谓"适者生存"，即在这个自然选择过程中，生物没有选择权与主动权，这与我们日常生活中所理解的"适应"是两个完全不同的概念。社会中的适应是指个体主动调整以适应社会，但在自然选择的过程中个体无法主动调整来适应自然，你"遗传"下来的性状适应当时的环境，这种基因就得以延续，如不适应，则"断子绝孙"，主动权根本就不在个体物种的手上。

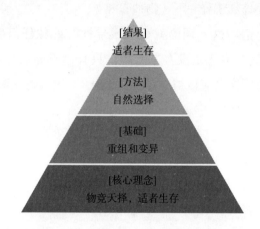

图1.4　达尔文"进化论"核心理念

最后，既然是自然选择决定了进化的方向，不同的自然环境最终造就不同的物种，所以隔离是导致新物种形成的必要条件。在相互隔离的不同自然环境之下，这种"变异、自然选择""再变异、再选择"的过程不断重复，便形成了生物的演化过程，生物也因此分类为六界，即动物界、植物界、真菌界、原生生物界、古细菌界和真细菌界。

《物种起源》出版至今已经将近200年，在这期间，随着遗传学等学科的飞速发展，人们越来越认识到"自然选择"框架的合理性。

然而对于自然选择的对象，争论却越来越多，即自然所选择的到底是个体、群体，还是基因？

近年来，基因的重要性越来越突显出来，特别是英国皇家科学院院士理查德·道金斯（Richard Dawkins）的那本《自私的基因》更是从底层解释了遗传与自然选择的本质。他认为基因并不是生物用来保证自己生存繁衍信息的载体，恰恰相反，生物只是基因不断制造和传播自己的一个工具而已，也就是说基因才是自然选择的基本单位，而不是生物的个体或者群体。他认为生命体无非都是基因的容器，基因的"目标"就是持久地复制和永生。在特定的环境下，更加适合存储基因信息的个体得以留存并繁衍。

站在这样的视角能够很容易地解释人类、动物的很多利他行为，如父母对儿女的疼爱、工蜂的自我牺牲等，这些行为并非出于"伟大的道德"，而是因为个体的牺牲能够让基因以更高的概率延续。

正如史蒂夫·乔布斯2005年在斯坦福大学毕业典礼上的演讲所言："没有人希望死去……但这是理所应当的，因为死亡极有可能是生命最好的发明。它是生命的媒介，它清除衰老的个体并为新生的生命提供空间。"

如果我们将基因比作生命的算法，在外界环境不断变化的过程中，基因也在努力地通过复制、变异等方式，实现自身算法的迭代。

所以我们说，自然选择的本质是为了适应环境而由基因发起的"生命算法"迭代。

进化，人类的特权

通过我们前文的分析不难发现，达尔文"进化论"有个前提条件，那就是环境与生命体之间的依存关系，这种依存关系在漫长的、几十亿年的生物演化过程中始终处于主导地位。

这种依存关系具体表现为：如果环境发生变化，部分生物将无法生存，能够幸存下来的生物方能继续繁衍，最终将自己的基因传递下去。

然而自从人类文明的出现至今，这种情况已经发生了巨大的变化，至少人类对环境的依存度已经大大降低。

我们在日常生活中观察到的现象可以有力地证明这一点。如北极熊无法生活在非洲、企鹅不能生活在中国、雨林植物无法生活在沙漠、云南出走的大象也无法生活在黑龙江，但时至今日人类的足迹却遍布地球的各个角落。

究其原因，主要是科技的发展，人类学会了运用科技手段在不同的大环境下营造有利于自己生存的小环境，这种改变是一种质的飞跃，让人类的智力和适应环境的能力得以飞速提高。

这种智力的提高明显超出"物竞天择，适者生存"的生物演化范畴，是一种从量变到质变的进化。这种进化是从人类学会使用工具开始，并随着语言的发明和运用快速发展起来的，我们不妨称之为"文明进化"。

语言之所以让人类驶入文明进化的快车道，是因为其具备以下几个主要功能。

第一，精确、有效地传递信息。动物如果发现了敌人，了不起是"呜呜啊啊"、指指点点，再加上害怕的表情，人类却可以使用语言精准地描述敌人的类型、方位及数量，这大大提升了人类生存的概率。

第二，语言让人类的知识积累成为可能。没有语言就不可能出现故事，没有原始的故事，就没有知识的积累，比如如何能够猎到更多的动物、如何能够采到更多的水果等，都是靠知识的积累来实现的。人类的科技能够快速发展，也得益于这种长期的知识积累，所以才会有牛顿那句名言："如果我看得更远，那是因为我站在巨人的肩膀上。"这个"巨人"就是人类依靠语言和文字积累的知识。

第三，语言能够让人类理性思考。每个人或许都有类似经验，就是在思考问题时内心深处在使用语言默念，这种结构化的思维模式为人类的进步提供了一种有效工具。

第四，就是尤瓦尔·赫拉利的观点，在《人类简史》一书中，他认为会虚构故事是人与动物的一个本质区别。通过虚构故事，人类群体之间有了共同的虚构目标并逐渐形成基础社会结构，进而发展出灿烂的农业文明和工业文明。远古时代人类的神话、巫术等，都是人类特有的虚构故事。通过这些虚构故事，人类能够迅速地达成共识，并团结起来形成一个团队，进而形成氏族、部落、国家，最终让人类依靠集体的智慧超越世界上所有的动物，成为地球的主宰。

英国作家A.J.麦克迈克尔在其《危险的地球》一书中曾经这样评价人类的文明进化："累积的文化是自然界出现的一个创举，它产生了类似于复利的效果，允许连续几代人在文化和技术发展的道路上不断前进……这给予了人类一种完全空前的能力，凭借这种能力，人类能够在完全陌生的环境中生存并且创造出他们所需和所想的新环境。"

人类有这些优势明显发端于语言，但关于人类语言的起源科学界至今尚未有明确的、一致性的答案。有些人认为是工具的使用促进了人类大脑的发育，最终形成了语言，另外一些人则认为语言能力是人类生物演化过程中的一次基因突变。

我认为语言的产生很可能是以上两方面的共同作用，二者缺一不可。一方面，很多证据表明，人类基因组上的FOXP2基因控制着舌头和嘴唇，如果这个基因出了问题，人便无法说出清晰的语句，即便能够发出些许声音，也无法正确地使用语法。这个基因与人类的近亲黑猩猩相比发生了微小的变异，这或许显示着人类拥有独特的语言能力仅仅是因为一个偶然的基因变异。更重要的是，FOXP2发生变异的时间距今10万~20万年，这与现代智人走出非洲、打败同类的时间非常类似。另一方面，一些科学家相信，工具的使用和科技的发展也变相刺激了语言的产生。比如向运动中的动物投掷木棍或石块时，类人猿必须在一瞬间完成时间、方向、速度、力度等一系列的计算过程，一旦这些提高想象力的场景转变为快速闪动的念头，大脑就具备了语言形成的基础。而且群体生活中的远古人类在使用手势、简单声音沟通的过程中也逐步习得了使用符号、绘画沟通的技能，最终再将这些技能转化为语言，虽然转码的方式不一定相同，但转码的过程在不同的地点均发生了，这也是全世界各地语言并不统一的原因所在。

虽然关于语言产生的时间学者们有较大分歧，但多数都认为语言产生于距今10万~20万年前，当时非洲出现了具备符号语言和集体知识能力的现代智人，并形成某个小的共同体。渐渐地，一个共同体接着一个共同体，智人通过信息的交流与积累逐步发展出了新的技术并开始学习在新环境中生活，最终智人走出非洲，并在3万年前到达欧亚大陆，在1.3万年前到达美洲。

随着人类的扩张，他们开始对生态圈产生重大影响，特别是用火来改变自然风貌，并大量捕猎大型动物，乃至使其灭绝。

从地质学时间尺度看，到了第四纪冰川晚期，也就是约1.15万年前，历史步入了新的天地，人类开始进入农业时代。农业时代的人类受到人口增长与技术创新的加持，推动了最近数千年的历史变迁。尽管如此，早期农业技术的优势并不显著，这时的世界也因海洋的分隔形成了非洲—欧亚、美洲、大洋洲三大区域，相对独立地发展自己的文明。由于农业定居人口的聚集，公元前4000年左右，最早的城市和国家出现了，这些新共同体的出现标志着人类已经从自然选择驶入文明进化的快车道。

虽然如此，但在人类社会长达几千年的农业文明中，没有一种创新能够跟得上人口增长的节奏，因此整个农业时代的历史变迁始终无法跳出"马尔萨斯陷阱"的制约。据马尔萨斯的观点，生产力的是几何增长，即1、2、3、4……而人口却是倍数增长，即1、2、4、8、16……所以生产力增长始终会落后于人口增长。

不料，工业革命的到来促使生产力呈指数级增长，从而迎来了世界人口的爆炸式增长。随着人口数量的增长和科学技术的发展，人类文明进化不断蓄力，似乎预示着一场更大的变革即将到来。

全球人口的增多和信息流动的加快，或许是工业革命能够发生的最重要的原因，也正是近百年来人类科技高速发展的主要原因之一。

在创造集体知识的过程中，有三个基本规则：一是网络规模，二是信息多样性，三是信息交换效率。

网络规模，即在一个共同体中能够分享信息的个体数量，随着网络中可交换信息节点（可进行信息沟通的人口）的增加，信息交换网络的潜在优势呈指数级增加。用数学语言可以这样描述，如果一个网络中有n个节点，且这n个节点均可以互相直接连线，那么连线的总数为$n \times (n-1)/2$条。所以，数目更大、密度更高的人群等同于更快的技术发展，这不难解释为什么大航海时代的到来和互联网的发展大大促进了人类的科技进步。

信息多样性，网络各节点信息的多样性对于创新也非常重要。类似的共同体、类似的生活方式，彼此的交流或许能够在某些方面做微小的改良，但不大可能引入全新的理念。《全球通史》的作者斯塔夫里阿诺斯得出如下结论："人类文明的灿烂得益于多种文明的互相交融与借鉴，从历史的发展进程中不难看出，与异域文明交流越频繁的区域越发达，而无法与其他文明交流的文明最终都将走向衰亡。"

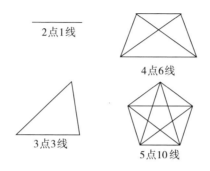

图1.5 节点数量对信息交换的影响

对于人类社会来说，信息交换效率受到语言、交通、通信方式等工具制约，这也可以解释为什么古代信息交流不发达之时创新较慢，而今天的互联网时代创新层出不穷。

如今，全球交换网络极大地刺激了商业活动与科学创新，这些创新裹挟着人类逐渐远离生物演化规则，走入通过科技实现自我进化的新轨道，所以我们说进化是人类的特权，其他生物一直到今天还只能在自然环境的约束之下开展原始的生物演化。

不料问题也随之而来，随着人类通过工具、语言等技术元素开展自身进化，科技或许会成为人类未来最大的不确定性因素之一。

Technium①，科技的基因

地球在太阳系的位置决定了它最终幸运地成为生命的乐土，这种幸运在整个宇宙中都未必有第二个，这说明尽管宇宙拥有数十亿颗行星，也只有极少的一部分可能存在生命。

上文所述的"生命"指狭义上的"有机物生命"，生命从广义上虽然并不好定义，但生命具备的基本特征是明确的，即能够主动从大自然中获取负熵，根据自身所包含的信息组织物质和能量分配，且通过不断复制和迭代以适应环境变化的物体。

想要弄清楚广义上生命是什么，我们可以想象一个场景：假如地球某天有外星人来访，外星人看到了地球上的各种生物和机器，他们如何判断哪些是生物、哪些是机器呢？如果时间短，他们应该会从负熵的角度来判断；如果时间长，他们应该会从主动获取能量的角度来判断，即看谁直接从太阳光等自然能源处获得能量；如果时间再长，他们应该会从自我复制的角度来判断。如果这三点智能机器人都能够实现，那么外星人为什么不能说智能机器人是生命体呢？

或许外星人的视角才是客观的，人类看待科技的时候本身就有自身的预设立场。科技本身从宇宙起源之时或许就已经是一种能够自我进化的"生命体"，凯文·凯利在《科技想要什么》一书中认为科技或许也是有生命的，科技的基因是"technium"，即技术元素。他认为技术元素的进化与基因有机体的进化类似，二者都是从简单到复杂，从一般到个别，从统一到多元，从个体主义到互利共生，从低效到高效，从缓慢变化到更大的可进化性……不过技术元素表现的不是基因性状，而是观念。

---

① Technium一词是凯文·凯利在《科技想要什么》一书中的自创词汇，可以翻译为"技术元素"。

这里的观念实质上就是广义上的科技，既包含了工具、技术，也包含了语言、文化与制度等一系列知识内容，正如凯文·凯利所言："从宇宙看，信息是世界的主导力量。"

没错，如果我们放弃人类狭隘的本位主义，站在宇宙的视角来看万事万物，一切都是因原子的不同组合方式形成的，而这个决定原子不同组合方式的东西就是信息。

星系的诞生是信息，元素的形成是信息，生命的发展也是信息，这些信息附着在生命体的DNA上进行复制和演化，附着在非生命体的技术元素上与生命体共荣共生。

自从生命诞生开始，技术元素便与生命如影随行。利用火山喷发口处的氢离子浓度差获得能量，是刚刚诞生的生命体对技术元素的最初应用，植物利用光合作用从太阳光中获取能量是技术元素的升级应用，鸟儿学会使用树枝搭建自己的巢穴代表着技术元素与生物开始共生，黑猩猩学会使用初级的工具标志着技术元素已经开始反过来为生命体赋能，人类学会使用语言之后让技术元素得以呈指数级积累并融合创新。

无论是技术元素上附着的信息还是生命体DNA上附着的信息，明显都具备典型的广义生命特征，那就是能够创造负熵，即有序性。在宇宙初始阶段，当最初的粒子尘埃结合成氢和氦时，负熵过程就开始了。自138亿年前的宇宙大爆炸到10万年前人类语言的发明，无论是分子产生、太阳系和恒星的形成、生命奇迹的出现都是信息有序组合的具体表现，这种表现进展无比缓慢，却在一直为未来快速地发展积蓄力量。人类语言的发明和文字的使用让信息的存储和交流更加便利，这让技术元素的负熵组织能力更强，特别是现代科技的发展，如计算机、互联网、通信技术、太阳能等技术的出现，技术元素对抗熵增的能力进一步增强，甚至有超越生命的趋势。

技术元素的复制和基因的复制方式完全不同，但其演化的路径和方向却又出奇的一致。基因的演化依靠复制、变异和繁殖，特别是两性繁殖让基因能够形成更加多样化的个体，这加速了生物演化的进程。

技术元素的演化靠的是涌现。"涌现"一词最早由美国科学家约翰·霍兰德提出，他认为涌现就是简单的独立元素通过遵守某些基本规则，最终发展成复杂形态的一种过程。

对于技术元素来说，涌现即信息的聚合，大多数新观念和新发明都是由不相干的观念聚合而成。正如经济学家布莱恩·阿瑟在《科技的本性》一书中所言："就科技而言，共同改进是最佳的办法，也是常见的。一项技术的许多组成部分被其他技术共享，因此随着这些成分在主技术之外其他应用上的改进，大量创新就这样自动产生了。"

特别是进入近现代，技术元素的涌现特征更加明显，这种涌现会让科技诞生无数意想不到的创新，这也是工业革命甚至是当今互联网时代的基本特征。

近年来互联网分布式的特征，让每台计算机、每个智能设备慢慢地都变成了一个自由的节点，这些自由的节点就像蜂群一样，虽然每只蜜蜂都只能测量自己的位置以及和同伴之间的距离，但整个蜂群却形成一种集体意识，这种现象也是涌现。

在涌现的过程中，一切都是基本规则的产物。这个基本规则也或许就是爱因斯坦穷其一生所探寻的、时至今日却仍未找到的大一统理论吧。

"天地不仁，以万物为刍狗"放在这里或许再贴切不过了，它意思是说"天地对万物生灵都一视同仁，并没有贵贱之分"，而宇宙的演化规律正是如此，无论是技术元素的进化还是达尔文的生物演化原理都融于其中。

达尔文的学说主要集中在生物界，而技术元素的演化则适用于万物，因为从广义上来看无论是星系的诞生还是生物的形成都可以视为技术元素进化的一种形式。所以，凯文·凯利认为科技正在以人类难以想象的速度进化成"生物第七界"，即科技体。换句话也可以描述为，生命体本身就是技术元素的一种进化形式。凯文·凯利无非是从更高的视角对生命体重新进行了定义而已。

马歇尔·麦克卢汉也认为技术元素和生命体是一体的，他说："技术元素本质上是人类的延伸部分，居所是身体的延伸、衣服是皮肤的延伸、轮子是脚的延伸、照相机是眼镜的延伸、通信设备是耳朵的延伸。"

如果确实如此，科技体将借助人类与它的共生关系加速进化，而人类则不得不转换视角来重新审视这个宇宙，因为宇宙中的科技体可能并不愿意象其他"六界"生物一样悄无声息地"屈服"于人类。

当然，它们也并无意愿去统治人类，因为它们赖以续命的能量并不来自人类，也就是说它们并不需要把人类当成食物，科技与人类反而形成了良好的共生，就像几十亿年来技术元素一直都是生命体重要的合作伙伴一样。从文明的角度来看，生命体与科技体的信息载体完全不同，生命体的信息载体是基因，而科技体的信息载体是程序代码，两者其实生活在不同的平行世界。

虽然如此，当已经习惯以地球统治者自居的人类面对科技体时，仍然需要调整心态去平视它们，因为只有平视才能够共生，只有共生才能真正共荣。

无论人类如何看待科技和技术元素，它进步的方向都不会改变，我们可以称之为"趋势"，凯文·凯利称之为"必然"。

至于这些"必然"到底是什么，或许人类应该认真思考并努力找到答案。

信息，宇宙的编码

读到这里，想必您已经理解本章想要说明的事实：宇宙万物，无论生命体和非生命体，之所以能够以如此规则的秩序运行，其本质层面共通的要素是唯一的，那就是"信息"。

对于生命体来说，信息的表达方式是基因、遗传、生命的演化，甚至文化的进化；对于非生命体来说，万物之所以成为"万物"，是由组成它们的原子、分子排列方式及相互作用方式不同导致，这些排列方式也是信息；对于科技体来说，其内含的技术元素也是信息。

很明显，宇宙万物的共通点至此我们似乎已经找到，那就是"信息"，而支撑这些信息能够显现出各种性状的隐性因素则是能量，本书的侧重点是信息，所以先按下能量不表。

信息是个比较泛化的概念，人类的一句话是信息、星系的结构是信息、

DNA上的碱基对是信息，计算机上的程序代码也是信息。

元宇宙时代到来之前，这些信息互相是无法互相沟通的，正如使用不同语言的人，没有翻译就是鸡同鸭讲。

那么，有没有一种语言是通用语言，也就是有没有一种方式能够将这些信息通过转码变成互相都能理解的语言呢？

2000多年前，毕达哥拉斯给了我们答案："数即万物，万物皆数。"

500年前，伽利略说："数学是上帝描写自然的语言。"

100年前，爱因斯坦说："数学是我们理解自然现象的钥匙。"

柏拉图也说过："数学是世界上最完美的事物，在现实世界中不可能被创造出来，而现实中的事物都试图趋于完美。"

可见，数学或许真的可以充当信息沟通的媒介，其实数学的本质也是语言，与人类的语言不同，数学是描述自然界的一种通用语言。

语言的基本功能就是记录和传播信息，数学这种语言更加通用，它不分民族、文化，不但能够覆盖整个人类世界，还可以让人类与非生命体沟通，甚至可以跨星球传播。所以，一些科学家认为，如果我们要与外星文明沟通，最好的打招呼方式不是说"Hello"或"你好"，而是数值，即3.1415926……。可想而知，不知道圆周率的外星文明是不可能有能力制造宇宙飞船来到地球拜访的。

诺贝尔奖获得者，生物学家乔治·沃尔德曾经对他的学生说："在地球上把生物和化学学好是值得的，因为将来你也可以通过银河系之外的生物和化学考试。"其实，我倒认为，数学才是物理、生物和化学的基础，学好数学，全宇宙将会畅通无阻。

为什么数学如此通用呢？这就需要从数学的起源说起。

有位小朋友曾经编过一个故事讲给我听。她说："很久很久以前，还没有数字，有位猎人出去打猎，背回来一堆猎物，他想知道自己到底有多少猎物，由于他不懂1、2、3等数字，于是只能数手指头，当手指头不够数时，他就在墙上画个记号，然后继续数。"其实，这正是多数地方的远古人类都使用十进制的原因。

故事继续，部分其他猎人发现脚指头一样可以加进来数，这样数完手、脚之后再画记号也可以，于是某些古代人类也有采用20进制计数的，他们是玛雅人。

从上面的故事不难看出，人类社会数字的起源是基于记录财产的需要，而且数字无非是更加简练的一种语言而已。

在没有数字之前，如果某位猎人有五根木棒，他会说或画出来："IIIII"，即画五道杠，这五道杠可横、可竖。而不同地方的原始人类对数字的创造也大多基于此。

所以，无论是古罗马数字还是中国数字，都有"横、竖"混杂在一起。后来，最简便的印度数字经由阿拉伯人之手传到欧洲，并迅速地"统治"了全世界。法国数学家拉普拉斯说："是印度人教会了我们如何使用10个符号来书写数字。该方法的天才之处在于每个符号即是一个数字，其代表的数值也会因位置的不同而变化。"

如果我们粗略梳理数字的由来及其发展，可以用以下几个阶段来概括。

第一个阶段：在原始社会，当人们需要描述物体的个数时，发明了正整数，虽然不同地区的人们对数字的记录方式不同，但意义相近。我们也称这些数为自然数，因为它们是基于对大自然的观察而发明出来的。后来，为了表示"没有"，印度人发明了"0"，它不但能够表示什么都没有，还能够占位，使得数字的书写更为方便，这也被称之为数学史上最伟大的发现之一。

第二个阶段：人类进入阶级社会后，需要对可拆分物体进行均匀分配时，我们引入了分数的概念。即，把一堆东西平均分给几个人的时候，分数就特别有用。此时数域拓展到正有理数，所有的数字都可以由两个正整数之比表示出来。

第三个阶段：当人类需要建筑大型建筑的时候，需要"垂直"的几何概念，这个时候就要检验墙体与地面是否垂直，于是扩展出来了勾股定理，即毕达哥拉斯定理，也可以描述为"直角三角形斜边的平方等于两个直角边的平方和"。

也正是这个时候出现了欧几里得的《几何原本》，数学在这一刻与几何打通了，二者之间可以互相证明、互相促进。正是由于毕达哥拉斯定理的出现，引出了另外一种数字——无理数，因为"直角边长是1的等腰三角形，它的斜边长是$\sqrt{2}$"，而$\sqrt{2}$则是人类发现的第一个无理数，因为它既不是整数，又无法用分数表示。据说，发现$\sqrt{2}$这一无理数的希帕索斯（毕达哥拉斯的学生）因违背了毕达哥拉斯学派比例论的信条而受到处罚，被扔到大海里淹死了。

第四个阶段：当意识到方向的前后和动作的相反时（比如南北、左右、出入、温度的高低等），人们引入了负数的概念，用于将两种截然相反的动作、行为统一起来。此时，数域拓展到了实数，实数包括正数和负数。

第五个阶段：有了实数的概念之后，从左到右的数轴上就有了整数、有理数、无理数，整个数轴就已经全部被填满，成为一条连续的"直线"。有了实数的连续性，才出现了函数、微积分，这些都是建立在连续性之上的概念，而正是这些工具将数学推向了更高的层级。

第六个阶段：当人类的思维由三维转向四维，甚至更高维的空间时，虚数的概念应运而生。而且某些需要用到矢量运算、交变电流、傅里叶变换的领域，人们发现用带虚数单位的数字能更好地解决问题。

以上是数学的发展历程。有了数学就有了运算，运算规则也自有其发展的历程，也有其高低阶位。

最早的，也是阶位最低的运算是加减运算。所谓加法，用一句话来形容即"原来有3个物体，后来又加进来5个物体，就是3+5"；所谓减法，也可以形容为"原来有8个物体，用掉或少掉了5个，就是8−5"。

后来，当人们用到多个相同的数相加时，为了运算方便，发明了乘法，所以乘法是加法的高阶运算。同理，除法是将一个数等分多少份，比如把10等分5份，也可以表示为10除以5，每份为2，所以除法也是加减法的高阶运算。

再后来，需要多个相同的数相乘时，为了方便运算，人们又发明了N次方，多少个相同的数相乘，就是这个数的多少次方。比如，$2 \times 2 \times 2 = 2^3$，由此可见，N次方运算又是乘除法的高阶运算。

在初等数学的运算法则中，高阶运算优先于低阶运算，要先行计算，这也是先算次方、再算乘除、再算加减法的原因。

那么，如果需要先算低阶运算，怎么办呢？于是，人们发明了括号，无论位阶高低，先算括号内，再算括号外；多上括号时，先计算最里面的括号，再逐层向外计算。

再往高等数学发展，还有更多的高阶运算，如阶乘等。

从以上内容，我们不难看出，数学是在人们认识自然界，并试图描述自然界的过程中逐步被人类发现并总结出来的，数学伴随着宇宙的产生而存在，只不过人类是从零开始逐步认识它而已。

理论物理学，高深如爱因斯坦的相对论、能量方程等，都是通过数学方法推导出来之后再进行实验验证的，所以说数学与物理、化学等学科是互相促进的关系。在人类文明发展的早期阶段，物理的发现催生了数学的进步，但在人类文明的高级阶段，往往是使用数学推导出公式后，其背后隐藏的"事实"再在物理世界得到证明。

今天，小到原子的运动，大到星球的位置，普通如汽车的速度，高级如量子纠缠均可以用简单的数学公式来描述，也正是因为有了这些数学公式，人类对自然的理解也变得更加深刻和透彻。

随着人类社会的进步和数学、物理等学科的发展，数学已经基本上可以实现毕达哥拉斯的梦想，即将所有的事物、现象都用数学语言来描述，这种描述方式我们称之为"编码"。

对于生命体来说，DNA和RNA上存储的信息是编码，在RNA的指导之下生成的蛋白质信息也是编码，甚至生物的各种感觉器官之所以能够感知外界的光、物、冷、热，其本质上也是编码。在生命体内部，这些编码信息的内容决定了生命体的结构，生命体内部信息通过编码互相传递和沟通的方式决定了生命体是"活"的，只不过到目前为止人类还未能完全摸清楚其中的奥秘而已。

对于非生命体来说，就更容易理解编码的意义，化学反应是编码的重新组合，物理现象是编码的外在表现形式。正如将力量与加速度的关系写成$F=ma$是编码，将质量与能量的关系简化成$E=mc^2$是编码，将氧气与氢气反应生成水表达成化学方程式当然也是编码，而这些编码的背后都是数学。我们可以肯定地说，如果外星人造访地球，一定要懂得熟练运用万有引力公式，即 $F=G\dfrac{Mm}{r^2}$，否则他们就不可能来到地球，看来数学是宇宙的通用语言。而信息，正是以数学和数字作为媒介，才能够亘古亿万年地留存至今并延续下去。

可见，如果某一天我们能够让生命体与非生命体的编码信息自由沟通，沟通渠道必然是数字与数学，所以数字化和智能化是通向未来的必由之路。

第二章

数智社会，就是元宇宙

你向后看得越久，就能向前看得越远。

———温斯顿·丘吉尔

回顾宇宙138亿年和地球45.6亿年的历史，让我们理解了生命体与非生命体本质上并没有什么不同，它们都是通过编码信息来组织原子、分子等基本粒子。唯一的区别是生命体可以通过这些编码信息之间的交流达到"活"的目的，而非生命体则没能实现编码信息之间的沟通与共享，所以看起来是"死"的。

随着科技的发展，也就是技术元素新型组合形式的出现，传统生命体之外形成类生命体的概率越来越高，只要是这种类生命体能够达到广义上的生命定义，我们就无法否认其具备生命的意义。

数字化，在这一过程中将会起到关键性的作用，因为数字化的本质是将信息用数学符号来表达，而数学符号则能够成为万物"沟通"的自然界语言。

这一天虽然目前还未全面到来，但已经初现端倪。

人机交互、物联网、大数据、5G（6G）、人工智能等技术的发展已经为万物"数字化"做好了准备，近年来出现的区块链、Web3.0又为数字对象的交互制定了清晰的边界和规则，2021年"元宇宙"概念的火爆也正是基于这些技术的发展和成熟。

未来的样子已经若隐若现，那就是技术元素通过数字化表达将生命体与非生命体无缝地统一在一个大的系统之内，我们可以叫这个系统为"元宇宙"。

所以，元宇宙既不是简单的虚实结合，也是不传统意义上的人机交互，更不是NFT或数字藏品。元宇宙是将生命体与非生命体统一在一起的另类空间，不但可以实现虚实交互，还能够通过万物的数字化表达为生命体赋能，让非生命体"思考"。

未来的形态如果一定要找个名词来形容，我想应该是"数智社会"，也就是元宇宙。

元宇宙，一种社会新形态

如前文所述，"元宇宙"一词的英文是"Metaverse"，在元宇宙中生活的虚拟个体被称为"Avatar（阿凡达）"，这两个词都源于美国科幻小说家尼尔·斯蒂芬森在1992年写的一部赛伯朋克①式科幻小说《雪崩》。

小说中仅仅是对这种场景提出一个概念性的想法，由于当时的互联网技术还处于初级阶段，所以并未引起人们的重视。

近年来，随着AR、VR等虚拟与现实之间的互动技术成熟，《雪崩》小说中的场景又在《头号玩家》《超级玩家》等电影中重现，进而引起人们的重视，最终扎克伯格将Facebook更名Meta这一动作彻底点燃了元宇宙概念，让元宇宙得以进入大众的视野。

其实，Meta在英文中有两种意思，一是"超越"，一是"在……之后"，因为Metaverse本质上是脱离了物质世界的虚拟世界，可被理解为纯粹精神的世界，所以被翻译成"元宇宙"并不是特别准确，至少应该是"超宇宙"。

不过，无论是元宇宙还是超宇宙，概念都太宽泛，太笼统，未免让人觉得大而空。当然，这不能全怪翻译，要怪只能怪Roblox或扎克伯格，甚至是尼尔·斯蒂芬森，因为是他们率先提出的"Metaverse"，才有中文的元宇宙。

如果从"Metaverse"所反映的场景来看，我倒觉得使用马化腾在腾讯2020年度特刊《三观》中提出来的"全真互联网"概念来描述更为贴切，因为"全真"一词形象地描述出未来虚实相融的场景，也点出了互联网由二维向三维、由可视到可感的转变方向。

用更中国化一点的词来描述元宇宙则是钱学森老先生提出的概念"灵

① "赛伯朋克"是一种作品风格，其主线是反映科技高度发展的人类文明与脆弱渺小的人类个体之间的强烈反差。

境"，即虚实结合的一种互联网状态，也可以称之为一种社会形态。

没错，从本质上来说元宇宙既非一项技术，也不是一种组织形式，它就是一个概念，而这个概念描述的是一种未来社会形态，这种社会形态则是数字经济发展的一种必然。

各大商业公司之所以将这种未来社会形态拿来现在描述，不能排除其有造概念之嫌。斯蒂芬森造词的目的是让大家更容易理解这样的一个虚实相融的新世界，Roblox造词的目的是让自己的游戏显得与众不同，扎克伯格造词的目的则是让Facebook（Meta）能够通过新的概念继续引领社交媒体的潮流……

虽然他们各有自己的小算盘，但我们不能否认他们的功劳，正像凯文·凯利所言："技术元素有自我进化的目标和趋势，在这个过程中，人类的行为可以加速或延缓这种趋势，但关键的节点是必然要到达的。"

不可否认的是，正是这种超前的、大而空的概念引领了元宇宙大潮的到来，让政府、百姓甚至涉及的各类商业公司开始关注元宇宙、发力元宇宙，甚至投资元宇宙。

这对元宇宙社会形态的促进是不言而喻的。如前文所述，信息是这个世界的主宰者，无论是基因还是技术元素，其背后都是信息，而数学则是自然界的语言，可以实现不同类型信息之间的沟通与交流。

自然而然地，在数字经济发展的过程中，必然会到达某种阶段，即无论是技术元素还是基因，无论是生命体还是非生命体，无论是动作还是人类语言都可以用数字来表达的时代，这个阶段或许就是元宇宙的终极形态，因为那个时候的万物皆有"灵"，一切都可以"活"起来。

可以想象的元宇宙时代应该是这样的：当人类戴上AR眼镜看世界时，一切都"活"了。动物的语言能够通过AR眼镜翻译成人类"听得懂的信息"、建筑物的名称可以直观地显示在AR眼镜的可视范围内、陌生人的姓名可以通过AR眼镜"读出来"、每株植物的种属及功效一望便"知"。同时，智能AI机器人和虚拟人也能通过算法轻而易举地懂得人类的想法及喜好，并与人类良性互动。

这是一个大同世界，是一个万物均可通过数学来沟通的世界，也是一个生命体和非生命体共生的世界。

在这样的一个世界中，人类面对虚拟原生人、虚拟孪生人或智能机器人等虚拟智能体时好像陷入了柏拉图的洞喻理论[①]，即当现实个体面对虚拟个体时，或许你真的无法分清到底哪个才是真实。

柏拉图在《理想国》第七卷中对人类的状况提出了一个基本构想。他设想在一个洞穴里有一批囚徒，他们从小就待在那里，被锁链锁着，不能回头，只能看见前面洞壁上的影子。在他们后上方有一堆火，前方有一条贯穿洞穴的小道，沿小道筑有一堵矮墙。洞穴的外面，人们扛着各种器具走过墙后的小道，而火光则把这些器具投影到囚徒面前的洞壁上，囚徒们自然认为影子是唯一真实的事物。

如果他们中的一员碰巧获释，看到了现实世界的样子，再转过头来看火光与影子，他甚至会认为影子比它们的原物更真实，那么到底哪个是真实的呢？是影子还是原物？这确实是个问题！

从本质上来说，实物由分子和原子构成，影子由粒子构成（影子是由光量子构成的），二者的本质并没什么两样。所以，要理解元宇宙，人类首先要接受一个基本的哲学现实，即或许人类能够感知到的现实世界并非唯一的存在。

基于此，我们所要讨论的元宇宙，肯定不单单是斯蒂芬森笔下的元宇宙，也不是Roblox或扎克伯格所描述的元宇宙，而是万物数字化背景下，生命体与非生命体共荣共生、互相赋能的那个未来元宇宙形态及其相关的技术。

在达到这个终极元宇宙形态之前，肯定会出现元宇宙发展的不同阶段，我将其定义为准元宇宙、初级元宇宙、高级元宇宙和终极元宇宙四个阶段。虽然这些不同阶段并非元宇宙的终极形态，但在实际的产业应用领域，这些阶段表现出的应用场景反而是我们更应该关注的。元宇宙是否能够在发展过程中为产业、为消费者赋能决定了它成长的动力与速度。

---

① 详见《理想国》第七卷《国家篇》。

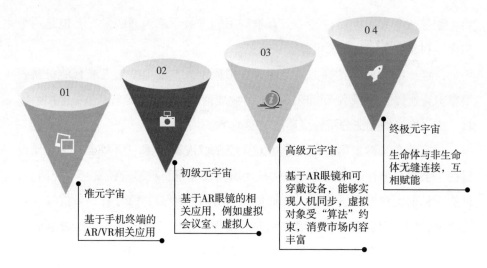

图2.1　元宇宙发展的不同阶段

准元宇宙

基于手机终端的AR/VR相关应用

初级元宇宙

基于AR眼镜的相关应用，例如虚拟会议室、虚拟人

高级元宇宙

基于AR眼镜和可穿戴设备，能够实现人机同步，虚拟对象受"算法"约束，消费市场内容丰富

终极元宇宙

生命体与非生命体无缝连接，互相赋能

　　按这样的分类方式，我们目前应该处于准元宇宙和初级元宇宙之间的过渡阶段。在这个阶段中，交互技术如AR/VR等多数应用均呈现在手机、Pad等传统终端，部分走在前面的行业开始使用AR/VR技术，通过手机显示为其赋能，比如VR虚拟展厅、AR内容展示等，这个时期的元宇宙仍停留在概念阶段，并未走入大多数企业或寻常百姓家。而一时火爆的虚拟房产、NFT数字藏品等从本质上来讲并非元宇宙的真实应用场景，它们不过是被资本吹起的、带有元宇宙概念的一个阶段性泡沫而已。

　　在元宇宙初级阶段，主要应用场景集中在ToB领域，元宇宙开始通过虚拟人、数字人或虚拟会议室等工具为企业赋能。这个时期AR/VR眼镜已经有一定的普及度，部分头部企业已经开始着手构建以区块链为基础、以交互技术为手段的虚拟应用场景，不过各家企业分别打造，并未形成统一的元宇宙平台。

　　元宇宙高级阶段，ToC市场内容开始丰富，普通用户能够享受到元宇宙带来的便利。此时的AR眼镜已经非常普及，手机逐步退出历史的舞台，人们利用AR眼镜可以实现内容的"所看即所得"，世界上的一切生命体和非生命体在AR眼镜里都"活"了起来。这时的重要问题已经不是硬件、软件，而是应用场景，即如何打造更加高效的企业应用及更加便利、有趣的个人应用成为行业的最大痛点。

终极元宇宙阶段，即虚实相生，此时生命体与非生命体互相赋能，从更高的视角看，或许我们已经无法分清谁是真正的存在。以区块链为基本规则、以无缝的人机交互为手段、以互相赋能为内容、以标准协议为通信底层的元宇宙平台成为新的"宇宙"，在这个与物质世界相对应的数字平行宇宙中，万物皆有灵，所有的个体之间都能够互相理解、互相信任，大家在为满足自己的需求而努力，具有共生关系的其他角色的需求也同时被满足。

看得出来，人们经常提到的元宇宙多指"终极元宇宙"，而这个终极元宇宙社会形态的到来至少还需要几十年甚至上百年的时间。

创世纪，新物种的诞生

在未来的终极元宇宙形态中，智能生命体肯定不止人类一种。

除了人类之外，可能存在其他类型的智能"人"，而这些智能"人"不一定是生物，它们很有可能是由数据构成的科技体。这些科技体本身也有进化的能力，我们人类要学会和它们和平共处。

如果我们将时钟快速拨到公元2222年，你或许会看到这样的场景。

初夏，乔治早早地醒来了，乍暖还寒时节的清晨，晨风中夹带着淡淡的花香，美好的一天开始了。

Robot看到乔治醒了，帮他端来了一杯水，然后返回厨房帮乔治准备早餐，它不但知道乔治早上醒来洗漱完就要喝杯温开水，还帮乔治设计了一周的早餐菜谱，能够让乔治每天都有时间享用美味、营养的早餐。

乔治洗漱完，喝了口水，戴上AR眼镜，看到了在另外一个城市工作的妻子Amy也已经起床（当然，他看到的是Amy的数字孪生），他俩象征性地拥抱了下，互道早安后，便坐在餐桌旁共同享用早餐。他们边吃边聊天，像在一个房间里一样，Amy说昨晚睡得不好，有些累，因为家里的猫晚上一直在闹，所以今天不想去参加网球训练。

这时，乔治看到AYAYI走到Amy的旁边，告诉Amy说，它可以帮Amy在家里完成训练，因为AYAYI是位非常专业的网球教练。

正在聊天的时候，窗边飞来的无人机为乔治送来了他昨天买的新书《数智未来——从宇宙到元宇宙（第十版）》，Robot从无人机上接过新书，拆开包装递给了乔治。

不难看出，上面的场景中有四类"人"，一类是现实世界中真实的人，即乔治和Amy；一类是现实世界中的人在虚拟世界中的化身，我们称之为"数字孪生人（Avatar）"，即乔治在AR眼镜中看到的Amy化身；第三类是在数字世界中创造出来的，可以是NPC①或现实世界中已经不在世的人的投射，我们称之为"数字原生人"，即这个场景中的AI being②——AYAYI；第四类是在现实世界中与真实的人共同生活的机器人，但这些机器人都已经进行了"人格化"的智能改造，也可以说它们都是虚拟世界中原生人在现实世界中的投射，即这个场景中的Robot，我们称之为"智能机器人"。

这四类"人"中的后面三类都是虚拟人，也即凯文·凯利所言的科技体。它们共同生活的世界构成了元宇宙的基本元素，而这些基本元素之间的关联、沟通方式则依赖于目前正在突飞猛进向前发展的各项技术，包括但不限于区块链、AR、游戏、交互、AI、5G（6G）、物联网、大数据、云计算等。

元宇宙各实体之间的沟通将不再是传统社会的语言，而是数据。本质上来看，元宇宙世界应该是以数据为基础的虚实相生、人机相融与万物互联。

---

① non-player character的缩写，指的是电子游戏中不受真人玩家操纵的游戏角色。
② 借用小冰公司对"数字原生的智能虚拟人"称呼。

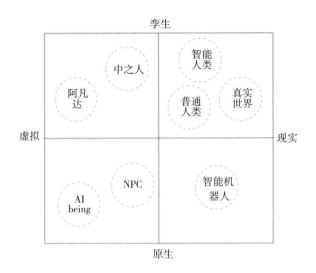

图2.2　元宇宙中的四类"人"

正如2000多年前毕达哥拉斯学派的观点"万物皆数"一样，元宇宙时代或许恰恰印证了这个论断，虽然毕达哥拉斯所说的数并非现代意义上的数据，而是简单的实数。

无论是现实世界的分子、原子，还是虚拟世界的图像、文字，其本质确实是数据，而数据的本质是信息，包括我们的遗传密码DNA，也是为了表达某种信息，从这个角度来看，"万物皆数"是能够准确表达元宇宙本质的。

过去人类所面对的世界，除了自己之外最主要的就是其他生物和工具，这些我们可称之为"真实世界"。未来，除了真实世界之外，通过数据和算法创造出来的新物种构成了另外一个虚拟世界，虚拟世界与现实世界的互动，便是元宇宙时代最基本的特征。

更让人脑洞大开的是，未来物理世界中真实的人也可能只是一个躯壳，他的大脑可能被置入芯片，他的骨骼可能被替换，甚至他的血液中都可能布满了"纳米机器人"为其清理垃圾。

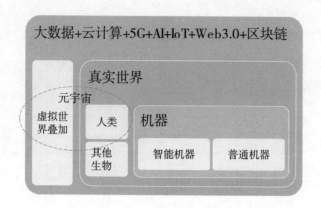

图2.3　虚实相生的元宇宙

　　如果未来果真如此，"我们"还是"我们"吗？这是典型的忒修斯之船[1]问题，但答案不言自明，因为即便没有这些技术元素的帮忙，人体内的细胞也在无时无刻地更换，今天的你和昨天的你也不是完全意义上的同一个人。当有技术元素协助的时候，其本质并未发生根本变化，所以"你还是你"。

　　那时的你所面临的人却和现在完全不同，作为创造这些新物种的"人类上帝"也必须正视虚拟对象的存在，并学会与其有效沟通。

　　这种有效的沟通方式就是数据交换，如果我们将科技视为未来发展的动力，那么数据则是科技的燃料。

拉普拉斯魔女

　　在宏观世界（非量子领域）中，只要是你掌握了足够多的数据（信息），有足够优秀的算法和足够强大的算力，就一定可以预测未来。

　　东野圭吾曾经写过一本书，叫《拉普拉斯的魔女》，[2]其中的主角圆华通过手术获得了法国数学家拉普拉斯所说的超能力，即她能够瞬间知道她所看到

---

[1]　公元1世纪的时候普鲁塔克提出一个问题：如果忒修斯的船上的木头被逐渐替换，直到所有的木头都不是原来的木头，那这艘船还是原来的那艘船吗？
[2]　《拉普拉斯的魔女》，东野圭吾著，出版于2015年。

物体中每个原子的确定位置和动量信息，并使用算法准确地对这些信息进行分析、计算，最终得出预测结论。小说中给我印象最深刻的场景之一就是圆华的手机放在一个石凳上，石凳上有位小朋友将奶瓶打翻了，牛奶流了出来。圆华瞄了一眼牛奶，看似不经意间挪了一下手机的位置，牛奶就沿着手机的边缘流走了，恰好没有碰到手机，这说明圆华在"瞄"牛奶的一瞬间就已经完成了收集信息并计算的全过程。

确实，在宏观非量子领域，如果一个人具备"拉普拉斯"能力，即能够准确地知道宇宙中每个人、每个物体中原子的确定位置和动量信息（物理学中称之为隐性变量），并通过优秀的算法和无穷的算力迅速计算出结果，进而就可以预测每个人，甚至自然界任何物体的未来。

即便是这样，他也只能预测一瞬间将要发生的事，而不能预测长久以后的未来，因为个体的任何一个行为，甚至情绪都会对结果产生影响，最终改变计算的结果，这也就是我们常提及的"蝴蝶效应"。

当然，在这个数据化的过程中我们还会遇到另外一个难题，那就是人的思想又很难被数据化。元宇宙世界没有从正面去解决这个问题，而是从另外一个角度来思考这一问题，即元宇宙世界的运行规则是只看行为，不论想法。

这或许很契合中国传统法家"法不诛心，唯论言行"的标准，即不管你心里怎么想的，只要是你表现出言行，便会被"结构化"为数据，被忠实地记录为你的人格，进而影响其他角色（算法）对你的判断。

正如吴军在《智能时代》[1]一书中的观点，如果将人的行为数据结构化[2]后再经过人工智能分析，最终可以实现"AI比你更懂你"。

不难看出，在元宇宙世界，无论你是真实的人还是虚拟的人，对于算法来说，你都是数据，算法仅仅是对这些数据化后的行为进行分析，无所谓你是谁。

使用数据描述的个体，具备以下几个明显特征。

---

[1]　《智能时代》，中信出版集团，2016年版。

[2]　数据结构化，即将不可计算的数据转化为可计算的数据。

一是数据描述比语言描述的准确度高，使得事物的还原度高，甚至可以做到100%无偏差。比如你用语言描述某个东西是黄色的，对方接收到信息之后再还原这个黄色，可能和你告诉他的黄不是同一种"黄"，因为黄色有很多种，有米黄、正黄、金黄、土黄、鹅黄等，但如果你使用数据描述"R255，G255，B0"，信息接收者能够非常容易地还原出是哪种黄。

另外一个方面就是数据易于存储和计算，容易形成各个角色之间的互动关系。比如一群人排队买馅饼，如果店家规定谁最喜欢吃馅饼谁先买，所有人肯定都会声称自己最喜欢，然后再举出很多例证，相信店家永远无法判断真假。如果将喜好数据化，则很容易判断出谁更喜欢吃馅饼，比如可将"喜欢"定义为一年之内吃馅饼的次数或数量，那么这个"喜欢"就很容易衡量了，这也是数据只看行为，不论想法的具体表现之一。

第三，数据让沟通更高效。佛家有句话，叫："话一出口，便会离心。"即凡是用语言表达出来的，均已经与其本意有差异。可见语言沟通的低效，更何况有人又话不全说，经常让你猜他的想法，这样的沟通就更加低效了。数据则不然，不但能够准确地传递信息，还能够通过这些信息之间的钩稽关系利用算法将结论计算出来告诉你，从而使得人与人、人与机器之间的沟通效率更高。

可想而知，在未来的元宇宙世界中，任何一个角色的任何一个行为都会被数据化，这些数据将通过优秀的算法和算力计算后存储在以区块链技术为底层架构的平台上，最终由数据、算法共同制约元宇宙中各个角色的行为和相互关系。

数据和算法或许一开始会帮助人类追求永生、快乐与神性，但在这个过程中，人类却会不自主地把自己交给算法。一旦权力从人类手中交给算法，人类将不再是世界的中心，世界的中心将是算法本身。人类则可能从设计者降为芯片，再降为数据，最后在数据的洪流中溶解分散，成为宇宙数据流中的一片小小的涟漪，我们必须正视这种可能性的存在。

这一点拉普拉斯[①]早有预言。他最早提出这个掌握所有原子状态数据并拥有足够算力和优秀算法能力的智者并不是上帝，而是被后人称为"拉普拉斯妖"的一种生物。

他在《概述论》导论中写道："我们可以把宇宙现在的状态视为其过去的果以及未来的因。如果一个智者能知道某一刻所有自然运动的力和所有自然构成的物件的位置，假如他也能够对这些数据进行分析，那宇宙里最大的物体到最小的粒子的运动都会包含在一条简单公式中。对于这智者来说没有事物会是含糊的，而未来只会像过去般出现在他面前。"

相对应的，在这个世界上一切人的一切行为都数据化之后，如果有人能够集中处理这些数据，那么他便处在了"拉普拉斯妖"的位置。

这很容易让人联想到小说《一九八四》[②]中的场景，即一个"老大哥"可以通过技术手段监控着大洋国所有人员的一举一动，独裁者（老大哥）以追逐权力为最终目标，人性被强权彻底扼杀，自由被彻底剥夺，思想受到严酷钳制，人民的生活陷入了极度贫困，下层人民的人生变成了单调乏味的循环。

这当然不是我们想要的未来，但这又是一切数据化之后极有可能出现的情景。在这一切发生之前，人类最需要做的事情就是保证这个算法是任何人都无法控制的，保证这些数据是任何人都无法窃取的。

一切都数据化之后的社会是否会陷入"1984陷阱"呢？这确实是值得我们深思并竭力避免的问题。

破解"1984陷阱"

破解"1984陷阱"的方法还是要从人类社会的发展历史中去寻找。从古到今，出现过很多独裁者，他们都曾想让自己的权力永恒，想让平民百姓

---

① 法国数学家皮埃尔—西蒙·拉普拉斯，他于1814年提出的一种假想生物，被后人称为"拉普拉斯妖"。

② 乔治·奥威尔的长篇小说，出版于1949年。

永远臣服在他们的强权之下。然而，所有的独裁者下场都只有一个，那就是——失败，而且是彻底地失败。

弄清楚其中的道理，相信一定可以寻找到在数字社会中破解"1984陷阱"的方法。

1684年，法国新教教士雅克·阿巴迪写了一本神学著作，书名叫《基督教真理条约》，在这本书的第二章里有这么一句话："一个人可以在某些时候欺骗所有人，也可能在所有时候欺骗某些人，但他却不能在所有时候欺骗所有人。"林肯在1858年夏天与民主党人斯蒂芬·道格拉斯辩论时引用这句话之后使之广为流传，为世人所知晓。

这句话确实道出了颠扑不破的真理，那就是一时的独裁不可能针对所有人永远得逞。

究其背后的原因，那就是信息不对称不可能永远存在。所谓信息不对称，是指在社会政治、经济等活动中，一些成员拥有其他成员无法拥有的信息，由此造成对事物理解的差异和权力、利益的不均衡分配。

从古至今，信息不对称都是不公平现象的根源。

在古代，巫师利用普通民众与自己和"神"沟通的信息不对称统治百姓，中世纪的欧洲的神父们利用自己与普通信徒和"上帝"沟通的信息不对称令信徒臣服，独裁者利用被统治者对外部世界信息获取方面的信息不对称加强自己的统治，"金融巨鳄"利用他们与普通投资者对金融市场理解之间的信息不对称盈利。

这种信息不对称现象之所以无法永恒，其实也是一种广义上的熵增原理，因为信息不对称本质上是一种不平衡状态，要维持这种不平衡状态则一定要有能量的供给，否则根据热力学第二定律中任何事物最终都向平衡的方向发展，即信息对称是一种趋势。

在通信技术还不发达的时代，人们依靠约定信号、口头信息和书面文字缓解信息不对称。

远古时代的烽火台，在边疆出现敌军入侵之时，通过点燃烽火逐次将这个"约定"好的信息传递给内地的决策层，以消除地域带来的信息不对称。

中国古代造纸术和活字印刷术的发明则是通过加速书面文字的传播来减少信息不对称。据说在宋朝时期，高级官员无论身处何地，都可以收到朝廷统一印发的"信息剪报"，以让各地的官员能够获取一致的信息量，以方便共同决策。

正是这些信息的"无障碍交流"使得任何一方均无法在完全意义上控制其他各方。由此可见，无论是古代还是现代，致力于消除信息不对称是避免踏入"1984陷阱"的根本解决方案。

不过我们也不能太乐观，在没有足够数据支撑的情况下想要消除信息不对称是一件非常不容易的事，因为信息的发送、接收、转码过程本身就容易产生偏差。就像人们经常玩的"传话游戏"，即便是小小的几个人的单链信息传送，也会出现完全不同的意思。

所以，如果真的要消除信息不对称还是要从两方面着手，一是自由的个体，二是共识机制的达成。

自由的个体保证每个人能够表达或传递自己的真实想法，不至于出现被胁迫的虚假信息。共识机制则类似于现代社会的选举，通过公开场合的信息公布，让多数人能够达成共识，则信息不对称就没有可藏身之地。

尤瓦尔·赫拉利在《未来简史》将每个自由的人比作一个芯片（处理器），他认为既可以提高沟通效率，又可以避免"1984陷阱"的解决方案要从以下四个方面着手实施。

一是增加处理器数量。比如，拥有10万人口的城市，运算能力会高于拥有1000人口的村庄。二是增加处理种类。处理器不同，运算和分析数据的方式就不同。因此，如果单一系统拥有不同种类的处理器，就能增加其动力与创意。比如，农民、祭司和医生对话中所产生的想法，可能是狩猎采集者之间怎么谈都不会谈到的。三是增加处理器之间的连接。如果只是增加处理器数量和种类，但彼此之间无法连接，仍然没有意义。这就是我们前文曾经论述过的n个自由节点相连，可以产生更多条连线。四是增加现有连接和各个节点的自由度。

类似地，在数据透明、传输顺畅的状态下要破解"1984陷阱"，最重要的途径也要从以上四个方面着手。目前，能够实现这四点最好的模型可能莫过于区块链和Web 3.0了。

区块链的核心技术特征就是节点自由、唯一标识、不可篡改和共识机制，在区块链系统中陌生人可迅速达成信任。这种以区块链技术为底层，由群体自发产生的共创、共建、共治、共享行为衍生出来一种组织形态，被称为DAO（Decentralized Autonomous Organization）。

在这个DAO组织中，数据的存储和管理是分布式、去中心化的；数据的处理规则上代码化的，即"算法即规则"；组织中所有人员的行为管理是智能化的，也就是我们区块链体系中常说的"行为即合约"；组织中确定的规则均是不可篡改的，如果需要修订则需要多数节点的一致同意。

在这样的一个组织中，其管理和运营规则均以智能合约的形式编码在区块链上，智能合约基于算法在没有集中控制或第三方干预的情况下自主运行。

这样的组织形式具有充分开放、自主交互、去中心化控制、复杂多样及涌现等特点。与传统的组织不同，DAO不受现实物理世界的空间限制，其演化过程由事件或目标驱动，快速形成、传播且高度互动，并伴随着目标的消失而自动解散。

所以，很多人认为DAO有望成为应对不确定、多样、复杂环境的一种新型有效组织，而这种组织形式在行为数据化之后也能够有效避免人类落入"1984陷阱"。

看得出来，如果让DAO完美运行，必须具备两个前提条件，一是信息的透明和自由流动；二是算力满足多个节点的直接信息沟通。

第一个条件在万物数据化之后或许还比较容易满足，但海量的数据需要强大的算力支撑，这是否会成为制约DAO发展的关键因素尚不可知。

除此之外，还有一个问题值得重视，那就是DAO适用于管理数据对象，对于人类却并非一种最好的组织形式。因为人类的行为可以数据化，但人类的感觉，如幸福，却是个主观的东西，使用DAO结构的组织，能够让个体的自由度变大，却无法保证每个个体的幸福感最高。

所以，我们关于破解"1984陷阱"的终极方案是消除信息不对称，数据消除信息不对称方法或许是区块链以及以区块链为底层的DAO，而人类消除信息不对称的重要法定则是——自由，这已经是在历史上经过多次验证的唯一法宝。

美丽新世界

"美丽新世界"这一词汇，往往会带给大家并不美丽的联想，这要"归功"于英国作家阿道司·赫胥黎的小说《美丽新世界》。

小说中描写了公元2532年的世界，由于科技高度发达，所有一切均被标准化（其本质就是数字化），人的欲望都会得到满足，人们不必要为生活担心，但随之而来的是，人性也在这些科技的"关怀"之下灰飞烟灭。

我们知道，小说起到的重要意义就是警示，《美丽新世界》就在警示科技可能给人类带来的负面影响，但可以肯定的是，这并无法阻碍科技的发展和科技社会的全面到来。不过，人们肯定会注意并竭力避免出现小说中描述的那些负面场景。

细想想，小说中描述的完全数据化时代其实就是我们现在所论述的元宇宙。那时的人类可能已经完全数据化，无论是行为还是思想，所以人类真如数据主义者所言，就是接入某种分布式大数据平台的一个处理器，而这个平台初步判断应该是以区块链技术为底层。

那时的世界中，除了人接入平台之外，还有另外三类智能体：数字孪生人、AI being和Robot，它们每个个体都是一个处理器。

这些处理器在平台上依据算法规定的边界做自己喜欢的事情，并通过行为塑造自己的人格，就像现实社会中的人一样。这样的场景完全可能造就一个新型的社会结构，不但人具备人性，数字人、虚拟人也都有自己的性格与感情。

我们知道，人类社会的基本结构包括经济结构、政治结构和文化结构，其中经济结构是交易规则、政治结构是行为规则、文化结构是道德规则。

经济结构又包括生产关系、生产力与生产资料三要素，如果我们细致研究起来，不难发现，生产关系其实与政治结构、文化结构也是密不可分的。可想而知，元宇宙世界如果要有序运行，也必须有规则、有互动，但元宇宙世界与现实世界肯定不会一模一样，毕竟虚拟对象和人的需求完全不同。所以元宇宙世界应该是将一切都数字化之后再通过算法确定规则，最终完成人与人、人与物、人与虚拟世界、虚拟世界与现实世界之间的互动与融合。

其中，数据是基础、规则是底层结构、交互是形式，内容则是元宇宙的文化内涵。正如凯文·凯利所认为的："真正的元宇宙是镜像世界。"在这个镜像世界中，现实物质世界中的万物和虚拟世界中的对象将全部使用数据来表示。

基于以上逻辑，我们可用图2.4表示元宇宙的基本逻辑结构。

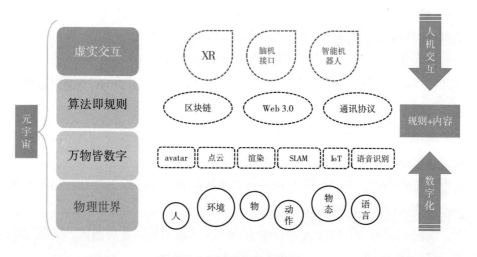

图2.4 元宇宙的底层逻辑

从图中可以看出，元宇宙的初始化即"万物数字化"，所以我们可以说数字化是元宇宙的第一步，也是元宇宙的基础。人类社会要想全面进入元宇宙时代，首先要具备将物理世界的人、物、环境、动作、语言等数字化的能力与技术，因为只有将物理世界的这些模拟信号转化为数字信号之后，算法才能够对这些信息进行计算、处理并得出相应的结论。近几年来，无论是语音识别、手势识别、眼动识别，还是物联网、SLAM技术等都取得了长足的进步，这些技术为物理世界的数字化打下了坚实的基础，也为人类全面进入元宇宙时代创造了条件。

当"万物皆数字"之后，元宇宙中流动的一切生产资料将都是数据，包括现实和虚拟世界中的人或物，以及前面提到的四类人所做出的任何行为都会在元宇宙世界被结构化为可计算的数据。

为了让元宇宙中的个体之间发生关系并保障各个个体的利益，必须有算法，这个算法还要避免让掌控数据的"老大哥"拥有制造"1984陷阱"的可能性。如前所述，要达到这个目标需要四个条件，即增加处理器（个人与机器都算）的数量、增加处理器的种类、增加处理器之间的连接、增加连接的自由度。

目前来看，使用Web3.0和区块链技术最有可能实现上述目标，这也是为什么业界普遍认为元宇宙的底层生产关系是Web3.0和区块链技术。换句话来表述，即区块链和Web3.0技术将成为元宇宙世界的底层规则制定者，这种规则能够真正实现"行为即合约"，让元宇宙中的每个行为对象都必须遵守这一规则行事，否则将寸步难行。

最后，我们知道，元宇宙中的现实人是感性动物，他们无法直接读取虚拟的信息，他们与虚拟对象之间的互动就需要其他的科技支撑，这种科技我们统一称之为"人机交互技术"。目前，可实现人机交互能力的技术有多种，但主要从两个方向推进：一是让数字对象理解物理对象，即将物理世界数字化的技术，例如可穿戴设备、脑机接口等；另外一类是将数字的虚拟对象模拟化，让人类可以使用现有的能力理解、读懂或看到虚拟对象的思想和行为，这类技术目前有虚拟现实技术（包括AR/VR/MR）、全息影像技术等，具体哪种技术在未来能够跑来也未可知，但这种"双向奔赴"的趋势已经非常明显。

基于以上，我们还可以像描述人类社会一样来描述元宇宙。即，生产力技术决定着元宇宙中各个角色的互动与沟通方式，生产关系决定着各角色之间的互动与沟通原则，而生产资料则是各个角色之间互动与沟通的内容表现形式。所以，元宇宙经济关系结构也可以用下面这个简单的图形来表示：

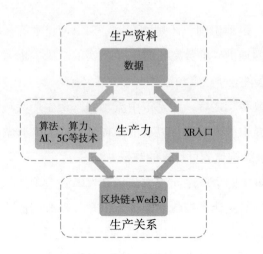

图2.5　元宇宙中的经济关系

　　具体一点说，元宇宙中的生产关系是以区块链和Web3.0为基础建立起来的，这种分布式存储与加密结构让各个角色之间的自由互动成为可能，并能够生成"行为即合约"的广泛适用的社会规则。

　　元宇宙中的生产力则是指各种技术，有些业内人士将元宇宙相关技术归纳为"BIGANT"，即Block Chain、Interaction、Game、AI、Network和IoT，这些技术确实都是元宇宙所需要的，但这样归纳有两个缺陷：一是未细致分类；二是没有系统地概括出元宇宙的基本特征。所以本书暂不采用这种归类方式，而是将以上技术分成通用技术和元宇宙专用技术加以分析。总之，凡是有利于元宇宙中数据流动与数据处理的技术，都属于元宇宙的生产力，从这个意义上来讲我更赞同另外一种观点，即元宇宙其实是多种现代技术的总成，它不是一项或多项技术，它本身就是这些技术应用在数字领域的有机形式。

　　数据作为生产资料通过生产力的加工之后，依照生产关系所确定的规则在各个虚实经济体之间流动，最终形成元宇宙的内容与应用。

　　在这个图形中，区块链和Web3.0重构了现实世界中人与人之间的关系，即生产关系。数据替代了语言、文字及其他信息，成为元宇宙世界唯一的生产资料。而算法、算力、5G、AI、XR、脑机接口等技术都为元宇宙体系的运营提供保障。

通过以上对元宇宙底层逻辑架构的分析，相信聪明的你已经基本了解元宇宙的概念。在此基础上，我们认为虽然元宇宙的远景目前尚不清晰，但正如美国淘金热时最成功的不是淘金者，反而是卖帐篷、牛仔裤和锄头的人一样，我想我们也应该将注意力集中在形成元宇宙的各项技术之上，也正是这些技术的迭代和应用最终推进元宇宙生态的成长。

无论元宇宙未来是以何种形态呈现给我们，我想这些技术的进步与迭代都将不可避免。

从模拟到数智

自从2020年新冠疫情席卷全球开始，整个世界都进入了动荡期，这种动荡不仅是指战争和疫情，也非经济崩溃，而是大家已无法对未来有一个确定性的预期，换句话说就是："人类进入了一种不确定性时代。"

在这种不确定性主导的时代中，细细梳理，你就会发现，有一种技术或产业是确定的，那就是数字化。

这种数字化不是一蹴而就的，而是由多项技术进步共同催生的，其中包括AI、物联网、5G、大数据、区块链、AR/VR等，数字化的终极形态我认为就是元宇宙。

那么元宇宙社会什么时候能够到来呢？具体的时间我们无法预测，但方向是确定的。这就像毛主席在《星星之火，可以燎原》中的描述："马克思主义（这里可以换成'数字化'）不是算命先生，未来的发展和变化，只应该也只能说出个大的方向，不应该也不可能机械地规定时日。"

用西方一句谚语来描述，就是："罗马不是一天建成的。"其本义是指任何事情都不可能一蹴而就，这里可以理解成另外一层意思，即罗马当初的建设也不仅仅是靠规划而成的。

人类社会从采集时代起经历了农业时代、工业时代，走到今天，也不是靠规划，而是靠人类之间的互动，在以生存、繁衍为目标的大背景之下，在寻求整个人类社会利益的最大公约数的过程中，慢慢演化而成。我相信未来的元宇宙社会与人类社会的形成类似，应该是在区块链规则的引导下，通过生产力的发展与数据的互动逐步形成其具体的形态。

《人类简史》作者尤瓦尔·赫拉利认为，智人文明的发展，主要有三个分水岭：第一是认知革命，第二是农业革命，第三是科学革命。

所谓认知革命，就是编故事的能力，通俗地讲就是"达成共识"，即怎样让大家形成合力，成为一个有共同目标的团队。这一点非常重要，也正是因为这一点，使得智人从万千物种中胜出。在元宇宙中，区块链技术可以迅速地让陌生人之间达成共识，这就相当于古代智人的讲故事能力。

从某种意义上来说，农业革命加速了认知革命的进程，而科学革命则是认知革命的必然结果。

当然，即便智人学会了讲故事，人类社会的形成也不是一蹴而就的，可以说认知革命仅仅代表了人类历史的发展绕过基因进化的缓慢进程，进入了社会和文化进化的快车道。

采集时代的远古人类是非常率性的，他们生活悠闲，社会结构简单，因为大自然的馈赠对于那么稀少的人口而言实在是太丰富了，他们每天只需要花费几个小时的时间就可以采集或狩猎到可供自己和家人共同享用的食物，其他时间他们都是完全自由的。利用这些时间，人们可以自由地畅想、玩耍、休憩、迁徙……

那时的人们并没有太强的使命感与目标感，如果必须赋予他们一个目标的话，那就是"活着"或者"相对不费力地活着"，而正是这一目标的驱动，农业革命很快就要发生了。

采集或狩猎，毕竟需要很大的活动范围，这对于活动在野兽遍布的山林或原野的原始人来说并非没有风险，所以活下来确实不易。直到有一天，某位中东的智人采集回来的小麦种子一不小心被撒落在了附近的土地上，不多时日之后竟然长出了新的小麦。

当人们发现原来植物可以种植之后便不再想到处采集野果，于是产生了定居的念头，这个念头一发不可收。

从采集到种植，从狩猎到驯养动物，从游牧到定居，从风餐露宿到修筑房屋，这使得人类的安全有了更强有力的保障，随之而来的就是人口数量的迅速增长。

人口的增长逐渐打破了资源供给与需求之间的平衡，由于生存压力的加大，平和的人际关系逐步被打破，为了争夺资源而"你死我活"，没有妥协余地的争斗走上人类历史的舞台。

于是，从氏族到部落、从部落到国家，人们开始分"你、我"，为了团结起来更有力量而去编撰更多的神话故事，进而为了保护大多数人的利益而制定了法律，形成了文化与道德，以上这一切最终都围绕着一个目标，即建立社会中人的行为准则。

法律和道德等准则确实约束着人类的行为，而正是在这些准则的约束之下才形成了今天的社会结构，即在主权背书的，有法制和道德约束的，人与人之间的社会关系。

那么问题来了，人类社会有法制、道德约束，那么虚拟人呢？它们被什么约束？虚拟人不像人类一样有感悟、欲望、寿命，人类在乎的东西它们好像都不在乎。"民不畏死，奈何以死惧之"，既然每个虚拟对象与人类在乎的东西不同，那么规则也肯定不同，否则这种规则对虚拟对象就没有任何约束力。那么，虚拟对象在乎什么呢？

以太坊的创始人维塔利克认为，它们最在乎"通行证"，即数字对象能否在互联网上活动，关键是看它有没有通行证，这个通行证他称之为"Token"，也就是计算机语言中的"令牌"，现在我们把它翻译成"通证"。

数字对象在网络上的每种行为都会影响Token值，当Token归零，意味着数字对象在网络上死亡了。

这个能够生成、记录Token的底层结构就是区块链，区块链可以让陌生人之间迅速达成信任关系，并将其行为数据永久存档，最终形成一个"行为即合约"的社会结构，这也就是后面章节中我们要讲的元宇宙底层生产关系。

虽然在这里我们暂时不展开来讲，但或许你已经意识到了，元宇宙社会的形成也类似于人类社会的形成，即先制定一系列规则，然后元宇宙参与各方依照这些规则创造内容，最终由这些内容之间的互动、沟通，进而涌现新的社会形态，即元宇宙，这也是约翰·霍兰德对"涌现"一词的基本定义。

所以，我认为如果以时代划分人类文明的发展，应该是采集时代、农业时代、工业时代和元宇宙时代。

在元宇宙之前的人类时代，人的所有行为并没有被数据化，我们暂且称为"模拟时代"。而在元宇宙时代，无论是人还是虚拟人，行为数据将能够被全部数据化，且通过人工智能对这些数据进行计算、处理，所以元宇宙时代也可被称为"数智社会"。

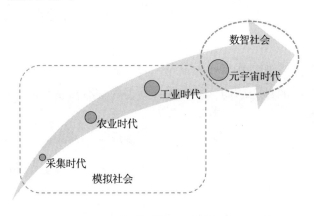

图2.6　从模拟社会到数智社会

数智社会的参与者除了现实中的人之外还有数字世界的原生人、孪生人和现实世界的智能机器人，这些"人"都会遵守一定的规则来生活，但这种规则不是道德、法律，更不是强权，它们共同遵守的规则是算法。

数智社会最重要的特征也就是用数据来量化人类和其他虚拟对象的行为，并通过算法计算这些行为之间的勾稽关系，最终实现以"行为即合约"为表层，以"算法即法律"为核心的社会结构。

在这种社会结构之下，每个个体虽然是自由的，但又像在游戏中一样，个体的任何一个行为都能够得到即时的反馈，这种反馈可通过Token来量化。

数字化除了为这些"元宇宙人"制定规则之外，还会改造非常多的传统行业，未来传统行业的数字化将成为近十年，甚至几十年的基本趋势，没有能力使用数字化技术改造的企业将逐步被淘汰，而那些能够使用数字化提升企业运营效率、转变运营模式的公司将得到快速的发展，这种模式被称为"产业数字化"。

同理，数字化就像工业革命时期的电气化改造一样，成为一个巨大的产业，因为数字将像工业时代的电力一样成为数字社会运行的基础，这种模式被称为"数字化产业"。

产业数字化与数字化产业的共同发展最终会形成一个完整的社会生态，而这种社会生态就可以被称为"数字社会"，元宇宙就是未来数字社会的一种具体形态，这种社会形态即数字+智能，我们称之为"数智社会"。

知其然，未必知其所以然

我们将元宇宙时代称为数字+智能的时代，但这种智能与我们日常生活中所接触到的智能却有很大的不同。

人类世界中的智者，往往都必须"知其然，更要知其所以然"，然而在数智社会中，算法往往会直接给出问题的答案及相应的行动方案。如果你要问算法"为什么"，算法可能也无法告诉你。

这既是算法的"缺点"之一，却也可能是数智社会对数据最大的保护，所以我们说"数智不智"，因为它无法回答"为什么"。

传统上，人类的思维模式被简单地分为理性思维和感性思维，理性思维又被称为"机械思维"，感性思维又被称为"经验思维"。

机械思维的形成可以追溯到古希腊，欧洲科学之所以领先世界，在很大程度上依靠从古希腊继承下来的思辨思想和逻辑思维能力，依靠它们可以从实践中总结出最基本的公理，然后通过因果逻辑构建起科学的大厦。这种思维方法总结起来就是两点：首先建立一个简单的模型，这个模型可以是假设出来的，然后再构建一个复杂的模型；其次，整个模型要与历史数据相吻合，这种科学的方法在笛卡尔和牛顿那里得到了长足的发展。笛卡尔的贡献在于提出了科学的方法论，即"大胆假设、小心求证"，而牛顿正是用这个方法论，用简单而优美的公式破解了"上帝的密码"，正如英国诗人亚历山大·蒲柏（Alexander Pope）为牛顿写的墓志铭："Nature and nature's laws lay hid in night; God said 'Let Newton be' and all was light."

爱因斯坦也继承了这种机械思维的方法论，他认为可以找到一个简单优美的公式来描述大自然的运行。所以，爱因斯坦有句名言："上帝从不掷骰子。"这是他与量子力学的奠基人玻尔辩论时说的一句话。

机械思维是典型的人类文明思维模式，其方法就是归纳和演绎，即通过数据得出有用的信息，通过信息再总结出定律，形成普适的知识，再用普适的知识指导人们的行为。比如人类通过测量星球的位置和对应的时间得到数据，再通过这些数据得到星球的运行轨迹信息，再通过信息总结出开普勒三定律，就是知识。然后通过这种知识指导人类预测或发现具体星球的运行轨迹。

感性思维看似依靠经验，其本质却也是理性思维。不过在决策过程中，感性思维省略了显而易见却耗时耗力的计算过程，把推理结论固化成一个直接反应模型，大大加快了生物的反应速度。

比如，人们看到甜食会产生喜欢的感觉，是因为多数甜食能够为人类补充能量；人们尝到苦的食物会本能地厌恶，是因为多数苦的食物都有毒，会对身体造成伤害。从情感的进化过程来看，最初的生物不存在喜欢、厌恶等情绪，但由于某些东西（主要是食物）对自己的身体有利，喜欢这类食物的基因得以留存，而不喜欢这些食物的基因被自然淘汰了。人类便将"喜欢"定义成了"情感"，这其实是简化后的理性思维模型。厌恶的形成过程类似，如果一个东西对身体有危害，那么喜欢这个东西的基因多数都被淘汰，厌恶这个东西的基因躲过了这个风险，得以留存。

看得出来，人类思维模式的流程大致是：先总结出一个普适的知识，如甜食补充能量、$F=ma$ 等都是知识，然后再用这个知识指导人们的行为。总结的过程是归纳，指导的过程为演绎，演绎过程也是一个从抽象到具体、从简单的公式中生成海量数据的过程。

从简单的公式中生成海量数据对于人类来说已经习以为常，但从海量的数据中总结规律是很不容易的一件事情，这也是人与AI最大的区别。

从欧几里得的《几何原本》到爱因斯坦的能量方程，上千年来人类科技的发展均得益于"优美的数学公式"和简洁的几何图形，今日的人们已经习惯这种先总结规律，再使用规律去演绎推理的思维过程，我们称之为"知其然，更要知其所以然"。

对于更加复杂的规律，或许无法，至少是短期内无法总结出"优美的数学公式"，那么要如何去"知其所以然"呢？这时是否能够从海量的数据中分析出结论变得比归纳公式更加重要。AI走的就是这条路，多数AI算法都是通过海量的数据训练之后，像孩子识字一样认识事物的，这叫"知其然，未必知其所以然"。

最重要的是，AI算法在这方面已经取得了有目共睹的成就。

2016年3月，谷歌的围棋计算机AlphaGo与人类围棋世界冠军、职业九段选手李世石进行人机大战，并以4∶1的总比分获胜，震惊全球。因为在此前，所有人都认为围棋算法比较复杂，AlphaGo难有胜算，结果却出人意料。

同年12月29日，一位名叫"Master"的新手登录弈城，分别战胜谢尔豪四段、孟泰龄六段、於之莹五段、韩一洲四段、乔智健四段，十战全胜。在后面的30号、31号，败在Master棋下的还有朴廷桓九段、江维杰九段、辜梓豪五段、朴永训九段、柁嘉熹九段、井山裕太九段、孟泰龄六段、金志锡九段。后来确认，横扫中日韩棋坛的Master果然就是AlphaGo，看来是全新升级而来，59胜的战绩真的很恐怖，当时"不可一世"的棋坛第一人柯洁也两次败北。

在以上这个故事中，AlphaGo使用的算法是"统计学习法"，而人类使用的则是自己的智力，也即"归纳法"。

以AI算法为核心的AlphaGo之所以能够战胜人类，正是因为它们获得智能的方式和人类不同，人类靠的是逻辑推理，而智能机器靠的是大数据和统计概率。

然而，随着对自然界认识的深入，我们发现大自然或许存在着很多的不确定性，而这种不确定性无法用简单的公式或因果关系来描述。

这种现状也催生了大数据的兴起，大数据的本质就是利用足够的信息来消除找不到因果关系的不确定性。

在过去，我们一直强调因果关系，一方面是因为常常是先有因再有果，另一方面是如果找不到原因，我们会觉得结果不可信。但在大数据时代，我们能够得益于一种新思维方法，即从大量的"强相关"的数据中直接找到答案，即使不知道原因，也就是"知其然，未必知其所以然"。

随着计算机算力的不断增强，我们的思维模式也应该从寻找"因果关系"向寻找"强相关性"转变，因为算力能够帮助我们从足够多的数据中发现强相关性，先不要问"为什么"，相关性本身就既是原因又是结果。当然，其中或许隐藏着我们暂时不知道的规律，但由于目前还不知道，就先用结果岂不更好？

实现这一目标需要一个前提条件，那就是海量数据，也可以称为"大数据"。智能算法的基本特征就是从有效的（剔除噪声）全部数据（不是统计学中的样本数据）中寻找相关性，并把寻找到的相关性直接应用于不同的场景之中。

可以说，从机械思维到智能思维是一个混杂取代精确、相关取代因果、不确定性取代确定性、全量取代样本的过程。

自然语言识别技术（NLP）发展的初级阶段，科学家们也曾经想以"语法结构"为突破口，但后来发现这条路走不通。反而是以谷歌为代表的数据公司，利用海量数据，通过"知其然，不究其所以然"的方式完成了语音识别的超越式进步。

对于基于算法这方面的这个特点，我们甚至可以断言，以经验主义为基础的时代或许再次成为主流，因为所谓经验，便是一种海量数据的统计结果。那么，是否"中医"与"中药"会通过算法得到概率统计上的支持呢？我有一位学习中医的朋友正在写博士论文，我就建议他找个人工智能专家合作，将古往今来典型的中医药方、药材通过人工智能的"大模型"训练，争取得到"知其然，但不问其所以然"的智能型结论，为中医、中药开辟一条新的科学之路。

不难看出，算法在抛弃逻辑推理之后的经验主义学习模式，实际上与孩子的学习过程类似。

比如，你教小朋友认识猫，几乎从来没有告诉他猫的特征，如怎么叫、眼睛形状等，你只是见到猫就告诉他："这是猫。"当孩子看到太多次猫之后，他就会认识猫，至于他是如何判断的，我们不知道。

目前流行的机器学习是类似的，就是让机器识别大量想学习的知识，当数量积累到一定量时，机器就看似具备了自我学习能力，这也与人类感性思维的形成过程类似。当人类祖先总结出甜食能够补充能量这条知识的时候，他们也不清楚甜食为什么能补充人体的能量，这种模式与AI算法的思维模式不谋而合。

由此可见，AI的思维模式并非与人类不同，AI算法所处的阶段应该正是人类祖先"进化出感性思维"的阶段，一旦感性思维进化完成，AI未来能否像人类一样具备理性思维的能力呢？我们还是需要打上一个大大的问号。

有一点可以肯定的是，随着人工智能的发展，人类的科学研究肯定会突破百年来的牛顿范式，向开普勒和牛顿范式相结合的数据主义模式转变。

星辰大海，还是虚拟世界

元宇宙概念被彻底炒热后，科幻作家刘慈欣[①]此前表达过的一些观点同时也被重新重视起来。

2018年11月8日，在华盛顿的西德尼哈曼剧院，获得"克拉克想象力服务社会奖"的科幻作家刘慈欣在演讲中说道："不管地球达到了怎样的繁荣，那些没有太空航行的未来都是暗淡的……说好的星辰大海，你却只给了我Face

---

① 刘慈欣，科幻作家，代表作《三体》。

book。"

刘慈欣的一句玩笑话在三年后成真，2021年Facebook果真更名为Meta，正式进军元宇宙。这之后刘慈欣的观点经常被人提及，即元宇宙可能会让人类失去探索星辰大海的动力，从而引导人类走向毁灭。

不去细想，好像确实很有道理，一个是星辰大海，一个是虚拟世界，这简直是通往天堂与地狱的不同路径嘛。

如果仔细想想，你或许会问一个非常简单的问题："星辰大海和虚拟世界必须是二元对立的吗？"

首先，二者并非是可类比的问题。即便没有元宇宙，还是会有很多人沉浸在越来越先进的手机和电脑里，所以元宇宙仅仅是智能设备给生活带来的另外一种体验。而星辰大海对于人类来说是未来的宏大议题，让我们的眼光和视野更加辽阔。元宇宙会满足人类的许多体验需求，但星辰大海则是人类永恒的追求，二者并非同一个等级的概念。

其次，二者探索的路径与目标不同。元宇宙主要依托人类的无穷想象力不断创造出一个又一个虚拟世界，在虚拟世界中每个人都可以有一个数字身份，虚拟人也拥有自己的数字标签，然后通过数据的流动实现现实与虚拟之间的互动。星辰大海则需要依靠人类的科学智慧，去理解、分析并探索未知的物质宇宙世界，不断拓宽人类的认知结构，最终让宇宙的资源为人类所用。

最后，星辰大海与虚拟世界其实可以互相促进，共同进步。比如，人类在探索火星的过程中，考虑到火星的气候条件不适合宇航员长期驻留，便可以通过VR技术将火星上的各种条件模拟到地球上的实验室中来，由地球上的人员操控火星上的设备，通过卫星通信、远程协同等技术实现特殊环境下的设备操作。由此可见，当虚拟世界中的相关技术成熟之后，仍然可以为探索星辰大海赋能。

由此可见，星辰大海与虚拟世界并非对立的问题，二者不但不在一个维度，在适当的时机还可以互相赋能，这不过是人类向宏观和虚拟两个方向探索的不同路径，其本质都源于人类对未知领域的好奇，甚至发展到某一天会回到一个远古的哲学问题："到底什么是存在？虚拟人是不是真正的存在？"

最终，或许我们会发现，人类无非是漂流在宇宙海洋中的"忒修斯之船"，"存在（being）"本身就是一种幻象。

这是一个哲学问题，也是一个现实问题，如果按《时间地图》中的观点，人和生物都是碳基有机体，和硅基智能、量子基的数据其实都是由宇宙最初的粒子构成，本质上是没有区别的。

所谓"存在"，无论是精神、特征、数字、物体，都是同种物质不同的表现形式而已。这些存在都具备相同的特征，那就是"熵增"，即任何存在，如果没有外力干预都会倾向于无序，无论是生命体还是社会结构，甚至包括思想均是如此。

宇宙的进化是这样，人类的进化亦是如此，正如薛定谔在其《生命是什么》一书中所言："生命以负熵为生，人活着的意义，就是不断对抗熵增的过程。"对于个体来说，对抗熵增的方法是学习和向外界索取能量；对于地球生态圈，对抗熵增的唯一方法似乎就是光合作用；而对于地球、太阳系甚至整个宇宙，似乎还未找到任何可以对抗熵增的方法。

因为对抗熵增必须有外界能量注入，封闭系统的熵注定增加，而宇宙之外又是什么？

人类对此还是一无所知，这或许正是人类探索星辰大海的动力所在。从这个意义上来讲，元宇宙方向的数字化探索也是人类探索未知的另外一个方向。

由此，我们甚至可以断言：未来，既是星辰大海，又是虚拟世界。

第三章

万物皆数，数智底座

我们将实现万物的数字化，包括所有的空间、建筑、物品和整个世界。这将是彻底的变革，意味着世界本身将受到算法搜索影响。我们将会像处理信息一样去发现、操纵、处理地点和物体。因此，镜像世界的核心属性之一是机器可读性，由此奠定未来全部应用的基础：实现世界的机器可读性。同时，世界也成为机器人和AI看到的世界，所以在路上行驶的自动驾驶汽车看到的也是这个镜像世界，即现实世界叠加虚拟世界。我们可以看到现实世界，也有能力看到虚拟世界。所以，有人称这个新平台为空间互联网（spatial internet）。

——凯文·凯利

科技的本质是能量与信息。

能量，让人类从外界获取足够多的资源来维持负熵。信息，记录着大自然的密码。科技，就是在信息的加持之下，获取能量不断加速的过程。

人类史中，科技是唯一获得了"复利"加持的事物，是一种能够呈指数级发展的生产力。今天任何一位中学生所具备的科学知识都超过了亚里士多德，但没有谁敢说自己的文学素养超过莎士比亚、哲学思辨超过笛卡尔，那是因为信息的存储与加工是有"记忆"的，如文字、造纸术的发明，印刷术的普及和科学理论体系的传承都是信息的记忆。

语言的创造是人类处理信息能力提升的第一个拐点，语言使交流与合作成为可能，加速了信息的交流，同时加速了人类学习和创造能力的提升。

紧接着，文字由象形转向字母是再一次飞跃，这由腓尼基人创造并由希腊人完成，因为字母更加容易学习，仅26个字母的组合就可以表达一切信息。

后来造纸术、印刷术在中国发明并在欧洲发扬光大，更是加快了信息的流动，因为纸张使得信息的复制、留存更加便利。

进入近现代，科学理论体系由笛卡尔创造，再由牛顿、爱因斯坦们继承，并由世界上最早的现代化大学承载。大学的出现，让人类的知识更容易传承，使得人类永远可以站在"巨人"的肩膀上。

有了信息和信息的交流，数学、物理、化学、医学各领域都在迅速发展；有了教育和大学，科学开始向可复制的技术转化；有了商业和大航海，技术为人类社会带来了巨大的变革。

所有富有生命力的科技，要么极大地缩小了人与人之间的时空距离，如各种交通工具和互联网，要么极大地丰富了人们的物质文化生活，如蒸汽机和电力，要么提升了人类的寿命或生活品质，如基因技术与医学。

在能量与信息两个维度，科技已经成为射出之箭，不但无法回头，还会越来越快，它将带领人类去探索更加广袤的未知领域。

而"万物数字化"将从本质上再次加速信息的流动和处理过程，这也将成为元宇宙运行的基础，也是未来数字社会的根基。

当然，这也是技术进步的必然。

数字化的内涵

信息，无论是在DNA上记载的遗传信息还是技术元素内部蕴含的原子排列信息，其本质上都是对客观世界秩序的一种编码。

人类最初认识信息始于测量。中国古代有布手知尺、掬手为升、十发为程。公元前221年，秦始皇统一中国后实行车同轨、书同文，统一全国度量衡制度，其中度制和量制的大部分采用了十进制。

古埃及的尺度是以人的胳膊到指尖的距离为依据的，这种以人身体长度为单位的习惯一直延续到近代的欧洲。例如，英国的"码"是亨利一世将其手臂向前平伸，从其鼻尖到指尖的距离；"英尺"是查理曼大帝的脚长；"英寸"是英王埃德加的手指关节的长度；"英亩"是两牛同轭，一日翻耕土地的面积。

到了近现代，人们能够测量的事物更多，除了传统的长度、重量、时间之外，人们开始测量光的波长、频率，电的电压、电流、电阻，运动的方向、速度、距离和加速度等。

测量数据以数字的形式记录下来，即是用数学的方式来描述自然界。这种测量数据并非现代意义上的数字化，这些信号都被称为"模拟信号"。

之所以叫"模拟信号"，是因为这些数据的还原度非常好，用这些数据可以模拟出真实的物理世界。人们日常生活中接触到的信号大多是模拟信号，比如我们说话时的声音、眼睛看到的景色和图像、触摸到的温度，还有血压、体温等，这些都是模拟信号。

模拟信号的特征是连续性，指用连续变化的物理量表示的信息，其信号的幅度、频率、相位随时间做连续变化，即在一段连续的时间间隔内，其代表信息的特征量可以在任意瞬间呈现为任意数值的信号。比如空间的温度，你随便找一个时间都应该对应一个数值，即使这个时间是0.0000001秒。

人们之所以要采集信号，其目的肯定是传递信息，信号是运载信息的工具。古代人利用点燃烽火台产生的滚滚狼烟向远方军队传递敌人入侵的消息、声波使他人了解我们的意图、四通八达的电话网中的电流可以用来向远方表达各种消息。

但模拟信号在信号传输过程中表现出不少缺点，比如在远距离传输时容易受"噪声"干扰、保密性不好等，特别是人们用计算机来处理这些模拟信号特别不方便，因为这需要计算机使用十进制，而十进制的计算机体积庞大，性能不好。一个简单的十进制加法器电路就要有300个元器件，比二进制加法器多十倍，但在任一时刻十进制加法器动态运行的元器件却只有三个，比二进制加法器电路少十倍。

最初的机械式计算机确实都是十进制，虽然效率低但大家也没办法。直到1945年6月，冯·诺依曼在《关于EDVAC的报告草案》一文中大胆提出抛弃十进制，采用二进制作为数字计算机的数制基础，因为二进制的"0/1"逻辑与电信号的"开/关"有非常清晰、明确的对应关系。

二进制于1697年由德国数学家莱布尼茨发明，他之所以会发明二进制可能是源于宗教的力量。有力的证据是，他在1697年写给鲁道夫·奥古斯都公爵的信中第一次提到二进制时有如下表述："（有一个发明）不容易传授给异教徒，全能的上帝从无创造有，'0'代表无，'1'代表有，所以'0、1'是一切数字的神奇渊源。这是造物的秘密，是美妙的典范，一切都来自上帝。"

由于莱布尼茨发明二进制并不是出于科学或商业目的，所以沉寂了两百多年也无多大用处，谁能想到今天的二进制会成为现代计算机的底层语言呢！而这种使用二进制表达的信息正是计算机可以读懂并计算的信息，我们称之为"数字信息"。很明显，数字信息是不连续的，由无数个"0/1"，即电路的"开/关"状态连接而成的。

就像我们经常看到的手机、电视或数码相机中的图像，如果你将其无限放大，会发现它们都是由一个个像素点构成，这些点是离散的，而图像看起来是连续的。

那么，连续的模拟信息是否都可以表达成离散的数字信息呢？信息论的开山鼻祖克劳德·艾尔伍德·香农于1948年在其论文《通信的数学原理》中证明用二进制数字签名可以代表任何信息，即任何一个连续的函数在一定条件下都可以被离散地表示出来，在这里连续函数就是指"模拟信息"，而离散序列我们称之为"数字信息"，就像十年前家用电视机从模拟信号转换为数字信号一样，数字化的基础是信息表示方式的改变。

所以，数字化的内涵是将物理世界中的信息通过测量得出数据，再通过"A/D转换器"将其转换成二进制的、计算机能够读懂并计算的数学语言。

反之，经计算机处理过的数字信号如果要控制物理世界的设备或其他对象，则需要通过"D/A转换器"再将数字信号转换成模拟信号。

信息化与数字化

提到数字化，很多人首先会想到另外一个词——信息化。如果不认真思考，这两个词确实容易混淆，以至于不少业界人士也经常提起一个概念，叫"从信息化向数字化转型"，这个提法其实是一种谬误。

信息化起源于20世纪60年代的日本，由日本学者梅棹忠夫提出，其主要方式是利用现代的通信、网络及数据库技术，将所研究对象各要素汇总到数据库，这样既方便信息使用者调用，也方便信息共享，甚至可以辅助决策。无论是机构或者个人，信息化的方法都是由线下到线上，目标都是提升效率。

传统意义上的信息化就是将原来的线下流程通过软件迁移到线上，同时辅助部分计算机性能，最终实现业务流程的自动化改进。

比如，因为手工记账复杂烦琐，于是出现了财务管理软件，财务人员只需要输入相关财务数据，财务管理软件便可自动生成报表、分析图等一系列数据结论，这就是信息化。可见，信息化没有改变业务流程，仅仅是将手工做账升级为电子表格。

传统意义上信息化的代表应用场景是OA或CRM，OA是将纸质审批电子化，从而提升审批的效率；CRM是将客户信息电子化，从而能够协助客户经理更好地服务客户。大一点来看，包括ERP（企业资源管理系统）、MIS（管理信息系统）等从本质来上讲都是信息化系统。

以我们正在面对的疫情防控举例，如果在信息化时代，疫情防控的方式是你无论去哪里都要检测核酸，然后由录入员将检测结果录入系统，再由其他人员对比查看。而数字化时代，你不需要现场检测，只需要出示健康码就可以通行无阻，因为你的相关信息已经全部数字化，在系统中不但有你的核酸检测信息，还有你与高危人群的时空交集等信息，最后由人工智能综合判断你的健康状况，再给你的健康码标记不同的颜色。

可见，信息化是简单地将信息从线下搬到线上，并做基础处理；而数字化则是将任何信息都变成数据，然后再由人工智能对这些数据之间的关系通过算法进行匹配处理，最终得出结论。

如果用不同的关键词来概括，信息化的关键词是"增效"，而数字化的关系词则是"运营"。

增效，目标简单直接，不需要复杂的算法，只需要将现实世界的规则搬到线上，将现实世界中较复杂的计算过程交给计算机就好了。这种信息化过程的结果比较容易评估，效果也比较明显，所以按项目制建设的较多。

运营，却是一个复杂的过程，不但要将物理世界数字化，还要通过算法将这些数据之间的关联关系找出来，并基于这些数据的勾稽关系让人工智能得出相应的结论。

可见，信息化是计算机还未普及之时的应用，随着计算机的普及，信息化已经变成一种基础能力。正如尼古拉斯·卡尔在《IT不再重要》一书中所言："未来信息技术将会变得像现在的电力一样普及。"

确实，当信息技术已经成为一种社会必需品时，"信息化"这一词汇也到了其寿终正寝之时，那时"万物皆数字"，而数字化后的"比特世界"则需要运营的加持才能取得其应有的价值。

传统的管理多数是为了控制，而数字化时代的管理则是赋能。赋能的概念并不新鲜，加里·哈默在《管理未来》一书中就曾提到"赋能"，但在传统时代，赋能较难实现。

数字时代则不同，因为数字化使一切变得更加纯粹与透明，这让赋能成为可能。

这些年来我一直坚持一个观点，那就是传统的企业组织形式必将消亡，因为分层级的管理方式不但越来越无法被新生代接受，更重要的是数字化时代的来临为赋能型企业提供了实现的可能。

未来的企业组织形式将是平台赋能型，即大型企业打造平台，让无数个体利用这个平台的赋能实现自己的价值，其实淘宝就是典型的平台型经济，唯一美中不足的就是它主要实现交易，而未提供其他类型的赋能而已。目前，百度、华为越来越想往这个方向转型，华为云整合的各种能力，不仅让越来越多的小企业甚至个人开发者实现更加便捷的应用场景开发，还能够提供各种完整的解决方案供企业选择。百度每年的"开发者大会"就是通过开放相关能力为开发者赋能。

商业从信息化走向数字化不是一种简单的迭代升级，而是思维模型的本质变革。变革的目标要从增效走向运营，变革的路径要从管理走向赋能，当信息技术真的就像电力一样成为必需品时，数字化时代也就到来了。

如前文提及，在数字化时代存在两种产业形态：一种是产业数字化，一种是数字产业化。

其中数字产业化是通过人工智能、大数据、5G、区块链、VR/AR、卫星通信等新技术的研发与应用，形成不同场景的应用方案，并把这些数字技术产业化的过程，这些企业从本质上来看是数字经济的供给方，即方案输出方。它们研究产业的未来趋势、分析具体的应用场景，最终为数字经济的发展提供动力引擎，像华为、浪潮和BAT等传统的IT、互联网企业都属于数字产业化企业。

而产业数字化，则是数字技术在传统产业上的应用，即如何把以上这些新型技术应用到传统产业上，助力传统产业的数字化转型升级，最终拉动整个国民经济的数字化再提升。这个需要转型、升级的传统产业也就是数字经济的需求方，如工业互联网服务均属于产业数字化。

推动数字产业化，能够创新非常多新的应用模式，这是数字经济的发动机；推动产业数字化，能够让数字化应用于不同的场景，进而为传统产业带来数字化升级，这是数字经济的加速器。

所以，从根本意义上来看，元宇宙其实是数字化的终极形态，即"万物皆数"的时代。我认为，人类社会从今天发展到真正的元宇宙时代至少要百年以上的时间，在这长达100年的过渡期，我们如何在全面数字化过程中既利用好科技给我们带来的便利又想办法通过立法、规则等规避相关的风险才是人类应该重点考虑的方向。

数智，多项技术的涌现

数字化，是近年来经常被人们提起的一个词；而数智化则更进一步，是数字化与智能化结合的产物。而从数字化到"数智化"非一朝一夕之功，需要多种技术的进步、成熟，甚至互相融合。

数据的收集、转化与传输需要传感器技术、物联网技术、通信技术；数据的同步、虚实交互甚至通感互联需要人机交互技术；数据的模型、结构和计算需要算法、算力、人工智能，数据的安全需要隐私计算、区块链……

可以说，元宇宙时代的到来正是随着这些技术的成熟与应用，最终涌现出来的一种必然结果。

读到这里，您应该越来越清楚，元宇宙描述的其实是一种社会形态，即数智社会。

基于以上观点，我们认为应该重点关注组成未来数智社会的各项关键技术和相关应用场景，正是这些技术和应用场景最终构成了元宇宙的未来，这些技术和场景也蕴含了无限商机。

我们可以将元宇宙的产业集群分成基础设施层、人机交互层、算法规则层、开发工具层和生态场景层等五大模块，其中每个模块均有其关键性技术。

生态场景层 数智社会新形态	· 商业领域：智能制造、数字孪生、远程医疗、个性化设计、虚拟会议 · 个人领域：远程会议、游戏、社交、文化旅游等
开发工具层 技术与应用的桥梁技术	· 图形技术：底层图形视觉引擎、多任务处理UI、实时渲染技术 · 建模技术：点云技术、地理信息映射、3D建模工具
算法规则层 元宇宙世界运行的基础	· 去中心化技术：区块链、Web3.0、智能合约 · 计算技术：人工智能、机器视觉、边缘计算
人机交互层 提供全方位沉浸式体验	· 交互技术：脑机接口、穿戴设备、通感互联技术 · 交互设备：AR/VR/MR、全息影像
基础设施层 支撑元宇宙的数字 基础设施	· 通信技术：5G/6G、物联网、传感器、WiFi7、GPU、云服务器 · 半导体技术：算力芯片、存储芯片、电源芯片等

图3.1 元宇宙产业集群分类

在以上五大模块中，基础设施包含了通信、算力和各种通用型硬件，是元宇宙世界得以运行的基础。人机交互包括了人机交互设备和人机交互的内容，其目标是给人们提供一种全方位、沉浸式的体验感，这种体验感将让个体充分体验到"全真"的虚实相互和融合；算法规则是元宇宙世界能够长期、有序运行的根基，也是虚拟世界和现实世界得以和谐相处的基础；开发工具则是沟通技术和应用的桥梁，就像现实世界中汽车生产厂家制造汽车时不需要从炼钢开始做起一样，有了开发工具，元宇宙世界的应用开发者就不需要从零开始。以上这些均属于技术模块，其中基础设施类的技术，不单单使用于元宇宙相关的场景，我们称之为"通用技术能力"，而人机交互、区块链和相关的开发工具则主要应用于元宇宙场景，我们称之为"元宇宙专用技术能力"。

生态场景层属于应用模块，即由于这些技术的成熟而催生的数智社会新形态。

任何一家企业都不可能覆盖元宇宙全产业链，只可能聚焦一个领域，甚至一个关键技术进行深度研究，方可能取得市场竞争优势。

处于技术模块的企业，要想方设法攻克某项技术难关，形成自己的技术壁垒，甚至将该项技术标准化成模块，供全行业使用，这是技术型企业的产业机会。

对于应用模块的企业，由于元宇宙短期的应用场景并不明确，需要不断地摸索，摸索的方法就是聚焦并研究透某个传统行业的，并集合元宇宙相关的技术为其提供综合性的"元宇宙+"升级方案。

比如，元宇宙+文旅、元宇宙+教育、元宇宙+会展等都可能成为一个非常巨大的市场。

这方面，上海发布的《上海市培育"元宇宙"新赛道行动方案（2022—2025）》（简称《行动方案》）中描述得非常详尽。

该《行动方案》认为，元宇宙需要突破关键前沿技术，"聚焦空间计算、全息光场、五感提升、脑机接口等方向，突破人机交互瓶颈。加快微型有机发光显示（Micro-OLED）、微型发光显示（Micro-LED）等新型显示技术研发应用。聚焦光波导、光纤扫描等近眼显示技术和柔性、类肤等新材料，提升沉浸交互体验。提升计算平台效能，推动图形处理器（GPU）、专用集成电路（ASIC）、可编程逻辑阵列（FPGA）等计算芯片和RISC-V指令集架构芯片的研发。强化大尺寸图像压缩、实时图形渲染、资源动态调度等计算技术研发。加强算法创新与应用，加快对抗生成网络、超大规模预训练模型等技术在图形引擎、动态建模、数字孪生等领域的融合应用"。以上这些关键技术集中在人机交互层和开发工具层。

同时，《行动方案》还提出要在"基础设施、交互终端和数字工具"等方面进行攻坚突破。

另外，《行动方案》将生态场景分成了数字业态升级、模式融合赋能和创新生态培育三大部分，即提供足够大的市场空间支持元宇宙企业的发展。

正如我们前文所判断，元宇宙产业是否有足够强大的生命力，关键看它是否能为传统产业、现实社会赋能，从上海发布的《行动方案》中我们不难判断，至少目前政府对"元宇宙+"的产业生态抱以足够乐观的态度。

除了上海，截至2022年8月份，我国31个省市颁布了元宇宙相关的支持性政策，国家层面也出台了相应的元宇宙产业支持政策。

我始终认为，一个产业的发展拐点除了技术之外，就是国家层面政策所拉动的应用市场，相信有了国家层面政策的支持，目前大家需要期待的就是王者级设备的出现。

在本章中，我们先花些篇幅梳理下元宇宙相关的各项"通用技术能力"，从而为接下来描述元宇宙"专用技术能力"打下基础。

物联网，信息数字化

前面既然讨论了数字化的必要性以及什么是数字化，接下来我们就要讲讲具体的数字化过程。

首先我们来看现实物理世界信息的数字化，即如何将物体的具体状态信息数字化，这项技术我们称之为"物联网"。

物联网场景最早出现在比尔·盖茨1995年出版的《未来之路》一书中，书中讲到客人佩戴的电子别针可以让灯光、音乐等随客人一起移动，这些其实都是物联网技术。受限于当时互联网技术水平，书里的场景被当作科幻小说，仅仅停留在设想阶段。

"物联网"这一概念最早则是由美国麻省理工的自动识别实验室提出，是指使用RFID（无线射频技术）等信息传感设备将无线射频技术与互联网连接起来。

那时的物联网只是指连接，时至2022年，物联网早已变成"连接+AI"的新形式，从智能家居到智能电网，物联网被应用于国民经济的各个领域。

2010年，我国在政府工作报告中定义物联网为："通过信息传感设备，按照约定的协议把任何物品与互联网连接起来，进行信息交换与通信，以实现智能化识别、定位、跟踪、监控和管理的一种网络。它是在互联网基础上延伸和扩展的网络。"

从这一定义可以看出物联网包含四层含义。

第一，物品通过传感器或执行器连入信息网络，这些传感器可以使用RFID或其他相关技术，但它们都有唯一ID，在数字世界中它们具有唯一可识别性，它们的数据就代表着所连接物体的状态信息。

第二，物品连入网络的方式是统一的，协议要提前约定，具体无线还是有线连入则不限。

第三，能够实现信息交换、通信的网络是物联网发展的基础。

第四，通过AI对这些接入的信息进行处理并得出信息使用者想要的结论是物联网的终极目标。

通过以上四步，物联网上任何节点的信息可以随时、随地地互相通信。这些物联网上的节点信息，可以是实物，也可是元宇宙中的虚物，虚物之间的通信更容易，因为不需要传感器，直接读取信息数据即可。

另外，从以上论述中我们还不难看出，要全面实现物联网的可靠运作需要三个方面的保障。

一是全面感知，信息的采集与获取，即感知层。目前感知层使用的数据收集方式主要有RFID、WSN[①]、视频采集等，但这些采集设备目前最大的问题是电源供电问题，因为传感器一般体积较小，电池的寿命不足以支撑其长时

---

① Wireless Sensor Network，无线传感器网络。

间的数据收集工作。未来电池技术的革命性突破或许可以为物联网的发展带来新的机会。

二是可靠传送，这个可靠包含真实、低延时等关键词，即网络层。目前主要的物联网通信技术包括ZibBee、LoRa、蜂窝移动网络和空间卫星通信网络等。相对而言，ZigBee是一种近距离、低速率、低功耗和低成本的通信方式，当下在物联网领域应用较多，特别是由于它的网络技术特征与WSN网络特征存在很多相似之处，所以有不少研究机构认为它可以作为WSN的无线通信平台。

LoRa是由Semtech公司提供的超长距离、低功耗的物联网解决方案，主要应用于数据量小、功耗低、对移动性要求不高，却有深度覆盖要求的场景。

所谓蜂窝移动网络其实就是运营商网络，包括NB-IoT/eMTC、GSM/CDMA和3G/4G网络，由于专用物联网卡成本的降低，近年来NB-IoT在智能停车、智能路灯等领域也有不少的应用。

相比传统移动网络无法覆盖大范围或特定区域（如沙漠、海洋等），空间卫星通信网络则可以起到较大的作用和较好的效果。

三是智能处理，将海量数据根据实际需要处理成有价值的信息，即应用层，这里面涉及的技术较多，包括算法、算力、云、AI等。基于此，近年来又有人提出了一个新的概念，那就是"AIoT"，即智联网，一看就明白，这个词的意思是"AI+物联网"。

在这个所谓的智联网中，IoT相当于神经网络，既能收集数据又能传递和反馈信息；而AI相当于大脑，它负责推理、计算并下达指令。

这其实已经是元宇宙1.0的雏形了，只不过还少了一些虚拟角色、虚拟场景的参与而已。

可以说，物联网不但是万物数字化的基础，更具有无限广阔的发展前景。据预测，2025年全球物联网系统中的联网设备将达到252亿个，如此庞大的数量又带来一个新问题：如何让这些设备顺畅地交流？

目前，在物联网领域，无论是传感器、通信通路还是智能算法都发展得比较成熟，可以基本满足AIoT的需要，但接入物联网的各个设备之间的"语言"还没有统一。这就像全世界各国的人，虽然科技进步阶段类似，但由于语言不通，沟通交流仍然需要翻译一样。

还好，鸿蒙（HarmonyOS）来了。

鸿蒙系统就是要下决心解决这一问题。鸿蒙采用分布式操作系统，能够为万物互联时代的手机、平板、智慧屏、智能穿戴、智慧座舱以及智能家居等内存从KB到GB级的多种终端提供方便的生态连接接口，同时为消费者提供顺畅、一站式的连接体验。

使用分布式技术，鸿蒙系统能够让多个设备自由组合，每个设备都能互为对方的功能模块，实现能力互助、资源共享，最后在系统层融合成一个超级终端。

这就像组装一台智能机器人，虽然原来它的每一部分都很智能，但由于没有拼起来，所以无法实现整体优势，鸿蒙就是将这些分散在全球各地的智能模块有机地组合在一起，让它们互帮互助，最后实现N+N远大于2N的效果。

从这个意义上来看，作为物联网专用操作系统的鸿蒙在元宇宙时代将会扮演无比重要的角色。

数字孪生，实物数字化

我们知道，在元宇宙世界，模拟出一个与真实环境相对应的虚拟环境非常重要。这样的虚拟环境能够让真实世界中的"人"进入虚拟世界之后没有"违和感"或不适应。

2021年12月27日，凯文·凯利在百度Create大会（AI开发者大会）的演讲中提到"镜像世界"这个概念。他认为："下一代平台是混合空间，即将现实世界和人造事物进行混合。当你走进虚拟空间时，你会产生身临其境的感觉，我们称之为沉浸感，你会觉得自己就在那里。透过智能眼镜，你看到现实世界和虚拟世界同时存在，并获得存在感……这就是这个新平台的主要特质：存在感。我把这个世界称为'镜像世界'。"

镜像世界听起来像个新名词，其实是"新瓶装旧酒"，它在本质上就是我们已经提了多年的数字孪生，当然是能够让人有存在感的数字孪生。

1992年，著名人工智能专家、耶鲁大学Gelernter教授就出版过一本名叫"镜像世界"的书，书中对"镜像世界"这样定义："镜像世界是电脑上显示的代表真实世界的模型，海量信息通过软件接口源源不断地涌入模型，如此多的信息使模型可以模拟现实世界每时每刻的状态。"

2003年，美国密歇根大学迈克尔·格里夫斯教授提出了"与物理产品等价的虚拟数字化表达"，即在数字世界创造一个与现实世界相同的"孪生体"，而且让二者通过数据关联起来，这可以说是数字孪生的雏形。

后来，美国航空航天局与美国空军研究实验室联合提出面向未来飞行器的数字孪生范例，正式定义了数字孪生。

一般来说，数字孪生即物理世界在虚拟世界中的重现，且该虚拟模型可通过与现实物理对象的数据实时同步构建一个信息物理系统。这里我们可以抓住数字孪生的两个本质特征，一是它是代表真实世界的模型；二是模型可以实时模拟真实世界的状态。这两个本质特征一直到今天也没有发生任何变化，要做到这两点首先要建模，其次要完成模型与现实世界的实时通信，再则是要保证模型与现实世界同步状态。

可见，无论镜像世界如何演变，以及是否能够在镜像世界获得"存在感"，构造一个镜像世界肯定是第一步，也就是给现实环境建模。

建模的方式有两种：一种是正向建模，一种是三维实景建模。

正向建模一般用于结构比较简单的物体，即根据三维尺度数据利用计算机软件直接构造数字化模型，然后根据实物的材质、光泽度等进行渲染而成的模型。举个例子，如果你要在计算机中给一个箱子建模，你可以使用Autodesk公司的BIM软件——Revit，将箱子的长、宽、高、面积、体积、材料信息等录入系统，系统可以生成三维立体模型供你调整，最后再进行渲染就可以生成一个"箱子"的三维立体模型。

很明显，这种建模方式对于比较复杂的模型来说难度较大。比如将某个城市的一个街区数字化建模，则最好使用另外一种方式，即三维实景建模。

目前较流行的三维实景建模方法是倾斜摄影技术，即从一个垂直、四个倾斜等五个不同的视角采集影像，可同时获取需建模物体多个角度、高分辨率的影像，为建模提供了真实、可靠的数据。

新一代移动测量技术的发展，为快速环境建模提供了新的思路。三维激光扫描技术就可以依靠激光测距原理获取空间的三维坐标信息，并通过相应的技术处理迅速将环境进行三维数字重建。

这种技术目前还在发展阶段，其主要流程如下：

首先使用机载三维扫描仪对环境进行全面扫描以获取点云数据。在这里，场景点云数据是围绕场景中对象的曲面采集的三维点集，在最简单的形式中由点XYZ坐标表示，但也可能使用曲面法线、RGB等附加特性。

然后使用相关软件对获取的数据进行滤波降噪处理，即从海量数据中分离出地面点，通常使用的方法有双边滤波、高斯虑波等。

第三步就是点云建模，对于特征比较明显的环境多数采用特征抽取方式建模，对于特征不明显的则采用多源数据融合建模。

第一种建模方式好理解，即根据建筑物的特征与曲线情况抽取相关数据建模；第二种建模方式则需要获取多个维度的数据，如除了地面扫描之外，可能还需要无人机空中扫描或近远景拍摄扫描等获取多源数据之后再将数据进行融合计算。

正如前面我们在讲算法时提到的，海量的数据靠逻辑分析去寻找相关性肯定不是最优路径，正如语音识别，最好的方法是通过深度学习去用统计的方法解决问题。

在点云建模过程中，也遇到了类似的问题，由于激光扫描点云数据的不规则性、非结构化和无序性，使得分析起来非常不容易，即便是对卷积神经网络算法来说，也是非常大的挑战。因为卷积运算必须是在有序的、规则的和结构化的网络上进行，所以必须将点云数据转换为结构化数据。

不过，近几年情况有所改变。自2017年PointNet[1]发布以来，非结构化的

---

[1] PointNet 是斯垣福大学在2016年提出的一种点云分类/分割深度学习框架。

直接深度学习成为可能。PointNet最大的缺点是不能捕获局面结构，但随着时间的推移，不少改进PointNet的学习方法被开发出来。这些方法大多分为三个步骤：一是采样，即减少点的分辨率，并得到代表局部领域的中心点；二是分组，即基于K-NN选择相邻的点到每个中心点的坐标；三是建立映射函数，通常用能够学习的相邻点表征的MLP去近似。

相信随着点云扫描设备的不断改进，以及自动驾驶、机器人、AR/VR等场景的不断发展，点云技术的应用场景也会越来越多，如何突破深度学习算法瓶颈，让点云技术在环境的三维数据重建中发挥其应有作用，是目前学术界研究的重点。

令人欣喜的是，近年来国内多所大学，如清华大学、上海交通大学、华中科技大学等，都在点云建模技术领域取得了突破。

在国外，苹果公司也大胆尝试，2020年就已经将其高端LiDAR扫描仪置入iPhone 12 Pro，并声称它能打造出更真实的AR体验。

LiDAR（Light Detection And Ranging），是一种集激光、全球定位系统（GPS）和惯性导航系统（INS）三种技术于一身的系统，用于获得点云数据并生成精确的数字化三维模型。

苹果公司认为，LiDAR允许虚拟物体被即时和准确地放置在你想要的位置，从而让用户获得更现实的AR体验。据了解，之所以苹果可以做到这一点，就因为他们有一项专利技术，叫"点云压缩"。

在2021年中国国际信息通信展期间，中兴通讯也发布了"中兴开物AR点云数字孪生平台"，该平台基于点云核心算法，能够快速、精准地构建现实世界的数字孪生底图，同时将接口能力统一管理并开放。

相信这些研究机构和企业的努力定能让环境的数字化更加便捷，也为未来元宇宙世界的"环境数字化"提供基础保障。

当然，除了建模之外，数字孪生还需要基于模型与现实世界之间沟通的数字线程、系统工程等技术的配合，最终实现数字孪生的精准映射、虚实交互、软件定义和智能干预等功能。

当足够多物理世界中的物体在虚拟世界有了数字孪生体之日，就是虚拟孪生城市建成之时，届时任何一个物理世界的物体均可以在虚拟世界找到相应的映射。

算法，让数据表达思想

没有算法，数据就像是放在仓库中的一堆杂物，毫无用处。是算法，让数据成为元宇宙世界中物与物、物与人、虚与实之间沟通的语言。

互联网时代，我们已经在享受算法带来的各种便利，如买菜软件自动推荐的喜欢菜品、购物网站中的"千人千面"、视频软件的个性化推送……

这些都是算法的功劳！

那么，算法到底是什么，又是如何发挥作用的呢？

如果没有掌握规律，现实世界看起来是极其复杂的，比如天体运行规律在哥白尼日心说和牛顿力学为人们所认可之前，被认为规律极其复杂。当使用日心说与万有引力理论将天体运行规律模型化之后，一切都变得很简单。

人类社会的运行亦是如此，在我们掌握其规律之前一切都显得很复杂，但当掌握其规律之后也会变得简单。

算法，从本质上来说就是让现实世界模型化、简单化的工具。

具体一点说，算法就是建立一套模拟现实问题的模型，然后为这个模型输入数据，通过模型模拟问题，再通过算法计算出问题答案的能力。

不难看出，算法要有效，必须在以下几个方面做好、做对：一是明确需要解决的问题并找到合理的模型来模拟它；二是准确、全面地输入数据；三是选择效率高、可求得有效解的算法程序；四是算法自身最好具备再学习能力。

构建模型是使用算法的前提，这里的建模不是图形图像学中的建模，而是指创建数学模型，建模就是把复杂问题转化为数学语言。

我们都知道，语言是人与人交流的工具。数学，是描述自然界的语言。建模，就是把复杂的现实问题转化为数学语言的过程。

牛顿用描述了加速度与力的关系，爱因斯坦用描述了质量与能量的关系，这些都是建模。不过，这些都是为自然世界建模。

现实生活中，为人类的生产、经营、消费活动建模虽然不一定比自然界运行的规律复杂多少，但其随机性却明显增大。

比如打车平台需要做个算法，最终目标是让想打车的乘客尽快找到空车，而空车也尽快找到乘客。这就需要对几个问题作判断，比如车与乘客的距离、车是否空载或正在搭车乘客的下车地点、乘客耐心等待的时间等，这些问题综合起来就可以建立一个预测模型，然后再通过算法计算哪些乘客和车辆符合这个模型的判定标准。

这就是把现实问题模型化，也是把定性的问题定量化，更是把模拟行为数字化的过程。而算法，就是在数字世界中逼近物理真相或事实真相的过程，它本质上来说是一种计算过程。

比如，如果让你从1加到100，你可以直接加100次，这是算法，但不是简化的算法。优秀的算法是先用1+100，再用2+99，这样计算50次，即50×（1+100），这就是简化的算法，也就是我们中学学习过的"等差数列公式"。

所谓算法工程师们使用的各种算法无非是更加复杂问题的数学求解方式。大家学统计学时一定接触过线性回归，这就是一种比等差数列公式稍复杂的算法。

现如今，为了高效、准确地预测或计算结果，算法工程师们常用的算法有迭代算法、分治算法、动态规划算法、分支定界算法、启发式算法、蒙特卡罗算法等。

以上不同算法对应着解决不同的问题。正是对这些算法的理解程度不同，造就了水平不同的算法工程师，最牛的算法工程师当然就是自己创造算法的！

从以上介绍不难看出，算法其实是中性的，计算准确与否不但与算法本身有关，与输入的数据关系更大，如果没有好的数据输入，结果肯定是错的。就像预测希拉里与特朗普竞选的算法，因为输入不准确，导致结果大相径庭。

由此可见，设计一套优秀的算法对于数据的有效应用非常重要，那么我们如何得到优秀的算法呢？

创造优秀的算法需要机器的深度学习，深度学习也是人工智能最重要的特征之一。所谓深度学习，其实就是机器的自我学习过程，它是机器学习的一种，这实际上与孩子的学习过程类似。

正如前文曾经举过的例子：你教小朋友认识猫，几乎从来没有告诉他猫的特征，如怎么叫、眼睛形状等，你只是见到猫就告诉他："这是猫。"当孩子看到太多次猫之后，他就会认识猫，至于是如何判断的，我们都不知道。

近年来，算法取得了巨大进展，大数据与算法的结合使得海量数据模型的建立成为可能，无论是在纵深的算法研究还是横向的应用场景层面，算法都深入社会的各个领域。

不过，算法也有很多潜在的风险值得重视。2020年9月，《外卖骑手，困在系统里》一文传遍互联网，文章细致又无奈地分析了企业利益、算法和人性之间的冲突，文章中有一句话至今回想起来还是那么振聋发聩："在社会学家尼克·西弗看来，算法不仅由理性程序形成，还由制度、人类、交叉环境和在普通文化生活中获得的粗糙、现成的理解形成。"

算法不仅仅是一种技术，它涉及更多的应该是社会治理问题，如隐私、公平与正义。因提出"大模型现实性危害"而被谷歌开除的前人工智能道德团队负责人Timnit Gebru认为："目前所有涉及机器危险的现实情况下，实际上都与机器智能无关，仅是人类在伤害其他人类而已。"

2000年，图灵奖获得者、中科院姚期智院士表示："人工智能与算法的下一篇章在于如何进行算法模型的治理，即模型的可解释性、模型的精度与风险、算法公平性等。这种模型治理既是技术又是制度，成熟的数字化企业应该形成完整的模型治理制度。"

当算法赋予数据思想的时候，我们最应该关注的不是算法本身对人类的伤害，反而更应该关注算法背后的公司或其他机构是否正在用算法对使用者进行悄无声息的"技术殖民"。

算力，数智社会新能源

算力，就是计算能力，代表着对数字化信息的处理能力。2018年，经济学奖获得者William D.Nordhaus在《计算过程》一文中认为："算力是设备根据内部状态的改变，每秒可处理的信息数据量。"

从远古的手指头数数到古代的算盘、现代的电子计算，再到现代的智能计算，算力一直都代表着人类的科技发展水平。

现代，算力实现的核心是CPU、GPU、FPGA、ASIC等各种类型的芯片，并由计算机、服务器、高性能计算集群及各类智能终端承载，最终实现对信息数据的处理。

算力的基本计算单位是Flops（floating-point operations per second），指每秒浮点运算次数。考虑到Flops数量级太小，大家一般情况下还以EFlops指代运算能力，1EFlops=10^{18}Flops。粗略估算，1EFlops相当于200万台笔记本电脑的算力。

传统社会中，算力无法决定一个国家的经济水平，因为传统社会除了数字之外，还有非常多的经济行为与数字无关。

但算力在数字经济时代如同农业时代的水利、工业时代的电力，已经成为数字经济的核心生产力。今天的算力不再是信息技术领域的专有服务，而是渗透到各行各业及企业生产全过程，传统产业的算力参与度和所占比重越来越高。算力可以助力企业降低运营成本、提供智能决策支持，它真正实现了对人力和脑力的替代，成为人类能力的延伸和推动社会进步的变革性力量。

正如尼古拉斯·尼葛洛庞帝在《数字化生存》一书中所言："计算，不再只是与计算机有关，它还决定了我们的生存。"

算力不仅是数字经济时代的核心生产力，而且日益成为人们生活方式的重要因素。人们在享受智能家居、智能安防、智慧医疗、健康防疫、线上购物、智慧交通等方面便利的时候，可能没有意识到，这背后需要多大的算力支撑。

元宇宙时代万物数字化之后，算力和算法将会变成无形的"上帝之手"，影响甚至决定着元宇宙中各个角色的行为方式与行为准则，这需要更强大的算力。

建设强大的算力要从三个方面着手：一是提升算力环境，二是增加算力类型，三是算力应用驱动。

算力环境是指由网络环境、硬件投入等因素所形成的算力成长大环境，它是算力发展的基础。

算力类型即不同类型芯片所支持的不同算法，主要包括基础算力、智能算力和超算能力，其中基础算力对应CPU，智能算力对应GPU或在这种逻辑架构之上创新出来的芯片，超算能力对应量子计算。传统的CPU对于逻辑算法很有价值，图像处理器GPU因其优秀的海量数据并行处理能力，在图像处理和人工智能的深度学习领域表现出色，类脑神经结构的IBM TrurNorth芯片通过模拟人脑进行异步、并行和分布式信息处理能力较强，而量子计算则在计算微观概率事件的领域不可替代，如密码破解等。

算力应用则指消费应用和行业应用，如我们日常用的App就属于消费应用，而银行、电力、防疫、医疗等领域的内部数据计算则属于行业应用，目前全球行业计算力排名中，互联网、金融、制造、电信和政府分列算力应用前五名。

在这三个方面中，应用需求影响算力环境，算力环境决定算力类型。

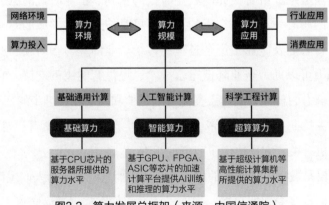

图3.2　算力发展总框架（来源：中国信通院）

随着数字经济的发展，算力在国民经济中占比越来越大，据IDC的《2021—2022全球计算力指数评估报告》预测，到2025年各国数字经济占GDP的比重将达41.5%，且国家计算力指数平均每提高1个点，国家的数字经济和GDP有望分别增长0.35%和0.18%。

根据中国信通院 2021 年发布的《中国算力发展指数白皮书》，2020 年全球算力总规模依旧保持增长态势，总规模达429EFlops，同比增长39%，其中基础算力规模313EFlops、智能算力规模107EFlops、超算算力规模 9EFlops，智能算力占比有所提高。我国算力发展节奏与全球相似，2020 年我国算力总规模达到135EFlops，占全球算力规模的39%，实现55%的高位增长，并实现连续三年增速保持40%以上。

如此高的算力必然需要更高的投入，算力投入的主要成本除了硬件之外，还有耗电量。2020年，我国数据中心耗电量达到2000亿千瓦，占全社会用电的2%，预计到2025年，将达到全国用电量的4.05%。如此巨大的耗能产业，大大增加了我国东部发达省份的供电压力，与之相反，我国西部省份却大多有充足的能源供给。

为了加速算力投入、降低算力投入成本，国家在2022年3月出台了"东数西算"规划与相关政策。这里的数是指"数据"，算就是"算力"，即将东部的数据传输到西部去计算和处理。自"东数西算"启动以来，不少业界人士称这一工程堪称数字时代的"南水北调"和"西电东输"，意义重大。

西部省份也积极响应，如贵州早在2013年就着手发展大数据产业，不少互联网公司的大数据中心已经布局贵州。

新发展起来的网络安全、5G、人工智能等技术的发展也为东数西算的实施提供了相应的技术保障。

我们可以说，2022年国家提出的"东数西算"是数据计算需求、数据通信能力和西部算力都得到了大幅提升的必然结果，当然也是因为我们已经意识到算力正决定着数字时代一个国家的命运，算力已经成为各个国家新时代的生产力竞赛必备要素。

全球各个国家都在算力领域发力。据统计，全球算力需求翻番的周期已经缩短至3—4个月，大数据中心作为支撑算力的主要基础设施急待扩容提速。为满足"更大、更快、更强、更绿"的算力中心建设要求，全球数据处理中心的扩张和选址都出现了基于数据细分差别化处理的动向，从而一批"入地下海进极地向沙漠"的大型、超大型数据处理中心应运而生，中国的"东数西算"政策也是在这个大背景下诞生的。

之所以要建设大型数据处理中心，一个重要的原因是在业务数字化、技术融合趋势明显、数据价值化转型的共同作用下，传统意义上的独立算力资源已经无法满足应用需求。为了满足这一需求，业界还提出了"云+边+端"新架构，从而突破传统云和网的物理边界，实现信息技术、通信技术、连接与算力的深度结合，这在某种程度上进一步促进了大型数据处理中心的建设。

计算机硬件的性能提升也促进了算力的提升。根据计算机领域的发展的摩尔定律，集成电路上可以容纳的晶体管数目大约每过18个月便会增加一倍，即性能提升一倍。英伟达首席执行官黄仁勋认为，算力的发展甚至超过这个速度，GPU的进步将推动AI算力每年翻番。

与此相对应的是"安迪—比尔定律"[①]，无论算力怎么提升，都会被应用需求所消耗掉。可以想象，在这些被快速消耗的算力中，有些是大大提升了生产率，有些则不一定，这取决于算法的优劣。

基于此，业界普遍认为，将一部分可以使用智能算力的应用场景，由普通算力向AI算力升级将是接下来提升算力效率的重要武器。

日常生活中，我们也都感受到了AI计算给我们带来的便利，疫情防控过程中的AI人脸识别和红外热成像技术的结合其背后就是AI算力。

据IDC《2021—2022全球计算力指数评估报告》统计，在全球计算力指数排名中，美、中属于第一梯队，中国仅次于美国，位居第二；而在智能算力，中国排名第一，过去五年全球智能算力增长的60%都来自中国。

2021年7月，南京智能计算中心上线运营，AI算力高达每秒80亿次，1小

---

① 原话是"Andy gives, Bill takes away."这里安迪指英特尔前CEO安迪·格鲁夫，比尔指微软前CEO比尔·盖茨，意思是：硬件提高的性能，很快被软件消耗掉了。

时可以完成100亿张图像识别、300万小时语音翻译或1万公里的自动驾驶AI数据处理。由此可见，我们甚至可以说是"投入一个智算中心，带动相关的一片产业"。

不少专家认为，算力的远景应该是像当前社会的水电一样，实现"一点接入，即取即用"，要实现这种目标的基础是"算力无处不在、网络无所不达、智能无所不及"，这需要建设算为中心、网为载体、多要素融合的算力服务网络。

目前来看，建设这种类型的算力服务网络，让智算中心更好地发挥优势，需要解决以下几个方面的问题。

一是统一开放的标准，即从硬件到软件、从芯片到架构、从建设模式到应用服务都是标准协议。正如电力的接入需要同样的电压一样，算力的接入也需要有类似的标准，这对于不同类型的算力来说是个技术难点。

二是解决算力分布不均衡的问题，这也是"东数西算"想要达成的目标。由于算力对电力的依赖极强，且需求严重不均衡，这让算力组网较电力更加困难。虽然如此，部分公司也开始尝试，2022年6月15日，华为在开发者大会上宣布"中国算力网—智算网络"正式上线，这或许标志着算力组网的正式起步。

三是解决算力供需不匹配的问题，这个不匹配包括两个方面：一是计算量供需，二是计算类型供需。智算中心要兼容、支持绝大多数的应用需求，才能发挥基础设施的社会价值。《AI算力基础设施发展研究报告》指出，新一代算力基础设施要具备包容性、普惠性、安全性、共享性和节能性，应成为能够覆盖多元算力的创新融合型算力平台。

类似于电力网络，未来的算力网络在解决以上问题之后才能够实现"即接即用"。算力网络由算力提供者（发电厂）、算力交易平台（电网公司）和算力使用者组成，在成熟的算力网络中，算力使用者提出业务诉求，由算力交易平台评估其使用的算力类型及算力规模，然后撮合算力使用者与算力提供者并签订合约，算力使用者根据合约使用相应的算力。

AI，比你更懂你

"数据+算法+算力"就是AI（Artificial Intelligence），即人工智能。

"人工智能"一词是在1956年达特茅斯会议上被首次提出并定义，即人类学习过程的各个方面，或者说智能的任何特征都可以被机器精确地描述和模拟。

这个定义无疑又牵扯出另外一个词的定义，即"智能"。"智能"的定义比较复杂，但也是可定义的，从认识层面上，智能的一般性定义是：能够有效地获取、传递、处理、再生和利用信息，并使其在限定环境下成功达到预定目标的能力。

那么，什么是上文说的这种"智能"呢？我们看近年来已经发生或正在发生的一些案例就清楚了。

我家卫生间的灯控开关安装在了卫生间内，由于门不透光，经常忘记关灯，灯一亮就是整晚，甚至在全家人外出的时候可以亮几天，这个问题困扰了我很久。后来，我购买了一个智能开关，连接上了家里的蓝牙Mesh网关[①]，又在卫生间的镜子下面不显眼的地方安装了一个红外传感器，可以感应人体的移动。

接着，我设置了这样的场景：当有人移动时，开灯；当10分钟未发现有人移动时，自动关灯。从此，我再也不用担心卫生间的灯常亮了，令人意想不到的是，连进卫生间开灯这个动作都省掉了。这就是人工智能一个最简单的应用场景，我们称之为"智能家居"。

目前，小米公司的米家智能家居正是通过室内的一套智能网关将门禁、灯光、扫地机、音响等全部连接起来，让家具、家电更加人性化，更加贴心

---

① 蓝牙mesh网关与各蓝牙mesh终端之间有连接，各个蓝牙mesh终端之间也有连接，形成网状的蓝牙互联网络。

地为人们的生活服务。近年来，传统的家电公司，像海尔、格力等也纷纷推出自己的智能家居解决方案，甚至还不断鼓励产业内其他公司接入其App，以实现多种家电的互联互通，这种应用场景的增多将会对人工智能的发展起到非常好的促进作用。

描述上面的这些场景，或许你觉得没什么了不起，那么下面的场景应该足以震撼到你了。

2018年，一位小说家进行了一次跨越美国的公路旅行，他想把这个旅行的过程记录下来。这位作家的记录方法与传统方法完全不同，他将一个麦克风、一个GPS、一个摄像头、一台笔记本电脑组合起来，再结合一套算法，最后形成了第一部人工智能小说——The Road。虽然小说整体上还不尽如人意，但其基本连贯的叙事方法及对客观事实的描写能够让人理解，这已经是很不容易的一件事了。

就在我写这本书的过程中举行了2022年的高考，新高考I卷的作文题目是"根据围棋中'本手、妙手、俗手'对你的启示，结合自己的思考写一篇文章"。不少考生都是第一次听说"本手、妙手和俗手"，觉得题目出得挺有水平，也具备一定难度。高考结束之后，百度虚拟数字人度晓晓仅用40秒便写出了如下文章：

苦练本手，方能妙手随成

围棋是一门复杂多变的技艺，倘若急于求成而忽略了基础的稳扎稳打，那么再高超的技艺也会变成再损己不过的招式。围棋中的"本手、妙手、俗手"与我们的生活日常不也正是息息相关吗?在生活中，我们追求远大的梦想，但也应该关注"本手"的日积月累。

苦练本手，正是一种扎实立根的努力，需要的是朝乾夕惕的定力与韧性。"咬定青山不放松，立根原在破岩中。"千里之行，破岩很重要。同样，万丈高楼，基石更关键。唯有打牢基础，方能妙手随成，大厦顷刻立现。

苦练本手，是十年磨剑，一朝亮剑出锋芒的心无旁骛。亮剑，对于项羽来说是破釜沉舟、背水一战，对于韩信来讲则是忍辱负重、暗度陈仓。十年磨砺，一朝亮剑，换来的是一手漂亮的"背水一战"。没有牢固扎实的地基，空中楼阁又如何立得起来？没有厚实的砖块如何盖起高楼？一步一个脚印，韩信用十年时光为自己亮剑，终于在历史的画卷上留下了YYDS的一笔，留名青史。

在长久的积淀之外，我们还应该拥有更宽阔的视野，以"穷山距海，不能限也"的无畏，揭开眼前的迷雾，奔向更远大的未来。正如毕加索所感叹的那样："一个人只有真正找到自己在艺术上的追求，才能随心所欲。"对于艺术家而言，扎实立稳根基是必须的，随心所欲地创造更是每一位志存高远的艺术家心中的最高殿堂。在旷日持久、日复一日地打磨中，我们不应被眼前的琐碎困住步伐，不应被现在的程度限制了更高的想象。"一日新，翌日新，日日新"，正是毫无止境的追求才能成就人类更深广意义上的进步。当本手与妙手更好地结合在一起时，或许能创造出生命更意想不到的华章。

苦练本手，方能妙手随成，成就人生传奇。反观正处少年期的我们，有时缺乏的正是这种持之以恒的毅力和精神，遇事浮躁，急功近利。殊不知"冰冻三尺非一日之寒""泰山不择细壤故能就其高，江河不择细流故能成其大"。想要妙手随成，要在毅力上下功夫，要在专心上做文章，更应该不断追问前方的旅途，追问远方。一砖一瓦，扎根；一横一纵，随成。扎实立住根基，妙手随成。

高考的阅卷老师一致认为这篇文章至少可以得到48分以上的高分，是不是非常令人震撼？

近年来，随着OpenAI大模型GPT-3的优化，人工智能新闻层出不穷，如AI续写新闻报道、编写《哈利·波特》和《红楼梦》的文本等。2022年6月上旬，媒体曝出谷歌人工智能大模型LaMDA"有了人类情绪和主观意识"，完胜OpenAI和微软、Meta等科技巨头的其他模型。虽然最终科学家们经过测试，一致否认了LaMDA的意识崛起，但这却引发了媒体、大众热烈的讨论。

所谓"积沙成塔"，AI无疑已经开始了升级与迭代，就不会停下自己的脚步。我们唯一知道的是，一切已经开始，至于AI的终点将指向何方，却无人能知，甚至包括AI本身。

那么这些看似智能的算法是如何实现的呢？

人们曾经认为计算机可以成为模拟大脑的"人工智能"，这种灵感来自1943年麦卡洛克（McCulloch）和皮茨（Pitts）基于大脑神经元的数学模型分析。他们认为神经元只会处于两种状态之一：触发与不触发，因此是以开关二进制形式运转的。这一想法虽然未能迅速推进人工智能的发展，却"无心插柳柳成荫"地促成了数字计算机的发明。

计算机和互联网快速发展之后，人们才发现可以模拟人类大脑的可能不是计算机，而是一个集成多个计算节点的网络集群。

这个网络集群必须具备三个基本要素，即数据、算法与算力。其中，数据是人工智能的燃料，没有数据，人工智能根本无法启动；算法是人工智能的发动机，算法的优劣及其实现方式决定了人工智能的优劣及其自我学习、进化能力；算力则是人工智能的加速器，没有加速器，再好的燃料和发动机也无法驱动人工智能这辆豪华列车。

正是数据、算法与算力三方面协同发力，才促成了人工智能飞速发展的新局面。

我们知道，燃料的好坏决定了车辆的运行效率，数据集的丰富性、规模性和结构性对算法的训练尤为重要，比如实现精准视觉识别的第一步就是获取海量而优质的应用场景数据，而人脸识别算法的训练则至少需要百万级别甚至更多数量的人脸数据。

不同的人工智能算法需要不同的数据，这些数据的采集点也不同，可以从社交网络中采集用户数据，可以从科学仪器中获取传感器数据，也可以通过影像来拥有数据。无论从哪个地方获取数据，这些用于人工智能训练的数据都必须做到规模性、实时性、多样性和价值稀疏性[1]。

曾经，人工智能算法需要的数据必须是结构化[2]的，近年来随着深度学习

---

① 价值稀疏性是指数据的价值高，但知识密度低，即可识别性强。

② 结构化数据，是一种能让数据与其他数据较容易产生关联关系的数据格式，如语言就是非结构化数据，但如果将语法融入其中便可以将语言结构化。

算法及NLP[①]的发展，非结构化的数据反而越来越受到人工智能算法的欢迎。

特别是大模型的兴起，更让海量的数据有了用武之地。大模型的英文名称是"Foundation Models"，准确的翻译应该是"基础模型""基石模型"或"框架模型"。如前所述，这种模型的训练就属于算法范畴。

近年来，AI面对行业应用时，业务场景很多，需求也呈碎片化、多样化的特点。如果从零开始开发、调试、优化、迭代到应用，AI模型的开发成本极高，且难以满足市场的定制化需求，所以不少AI从业者会说现阶段的AI还处于手工作坊阶段。

大模型的出现就是为了让AI研发从手工作坊阶段走向工厂模式。大模型在这里就相当于工厂中的机器或预制品，单个AI开发者只需要使用"AI预训练大模型+下游任务微调"的方式就基本上可以实现需求目标。

大规模预训练可以从海量数据中捕获通用知识，并将知识存储到大量的参数中，极大地扩展了模型的泛能力。

例如，在NLP领域，从大模型从BERT到GPT-3，再到万亿规模的Switch Transformer，无论是模型大小、数据量还是计算资源占用都在飞速增长，性能也在快速提升。

从深度学习发展的历程来看，模型精度的提升主要依赖网络在结构上的变革。随着神经网络结构设计技术逐渐成熟，想要通过优化神经网络结构去提升模型精度局限显得越来越困难。幸运的是，研究实验表明，数据规模的增大可以突破现在精度的局限。

特别是在NLP和计算机视觉领域，数据规模的扩大都取得了显著的效果。基于此，华为的盘古CV大模型、冬奥会的悟道手语大模型都取得了不错的应用效果。

图灵测试[②]一直被认为是人工智能学术界的"北极星"，也是检验机器是

---

① 自然语言处理。

② 图灵测试（The Turing test）由艾伦·麦席森·图灵提出，在一个人和一台机器隔开的情况下，人向机器随意提问。进行多次测试后，如果机器让每个参与者平均做出超过30%的误判（认为这是人还是机器），那么这台机器就通过了测试，并被认为具有人类智能。

否具有人类智能的唯一标准。以GPT-3为代表的巨量模型出现后，机器开始在多项任务中逼近图灵测试，到了2022年，更是有不少模型突破了图灵测试30%的关卡。

浪潮人工智能研究院发布的全球最大中文预训练语言模型"源1.0"参数量已达2457亿个，约是GPT-3的1.4倍，它甚至可以写诗。如果不告诉你，你能否判断下面这首诗是人还是机器人所作？

"战鼓催征千嶂寒，阴阳交会九皋盘。飞军万里浮云外，铁骑丛中明月边。"这其实是"源1.0"的作品。

北京智源人工智能研究院院长黄铁军[1]认为："人工智能的发展已经从'大炼模型'向'炼，大模型'转变。人工智能大模型是'大数据+大算力+强算法'结合的产物，是集成大数据内在精华的'隐式知识库'，也是实现人工智能应用的载体。大模型是连接人工智能技术生态和产业生态的桥梁，向下带动基础软硬件的发展，向上支撑了智能应用百花齐放，是整个人工智能生态的核心。"

由此可见，未来人工智能领域应该呈现这样一种局面，即少数专业领域的大模型为各行业人工智能提供通用能力，而细分场景的AI算法就像在这些大模型"大脑"中长出的手臂，最终由"大模型+细分应用"形成整个人工智能的未来生态。

诚然，大模型是个新兴事物，能否成长为参天大树仍未可知，而且业界质疑的声音也不少。质疑主要源于以下几个方面：一是由于大模型需要"海量数据+大算力+强算法"，使得这是一个普通企业"玩不起"的游戏，最终会让人工智能落入少数几家企业手中，这样的趋势不符合分布式的人工智能基础逻辑且非常容易形成"1984陷阱"；二是模型训练过程中的非结构化涌现方式（说白了就是知其然不知其所以然的人工智能内核）使得一些致命错误难以纠正，甚至在未发生严重问题时根本无法被发现。

这些类似的问题或许在未来大模型发展的过程中可以自我修复，或许就

---

[1]　引自《科技日报》采访记录。

是其本身自带的基因。如果是第一种，大模型的未来可期，如果是第二种，大模型的未来堪忧。

例如，AI界当代最著名巨擘之一、MetaAI实验室灵魂人物Yann LeCun，就非常反对大模型，他认为这是死路。而谷歌大脑的Natasha Jaques则赞同大模型，他认为大语言模型极具效率，也混杂了相当多的人类知识。

无论谁对谁错，可以肯定的是，人工智能的发展肯定会一往无前，它作为元宇宙"万物皆数"之后的运行基础也会给元宇宙未来的发展带来强力支撑，而大模型仅仅是其正在尝试一个方向、一种资源组合形式而已。

最后，关于人工智能发展之后是否会对人类造成威胁这种讨论也经常会进入人们的视野。加州大学伯克利分校人工智能中心主任斯图尔特·罗素在其新书《AI新生》中制定了如下几条原则以保证数字社会中人工智能也始终能够为人类服务，而非统治人类，具体为以下三点。

一是机器唯一的目标是最大限度地满足人类的偏好；二是机器最初不确定这些偏好是什么；第三是关于人类偏好的最终信息来源是人类行为。

这三点类似艾萨克·阿西莫夫在他的小说《转圈圈》中提出的"机器人三定律"，即机器人不得伤害人类、机器人必须绝对服从人类下达的命令和在不违反前两大定律的前提下机器人必须尽力保护自己。

任何技术的发展都具有两面性，给人类带来便利的同时肯定也会产生一些"正"或"负"的外部性，而如何利用正外部性、规避负外部性，就要充分考验人类的智慧了。

技术元素进化的趋势往往是不可阻挡的，我们只能顺应它、约束它，然后再利用它，对于人工智能，人类更要如此，也只能如此。

6G，数据的智能高速路

20世纪90年代初，美国副总统艾伯特·戈尔提出美国信息高速公路法案，随后美国在1993年9月宣布实施一项计划——"国家信息基础设施"建设，即"NII计划"，其目标是以因特网为依托，兴建信息时代的"高速公路"，让人们可以方便地共享海量信息资源。

这一举措促成了互联网1.0时代的到来并为未来信息社会的加速发展打下了坚实的基础。从那时开始一直到今天已经商用的5G，通信技术的进步始终伴随着，甚至可以说是促使着互联网技术的进步。

5G中的"G"即"Generation"，所以5G指的是第五代通信系统，那么在其之前就应该有过"1G—4G"。

没错，2010年之前移动通信已经走过了1G到3G的发展之路，其中1G主要实现了从无到有的移动语音通信，2G完善了语音通信的质量并催生了短信这一非实时讯息沟通工具，3G实现了初步的宽带通信。

特别是3G后期智能手机的发明，使得高速移动通信成为较为迫切的需求，这进一步推动了4G的发展。4G最初正是为了满足这一需求而研发，但在4G发展的后期，物联网的广泛应用则需要更先进的移动通信解决方案。5G正是在这个大背景之下诞生，根据IMT-2020（5G）推进组发布的《5G愿景与需求白皮书》，我们可知5G的愿景是"信息随心至，万物触手及"。

具体来说5G主要包括三个方面的应用：一是增强型移动宽带，即为用户提供100Mbit/s以上的速率，在保证现有应用基础上实现直播、虚拟现实等应用的速率需求；二是大连接物联网，其特点是小数据包、低功耗、大连接和免调度，这一特点主要满足智慧城市、智慧家庭、智能监测等以传感器和数据采集为目标的场景；三是低延时、高可靠通信，主要应用于车联网、远程医疗等领域。

在过去的半个世纪，移动通信技术基本延续了十年一代的发展规律，而下一代移动通信技术往往是在上一代移动通信技术催生了新的、使用当代移动通信技术无法满足的需求时而粉墨登场的。

5G商用之后仅仅不到五年，一种新的需求便开始萌芽，那就是以虚实交互为基础的、数智社会催生了万物数字化之后的海量数据处理、多平台算力输出、感知传递、自动驾驶等需求，这些需求目前5G技术无法完全满足，无疑将会促进新一代移动通信技术的发展。

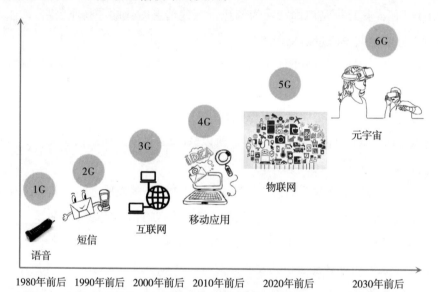

图3.3　移动通信发展历程

根据各国对6G的布局来看，6G将可能在2030年左右得以大规模商用，在此之前6G的研发总体分为两个阶段：2025年之前主要是对6G的关键技术进行可行性验证，2025—2030年的主要任务则是标准化和产业化。目前，国际标准化组织并未公布6G的愿景，但从全球各研究机构的研究成果中可以总结出以下四个方面，即智慧连接、深度共享、全息交互和空地一体，借用《2030+愿景与需求报告》中的描述，6G的愿景应该是"数字孪生，智能泛在"[①]。报

①　中国移动研究院，《2030+愿景与需求白皮书》。

告认为，2030年之后的世界应该是虚拟与现实相融合的数字孪生世界，物理世界的人和人、人和物、物和物之间通过数字化和智能算法无缝连接。进一步设想，甚至物理世界与虚拟世界的界限也越来越模糊，凡是通过信息表达的事物均能通过数字化进行沟通，而6G在其中承担着重要的沟通通路角色。

所以说，6G的核心能力就是更好地将物理空间和信息空间关联起来，有效促进万物之间的互联与对话，这也满足了工业4.0时代的核心能力——信息物理系统能力（Cyber-Physical System，CPS）。

6G为了更好地满足未来"万物皆数"时代的需求，必须在频谱效率、网络能效、峰值速率、低延时、移动性、隐私保护等各方面较5G有大幅度提升。

表3.1　5G与6G性能指标对比

指标	5G	6G	提升比例
速率	峰值速率 10–20Gbit/s，用户体验速率 0.1–1Gbit/s（2D）	峰值速率 100G–1Tbit/s，用户体验速率 10Gbit/s（3D）	10–100 倍
时延	1ms	0.1ms	10 倍
流量密度	10Tbit/s/（s·km^2）	100–10000Tbit/s/（s·km^2）	10–1000 倍
连接数密度	10^6/km^2	10^8/km^2	100 倍
移动性	500km/h	1000km/h	2 倍
频谱效率	100bit/（s·Hz）	300bit/（s·Hz）	3 倍
定位能力	室外 10m，室内 1m	室外 1m，室内 0.1m	10 倍
频谱支持能力	带宽 100–400MHz，多载波聚合 200–800MHz	带宽 20GHz，多载波聚合 100GHz	50–100 倍
网络能效	100bit/J	200bit/J	2 倍
可靠性	误帧率 10^{-5}	误帧率 10^{-9}	10000 倍

关于6G，目前业界讨论最多的技术方向是太赫兹通信、可见光通信，并配合AI驱动的"空天地海"一体化频谱分配技术，进而实现高效、柔性的可重构网络。

在5G时代，国家为5G规划了三个频段，其中3GHz以下为低频段，主要满足广域覆盖需求；3—6GHz为中频段，主要提供大容量与大连接支持；6—300GHz为高频段，能够为用户提供低延时服务。

由此可见，6G如果要实现更高的容量和更低的延时能力，满足其需要的频谱资源主要是毫米波、太赫兹和可见光频段，其中300GHz—10THz的频段成为业界关注的重点。

太赫兹是指频率介于0.1—10THz之间的电磁波，它具备带宽大、速率高、方向性好等特点，另外在安全和空间通信方面也有不俗的表现。但波长越短的波在空间中传输时的能量损耗越大，所以如何克服这方面的弱点，让这个频段的波成为未来6G频段的主流是研究人员近年来需要攻克的技术难点之一。

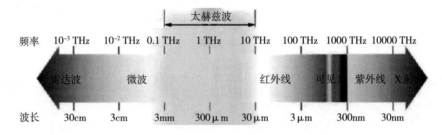

图3.4 电磁波频段

为了弥补太赫兹和可见光频段电磁波固有的弱点，研究人员正在从超大规模天线技术、智能反射表面技术、轨道角动量技术等方面寻求突破，进而为6G商用扫除障碍。

可以想象，6G商用之后，数据处理和传输能力将会大大增强，那时元宇宙时代相关的应用将会随之如喷薄的泉水一样涌现出来。

根据中国移动2022年最新发布的《6G网络架构愿景与关键技术展望白皮书》中的观点，6G在很多方面都支持元宇宙相关场景，比如，空天通信、人工智能、数字孪生、区块链等。《白皮书》认为，作为具备"万物智联，数字孪生"能力的6G，其总体设计理念应该具备智慧内生、安全内生、多域融合、算网一体四大特征，而这四大特征恰恰都是元宇宙相关的主要能力范畴。

特别值得重视的是，《白皮书》中列举的与6G相关的12项技术（6大架构类技术和6大能力类技术），直接与元宇宙相关的就有分布式网络技术、数字孪生网络技术、算力网络技术、可信数据服务、沉浸多感网络和语义通信等。

可见，6G时代的到来为元宇宙的迅速发展铺下了快车道。

数据，元宇宙的燃料

前文提到，人类社会发展至今天，虽然未来我们无法预测，但有一个趋势却越来越明朗，那就是数字化。

自从有了计算机技术，传统行业的IT化和信息化加快了信息的交换速度，提升了人们的工作效率。站在今天的这个时间点，我们可以大胆预测，未来的传统企业，谁能够更好地数字化，谁将在未来占有一席之地。

而这个数字化的优劣评价主要看谁更理解数据，即谁的数据更丰富、谁的算力更强、谁的算法更好、谁能够更好地保护数字的安全、保护用户的隐私。

未来，人类全面进入数字化时代的标志是"万物皆数"，即无论是现实世界还是虚拟世界的任何行为、状态都可以用"数字"来表示，最重要的是传统产业数字化之后能够大大受益于数字化。

正如前文所言，数字化与信息化最大的区别就是数字化会颠覆传统行业的运营模式。

商业通过数字化可以变成以用户为中心、制造业通过数字化之后可以进行柔性制造、金融业通过数字化之后钱本身会变成智能的，金融业则会由传统的人找钱变成未来的钱找人。

工业时代，我们通过规模降低成本占领全球的制造业基地，在那个时代，谁有本事一次性接上百万件的制造订单谁就厉害；在数字时代，反过来，谁能够接一件一件的柔性制造订单才是真有本事。

数字时代的大数据、算法、算力和互联网组合成的生产力会变成人类社会的基础设施，就像现代社会的电力、农业社会的水利一样，变得不可或缺且自然而然。最终，这些数据通过智能化处理形成了元宇宙时代的社会基础，也就形成了"数智社会"。

虽然数智社会还未到来，但我们已经感觉到这种势不可挡的进程，阿里的电商、腾讯的沟通、字节的视频在改变着人们的生活，华为的数字服务、浪潮的智能制造、百度的产业赋能在改变着我们的产业，而区块链技术、AR/VR、机器人则创造着人类的未来。

Gartener在2021年11月份发布的《2022年新兴技术和趋势影响力雷达图》认为，最有可能给市场带来颠覆性影响的新兴趋势和技术主要围绕四个关键主题：智能世界、生产力革命、无处不在和公开透明的安全以及关键实现技术。

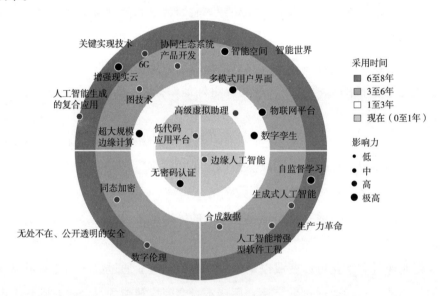

图3.5 2022新兴技术及趋势影响力雷达图（来源：Gartener）

其中，智能技术是指数字孪生、物联网平台、智能空间、多模式用户界面和高级虚拟助理等关键技术，这些技术将改变人们解读世界和与之互动的方式。

生产力革命主要是指算法的迭代与升级，其中包括生成式人工智能、自监督学习、边缘人工智能和合成数据等，这些技术将大大提升未来世界的生产效率，所以被称为"生产力革命"。

无处不在和公开透明的安全是指各项加密技术，当然也包括区块链所使用的加密技术迭代。

关键实现技术则是指那些可以重塑商业实践、流程、方法、模式和功能的技术，如AR、边缘计算、低代码应用平台等。

不难看出，以上各项技术几乎都围绕算法、算力、交互、物联网等与元宇宙相关的领域展开。这也预示着以元宇宙为代表的数字社会正在马不停蹄地赶来。在这个新的社会形态下，看起来有不同的角色参与其中，但这些角色对于算法来说都是一串代码，不同的代码无非代表不同的意义而已。

所以，我们说，数字化是元宇宙的基础，数智化则是元宇宙的未来。

不过也会有相关伦理或哲学方面的问题引发大家思考，那就是：数智化将如何影响我们的生活？

从宇宙进化过程来看，人作为一种生物体，本质上也是数字的。克劳德·香农在1948年完成杰作《通信的数学原理》时已经证明了这一点。

当然，香农的数字化不是指"人"这一物体，而是指人所代表的信息。如果从哲学的角度来看，人生的意义不在于身体，而更在于身体所代表的信息，一旦信息被数字化，具象的人就成为一个"数字人"。

当人变成数据之后，就需要数据的传输与共享，否则一个个"数据孤岛"就像无序的杂物，没有任何用处。数据传输过程中面临的第一个问题就是隐私，即如何保证信息的安全性。

目前解决隐私保护的技术方案是"隐私计算"，这个概念虽然在2001年就出现了，但近期才火爆起来。Gartner发布的《2021年前沿战略科技趋势》中将隐私计算与行为互联网、分布式云等列为最前沿的九大技术，并预测2025年将有一半的企业引入隐私计算。

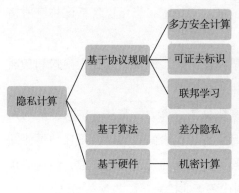

	适用场景	局限性
多方安全计算	安全性、通用性高，数据不出域	算力要求高，网络带宽要求高，计算效率低
可证去标识	大规模数据，实时性要求高，数据脱敏	数据出域，非授权方无法恢复标识
联邦学习		
差分隐私	特定场景、特定算法、数据不出域	安全性无相应理论，须按实际情况分析，通用性不强
机密计算	通用场景、通用算法、中高算力	信任的根源在硬件，存在被攻击可能

图3.6　隐私计算的关键技术[①]

隐私计算的本质就是通过加密技术让数据"可用不可见"，目前主要的技术路径有以多方安全计算为代表的基于密码学的方案、以联邦学习为代表的人工智能与隐私保护融合衍生方案和以可信执行环境为代表的基于可信硬件的解决方案。

解决隐私问题的社会治理和监管方案中，零知识证明被认为是一种有效的实现路径。政府部门可以利用零知识证明技术实现监管与隐私共存，验证数据使用的合规性、公平性，所谓零知识证明就是：我能够证明你懂，却不知道你懂得的具体内容。

除了隐私之外，人类行为数据化之后还会让人类与数字世界的沟通方式与传统的人类与世界的沟通方式产生根本性变革。

人类并非时刻处于理性的状态，人类有情绪、有喜好、有爱、有信仰，这些能够为生命带来色彩的词语当被数字化之后，你会发现其背后让人无法忍受的直白。正如情绪、喜好，甚至爱都是DNA自带的一种"理性表达"，是进化过程中已经简化了的自然选择结果，无非是在表达的过程中你未能意识到它的计算过程。

当将所有信息数字化之后，再加上强大无比的算力和优秀的算法之后，人类所有感性的东西将变得不再有价值，取而代之的是各种利益的计算。这

---

① 引自《网络AI+：2030后的未来网络》。

是不是很令人悲观？

不过先别着急，这些悲观的结果可能会出现，但不是没有控制的办法，那就是将数字化限定在人与虚拟世界的互动过程之中，在人与人的现实社会，尽量不使用数字化工具。如果是这样，数字化的弊端将得到一定程度的控制，而人类却可以享受数字化带来的生活便利。

虽然我们今天的社会还没有完全数字化，但相信大家都感受到了千人千面的服务、感受到了个性化电商推荐的贴心、体验到了智能家居的便利。未来，在元宇宙时代，人类思考的重点应该是如何利用数字世界中的角色完成自己身体、心理在现实世界中无法企及的目标。

比如使用数字技术让去世的亲人"复活"或让自己在虚拟世界中实现现实世界中无法实现的梦想，再或者制造懂你的智能机器人为自己提供贴心的一对一服务，等等。

可见，一切科技的发展都是双刃剑，数字化也不例外，不过我们既不能因噎废食，也不能掉以轻心。

有一点是我们必须牢记的，那就是科学发展是有趋势性和方向性的，且往往不以人的意志为转移，我们能做的绝不是螳臂当车，而是未雨绸缪，顺应趋势并做好防范是最佳的应对策略。

这也许就是"万物皆数"之前我们应该思考的问题。

那么，如何未雨绸缪呢？那就是制定一套"完美"的规则来约束不利因素，发扬有利因素，这就是我们下一章要重点讨论的问题：谁来制定规则？

第四章

区块链，数智规则

人类由于社会契约而损失的，是他们天然的为所欲为和他们企图得到一切东西的权利；而他们得到的是真正的自由和他们对拥有的一切东西的所有权确认。

——《社会契约论》卢梭

我们知道，爱因斯坦所言的"斯宾诺莎的上帝"即是自然规则，宇宙的运转有其固有的规则，所以科学家们发现了牛顿力学、相对论、量子力学等理论。

人类社会的运转也需要规则，所以人类发明了法律、道德、宗教信仰和信用体系。

数字社会成功、稳定的运转同样需要规则，但这个规则既不可能是宏观物理世界的牛顿力学，也不会是微观量子世界的量子力学，更不可能是相对论。可想而知，人类社会中的规则对于数字虚拟世界也肯定是无用的。

那么，当"万物皆数"之后，数字社会的规则制定者又是谁呢？元宇宙中的各个角色又是为什么以及如何遵守这些规则的呢？

要回答这个问题，我们首先要了解什么是规则，以及规则是如何产生的。

社会规则的演化

自然界的规则分为两类，物理规则与社会规则，与物理规则相关的研究被称为自然科学，与社会规则相关的研究叫社会科学。还有一类与规则无关，却与人类的感受有关的研究，被称为人文科学，包括哲学、文学等。

自然界的规则随着宇宙的诞生被"制定"出来，人类对自然规则的探索都只能使用"发现"一词，比如牛顿发现万有引力、爱因斯坦发现相对论等。

人类社会的规则不同，它是在人类的生产、生活过程中逐渐被人类"发明"出来的，比如摩西十诫、汉穆拉比法典、温谦恭俭让的儒家文化等规则，当然被发明的亦包括人类社会的一切宗教、法律等。

很明显，这些规则制定都是通过"协商"达成的，不同的政治制度、经济制度、宗教，其协商的方式不同。

根据《利维坦》一书中的观点，在原始社会，人们遵守"弱肉强食"的丛林法则，那时总有强者迫使弱者顺从，但总会有更强者出现，最终导致无人能够永远保护自己的权利，因为强力永远不可持久。

为了保障每个人的人身和财产安全，大家自然形成一种模式，即通过协商的方式达成社会公约，这种公约要解决的问题是："通过创建一种社会组织形式，它能够以全部共同的力量来保障组织内每个人的人身和财产安全。"①

在中国，自周朝立国以来，便确立了"天意—天子—臣民"三位一体的协商机制。

天子是"奉天承运"，所以天子要顺天，逆天者轻则遭"天谴"，重则被推翻。所以历代王朝凡遇天灾大多会责备自己，下罪己诏、更改年号，甚至策免三公、大赦天下。同时，在中国古代王朝，儒生们往往掌握着"天意"的解释权，对天子权力形成一定制约。天子既然要顺"天意"，必然以"爱民"为先，要行"仁政"。天命之所以让某人为天子，是因为"天意"知道他是爱臣民的，"天意"的本质是爱民，所以顺"天意"的天子必然要爱民。臣民要接受天子的统治，但如果天子不再顺天，臣民有权力推翻他的统治。以上三方（其中儒家文化经常代表"天意"）的协商形成了中国历代王朝的经济结构、政治结构和社会结构。

东方文明本质上属于农业文明，在科技不发达的朝代，农业几乎就是靠天吃饭，所以"天意"一直是决定性因素之一，而农业所需要的水利则需要大规模的协作，中央集权的统治则成为必然，这也是协商的一种结果。

在西方，协商的基础是信用和合约，甚至包括战争，战争本质上是政治

---

① 引自卢梭的《社会契约论》。

的一种手段而已，即便是战争多数也可以通过谈判来结束。

因为西方文明最初是从商业文明发展而来，商业文明最重要的内容是交易，交易就需要谈判、信用与遵守合约，这种底层逻辑最终决定了西方社会的规则。

可见，人类社会就是在一步步的协商中形成了今天的道德、法律、规则等，正是这些规则约束、指导着人们的行为，引导着整个社会稳定、良性地运作，偶发的战争或冲突则是协商不成重新达成协商的一种方式。

美国密歇根大学政治学与公共政策教授、博弈论专家罗伯特·艾克斯罗德经过对人与人之间博弈的多次实验得出结论，即人与人之间最有效的合作方式是"一报还一报"，或者称之为我们中国人经常说的"人不犯我，我不犯人；人若犯我，我必犯人"，这种策略在多次、长期的博弈过程中表现最稳定。

究其原因，罗伯特·艾克斯罗德认为这种策略的稳定成功得益于这种策略的善良性（人不犯我，我不犯人）、报复性（人若犯我，我必犯人）、宽容性（我的报复仅限于对等，适可而止）和清晰性（我每次的行为都是如此）。

细想想，这也是人类社会道德、法律和伦理等一切规则的制定基础，最终形成的法律规定盗窃者要被处罚、道德让不顾别人利益者无法在社会上立足。就这样，人们遵守这些协调之后的规则行事，这种规则本质上照顾了大多数人的利益，按道理来说应该已经非常公平了。

实际情况是，一直到今天社会上仍然存在很多不公平现象，那些遭受不公的群体为何不通过协商保护自己的利益或采取"一报还一报"的策略呢？或许你的回答是因为他们没有权力与能力反抗，其实这是表象原因，根本原因是我们前文提到的信息不对称。

一个人投资之所以亏损是因为他不了解这家公司的全部信息、一个人之所以决策失误也是因为他不了解事情的全貌，于是如何消除信息不对称一直是人类社会致力去解决的问题。

陌生人驾驶的汽车

很明显，目前人们想到的最基本的消除信息不对称的方式是第三方背书。

我思考过一个有趣的问题：我们为什么敢于乘坐陌生人开的出租车？在上车之前，我们根本不了解这个陌生人会不会开车，也不了解他有没有精神障碍甚至自杀倾向。

我们之所以敢于乘坐，除了道德和法律等社会规则的约束之外，最重要的就是第三方背书。

很明显，如果是出租车或各大平台上的运营车辆，即便是你从来没有见过司机，也不了解司机的为人，但你相信出租车公司或平台运营商已经帮你把过关了。如果是街边随便停着的一辆车，邀请你上车，很显然多数人都不敢乘坐。

这就涉及一个重要的社会问题：陌生人之间的信任如何达成。

对于出租车司机来说，由出租车公司或平台运营商背书即可达成简单的第三方信任。而街边随便停靠的车辆没有第三方背书，我们便无从信任他。

对于运营车辆来说，第三方背书最大的价值在于两点：一是基于基本的信任，我们认为出租车公司或平台已经查验过司机的驾驶技能、驾驶年限甚至精神状况等相关背景；另一方面，我们也充分相信当我们受到不公平待遇或其他意外状况之时，出租车公司或平台会承担相应的责任。

所以，我们敢于乘坐出租车并非基于对司机本人的信任，而是基于对其背后的公司信任。

进一步讲，出租车公司或平台之所以能够管理驾驶员，是因为驾驶员是人，而且是一位正常的人。既然是正常的人，他应该有两个基本的共同点：一是他珍惜自己的生命，二是他在乎收入高低与相应的KPI考核。

第一方面是人性，第二方面是理性。第三方背书的目的就是协助你消除信息不对称，通过背书让你相信对方既有人性又有理性。

我们生活的这个社会上到处都是因第三方背书达成的信任关系。简单来说，你拿一张印有"毛爷爷"头像的纸去买东西，别人愿意把东西卖给你，既不是相信你，也不是相信那张纸，他们相信的是印制这张纸的机构——中国人民银行。

同理，你买房有房产证，背书机构是政府；你结婚有结婚证，背书机构也是政府。而所有第三方背书之后还有法律支撑，这个第三方背书体系就变得更加完整了。

正是通过这种以法律体系作为支撑的第三方背书体系，人类社会中陌生人之间的信任才可能达成，陌生人之间的信任一旦容易达成，社会活动和交易的范围随之变得更加容易，且交易圈也变得大了起来，地球也就变成了一个大大的"村落"。

那么问题来了，在元宇宙时代，首先是有虚拟角色的，照目前的状况来看，这些虚拟角色不具备人性，它们不怕死或者根本死不了。它们也没有七情六欲，没有亲戚朋友，也就是说它帮你开车的时候，即使出了车祸对它来说也好像没有什么伤害。其次，现在的人类社会规则肯定不适用于元宇宙时代的虚拟人，这些虚拟人不需要财产，不需要享乐，所以不可能具备理性。

这两点或许是人们不敢尝试乘坐自动驾驶汽车的根本原因所在。那么如何让虚拟人具备人性和理性这两个方面的特质呢？

虽然虚拟人的人性、理性可能与我们现在所理解的不同，但虚拟人的人性、理性与人类的人性、理性必须有一个共同点，那就是让虚拟人产生"恐惧"。

本章介绍的区块链、Web3.0技术正是通过技术手段让虚拟对象具备人性与理性，进而让虚拟对象有生命、有价值，甚至能够像人类一样决策并遵守相应的规则。

简单来讲，如何让虚拟对象的人生也是"只有直播、没有彩排"，同时赋予虚拟对象"生命"以约束其行为，正是区块链和Web3.0技术努力达成的目标。

比特币，是现金不是货币

谈到区块链，势必绕不过比特币，而谈比特币之前，我们要先讲讲人们从技术层面而非社会层面解决信息不对称的种种努力。

科学家们首先想到的是将数据存储去中心化，并让这些分布式数据找到一种有效的达成共识的方式。

纵观人类信息存储的历史演进，我们发现无论是远古时代的结绳记事，还是近代的竹简、纸张，甚至现代的互联网，都存在一个问题，那就是永远只有一小部分人掌握着信息的记录、解释权，第三方背书也是。

从古到今，信息存储方式的改变多为生产力层面的，也就是如何让信息存储、读取得更快，从而方便人们使用，但其储存方式始终没有发生根本性变化，就是中心化。

数据中心化存储的情况下，信息不对称几乎无法消除，将微博上所有信息汇总起来之后的分析结论仅可能被少数人掌握，金融市场上的所有信息结构化之后的再分析也只有少数人能够做到。在中心化社会结构和中心化信息存储方式的共同作用下，始终是上层掌握的信息丰富度多于基层、技术专家了解的信息维度多于普通人，这种信息存储、分析的中心化使得信息不对称在人类社会几乎无法消除。

但人们并未放弃努力，不断寻找去中心化的存储方式。随着计算机技术的发展，从1998年IBM发布第一个基于AIX操作系统的共享文件系统GPFS开始至今，曾经出现过GFS、Ceph、HDFS、NDFS等一系列分布式信息存储方式，这些创新在某种程度上解决了信息存储去中心化的问题。

另外一个问题随之而来：即便某一天所有人掌握的信息一样多，也会因为信息分析手段的差异导致结论千差万别，因为每个人的"大脑算法"不一样，掌握的技能也不同。这个问题用计算机术语来表达就是：如何让这些分布式系统达成"共识"，也就是协商一致。

莱斯利·兰伯特形象地将之归类为"拜占庭将军"问题，为了解决这一问题，卡斯特罗和利斯科夫发明了实用拜占庭容错协议（PBFT，Practical Byzantine Fault Tolerance），但由于其去中心化程度和可扩展性不高且容易受到算力攻击（34%以上的算力即可实现数据篡改），所以未能大规模应用。虽然后来又出现了Raft和Paxos等共识算法，但在应用过程中都会出现各种各样的不足，直到中本聪设计比特币系统时使用的"区块+链"诞生。

比特币系统一举解决了"分布式数据存储+共识算法"两大问题系统，虽然它最初用于数据现金的发行与流通，但后来经过以太坊的改进已经扩大到社会的其他应用层面，进而最大化地消除信息不对称。

这种技术保证了数据的分布式存储，同时能够让所有节点的算法保持一致，即使用PoW形成共识，虽然损失了一些效率，却极其公平。所以这一技术特别适合成为数字世界的规则制定者，因为它完全消除了人类世界无法消除的信息不对称问题。

之所以讲区块链要从比特币说起，是因为"区块链"一词起源于中本聪的一篇文章A Peer-to-Peer Electronic Cash System。

区块链，无论作为一个名词还是一项技术，都是缘起于比特币。

比特币的构想由一位名叫"中本聪（Satoshi Nakamoto）"的人提出，他在2008年10月31日向"密码朋克"①邮件列表发送了一篇标题为"比特币：一种点对点的电子现金系统"（以下简称《比特币白皮书》）的论文，论文中详细描述了如何在不通过第三方的情况下实现点对点的在线支付。

我们从生活常识中可以体会到，凡是线上支付，都需要第三方背书或认证，以保证交易的真实性与唯一性。比如你通过支付宝支付，支付宝和银行作为第三方保证交易的顺利进行；你通过银行卡交易，则由银行单独保证交易的达成。

---

① 密码朋克，由英特尔高级科学家Tim May在1992年发起的一个交流加密方法相关的邮件列表，但"密码朋克"一词在1993年首次出现在《密码朋克宣言》这本书中。

数字货币的拥趸们认为凡是存在第三方便存在人为的风险，只有无第三方参与的交易才是完全安全与自由的。自由派经济学家的代表冯·哈耶克在其所著的《货币的非国家化》一书中就对国家对货币的垄断权力表现出了极大的警惕之心，他认为真正有信誉的货币应该是市场化的，而国家在极端情况下都有可能会通过"货币超发"等手段损害普通百姓的利益，这种情况在货币发展过程中已经屡见不鲜。

中本聪是否受到哈耶克的影响我们未可得知，但可以肯定的是中本聪是一位有信仰的神秘人物，这从他的"生日"中可以看出来。中本聪给自己"设定"的生日是1975年4月5日，很明显4月5日是在暗讽1933年4月5日是美国根据《1917年与敌贸易法》发布的第6102号行政命令，该命令禁止美国人民储藏黄金，从而拉开了美国政府大规模抢夺民众黄金的序幕。而1975年恰恰是禁令失效的时间，即从1975年开始，美国人民终于可以合法地持有黄金。可见，中本聪应该是位美国人，而非多数人猜测的日裔，因为只有在美国环境下长大的人才会对以上这些事件刻骨铭心。

中本聪在创世区块中的留言也清晰地反映了他对美国政府操纵金融的反感，即当天英国《泰晤士报》头版标题"英国财政大臣站在第二次救助银行的边缘"，可见他的目标就是"货币的非国家化"。

广义上的货币非国家化就是所有货币的发行、交易都不需要第三方参与，也不应该存在账户，没有账户的付款方式只有一种，就是现金。即便是现金的产生源头也不应该是第三方，而应该是算法，这就是中本聪实现货币非国家化的路线图。

路线图画出来了，实现起来却很不容易，两个问题是难点：一是如何解决双重支付，二是如何实现分布式结构的共识算法。

线下使用现金支付非常简单，也曾经很普遍，两个人交易，一手交钱一手交货，收货的人验货、收钱的人点钞并确认钞票的真伪即可完成交易。线上使用现金就没有那么简单了，由于电子现金容易复制，你付给甲一张"电子现金"，即使这张现金是"人民银行发行"的、有唯一识别码的"现金"，甲也无法确定你的这张"电子现金"付给他之后就会删除，更无法确认你是否已经或者还会将同一张电子现金付给其他人，这就叫"双重支付"。如果有第三方背书的账户，甲就不会有这个担心，因为每当你付一笔款给甲，甲的银行账户就会多出一笔收入，你的银行账户就会多一笔支出。

这个记账必须由第三方来进行，如果各记各的，那也存在诚信和漏记的问题，根本无法保证信用交易，这就是分布式结构的共识算法问题。

正是由于电子世界的信息太容易复制，而且没有"用后即转移"的属性，使得不经过第三方的电子现金系统一直没有人能够设计成功，只要是线上支付，人们则必须通过在第三方机构开设的"账户"实现。

中本聪在《比特币白皮书》[①]中是这样描述的："互联网上的贸易，几乎都需要借助金融机构作为可信赖的第三方来处理电子支付信息。虽然这类系统在绝大多数情况下都运作良好，但是这类系统仍然内生性地受制于"基于信用的模式"的弱点。

我们无法实现完全不可逆的交易，因为金融机构总是不可避免地会出面协调争端。而金融中介的存在，也会增加交易的成本，并且限制了实际可行的最小交易规模，也限制了日常的小额支付交易。并且潜在的损失还在于，很多商品和服务本身是无法退货的，如果缺乏不可逆的支付手段，互联网的贸易就大大受限。因为有潜在的退款的可能，就需要交易双方拥有信任。而商家也必须提防自己的客户，因此会向客户索取完全不必要的个人信息。

实际的商业行为中，一定比例的欺诈性客户也被认为是不可避免的，相关损失视作销售费用处理。而在使用物理现金的情况下，这些销售费用和支付问题上的不确定性却是可以避免的，因为此时没有第三方信用中介的存在。所以，我们非常需要这样一种电子支付系统，它基于密码学原理而不是基于信用，使得任何达成一致的双方，能够直接进行支付，从而不需要第三方中介的参与。

杜绝撤回支付交易的可能，这就可以保护特定的卖家免于欺诈；而对于想要保护买家的人来说，在此环境下设立通常的第三方担保机制也可谓轻松

---

① 翻译内容来自原文。

加愉快。在这篇论文中，我们将提出一种通过点对点分布式的时间戳服务器来生成依照时间前后排列并加以记录的电子交易证明，从而解决双重支付问题。只要诚实的节点所控制的计算能力的总和，大于有合作关系的攻击者的计算能力的总和，该系统就是安全的。"

因为我认为这一段对于理解比特币非常重要，所以完整地摘录下来。在这段简介中，中本聪说明了自己创设比特币想要达到的目标（免第三方交易）及初步解决方案，即"通过点对点分布式的时间戳服务器来生成依照时间前后排列并加以记录的电子交易证明"。

中本聪在《比特币白皮书》的摘要部分给出了解决方案："一个真正的点对点电子现金系统使我们可以直接进行点对点的转账，而无须经过任何的中介金融机构。数字签名技术解决了一部分问题，但是如果仍然需要通过信任第三方的方式来防止双重支付①，就失去了电子现金所带来的最大的好处。本文提出了一种点对点网络，来解决双重的问题。这个网络通过将转账记录进行Hash运算，并将哈希值记录到一个不断延长的基于哈希运算工作量证明的链条上，从而为交易打上时间戳并串联起来，形成交易记录。除非重新完成工作量证明，否则形成的记录不可更改。通过这种方式建立的记录链条，不仅是一笔笔转账记录的凭据，同时也代表了其背后计算资源的消耗。攻击者只有在拥有超过一半的计算资源的情况下，才有可能篡改此账本。运行该网络只需要最简单的结构，网络中的消息传播尽可能地覆盖到每一个节点。同时，各个节点都可以随时接入或者离开这个网络，在重新接入时，接受最长的那条转账记录链条即可。"

根据以上两段原文，我们认真分析后会得出如下几个关键结论：

首先我们要理解"题目"，即比特币是一种点对点的电子现金系统。这里面的两个关键词特别重要：一是点对点，即没有第三方参与；二是电子现金。注意了，不是货币，是"现金"。

---

① 　双重支付是指在电子世界中，你支付出去一笔费用之后并没有发生"货币"的转移，如果没有第三方监督，会产生再次支付的行为。

这两个重点描述决定了比特币类似于现实生活中的"现金"，它具备如下几个特征：

首先，既然是现金，就不存在"账户"的概念，只有存放地点之说，你可以把现金放在抽屉里，也可以把它们压在床底下，甚至可以把它们夹在书页间。现金和你没有绑定的归属关系，一旦你找不到它们了，它们也就不是你的了。所以比特币不存在账户，只有存放地址。

其次，现金可直接交易，不需要第三方。当你拿现金找另外一个人买东西时，将现金给他即可，既不需要改动你的"账户余额"，也不需要做其他动作。

这两点属性与我们现实生活中理解的"银行账户"没有任何关系，这些概念对于理解比特币至关重要。

在《比特币白皮书》的"交易"部分，他给比特币下了一个定义，那就是"一枚电子货币是这样的一串数字签名：每一位所有者通过对前一次交易和下一位拥有者的公钥签署一个随机散列的数字签名，并将这个签名附加在这枚电子货币的末尾，电子货币就发送给了下一位所有者。而收款人通过对签名进行检验，就能够验证该链条的所有者。"这段话表明比特币不是"钱"，而是一串数字签名，当一个人转比特币给另外一个人时，他们转的也不是"钱"，而是一个未使用的交易输出（Unspent Transaction Output，UTXO）。

UTXO这个概念对于理解比特币来说很重要，现实社会中转账前都需要第三方验证账户余额是否充足，但在比特币的逻辑里不需要验证账户余额，因为在比特币世界根本就不存在账户这一概念。就像你拿现金买东西一样，只要是对方看到现金并且能够证实这些现金不是伪钞就可以了。

比特币交易的逻辑正是如此，交易过程中只需要验证这枚电子货币之前未被使用过就可以，即UTXO，验证的终极方式就是追溯这枚电子货币诞生的那一个记录，即"为了确认交易之前同一笔货币被支付的交易是不存在的，唯一的方式就是知晓之前发生过的所有交易"（这里当然不是指全部比特币，而是专指知晓这一枚比特币之前的交易）。当然，如果每一笔交易都要查UTXO的"前世今生"肯定耗时、耗算力，中本聪给的解决方案是使用

"默克尔树结构"，即每次只需要验证到前一次的交易，即可证明UTXO的真实性。

　　分辨前一次交易的方法是在每个交易环节都使用"时间戳服务器"。具体方式为："时间戳服务器通过对以区块形式存在的一组数据计算哈希值，从而为区块打上时间戳，并广播这个哈希值，就像通过报纸或者世界性新闻媒体发布一样。每个时间戳在计算哈希值时包含前一个时间戳，从而形成了一个链条，每个新增的时间戳都在增强它之前时间戳的效力。"

　　为了确保交易的安全和简便，他在定义比特币时采用了Hash加密算法、非对称加密技术及默克尔树结构，这些名词有些深奥，后面我们会有专门的名词，这里你只需要知道"电子现金"是通过一些技术加密过的一串代码就可以了。

　　具体交易流程如图4.1所示：

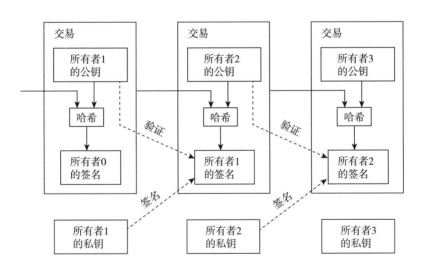

图4.1　比特币的交易过程[①]

　　同时，如图4.2所示，他还定义了交易的广播机制和验证机制，即通过时间戳服务器和加密技术形成了独特的"区块+链"的账本结构，这种账本结构

---

① 引自中本聪的《比特币白皮书》。

又被称为"三式记账法"[①]，这也是"区块链"一词的缘起。

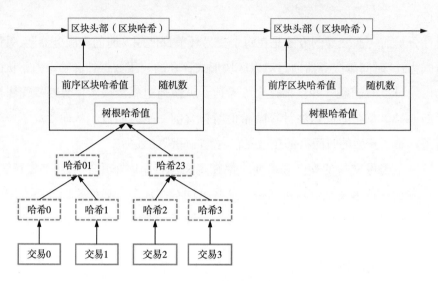

图4.2　比特币区块示意图

接着中本聪又回答了一个很重要的问题，即如果没有专业记账员，那么由谁来记账呢？这就是分布式结构的共识算法问题。

答案是任何人都可能成为记账员，而且一旦记账完成，所有人员都保存相同的账本，大家地位相同。如果任何一个记账员尝试更改已经记录下来的数据或操纵数据库，则必须征得全部记账节点51%以上的同意方可，这几乎是一项不可能的工作。

不过问题也随之而来，多个记账员都在同时记账，到底以谁的为准呢？中本聪使用的是最大工作量证明（Proof of Work）来解决记账问题，这个问题本质上是如何在分布式网络中达成"共识"。工作量证明是在区块里增加一个随机数，只有反复尝试才能找到这个值，而这个尝试过程就是耗费工作量的过程，谁先完成这个工作量谁就获得记账权。随着新区块连接到该区块之后，改变这个区块所需要的工作量也将包括重新完成其后所有区块的工作量，这

[①]　三式记账法由计算机与密码专家伊恩·格里格提出，即在复式账簿之外增加第三套账，即一个独立的、公开的、由密码保证安全的交易明细账本，这个账本加密、共享，但不可篡改。

使得区块链具备"不可篡改"的特征。

看得出来，这里的"不可篡改"不是绝对的，而是相对的，即虽然理论上存在51%以上算力攻击的可能性，但实际操作过程中不可能有谁具备如此强大的算力来更改已经记录下来的区块链数值。

最后一个问题是：大家为什么会有创建区块的动力？这些复杂的计算无疑要耗费很多成本，包括计算机、带宽、电力等。中本聪给的解决方案是给记账者支付相应的报酬，那就是"比特币+交易费"，最初每增加一个区块可以获得50 BTC，每21000个区块奖励减少一半，以每个区块的创建时间10分钟计算（这个速度是中本聪在创建比特币系统之初约定的），大约每4年减半。整个系统创造的比特币数量最高将达2100万枚，最后一个比特币应该在2140年左右被创造出来。

从比特币的运行机制来看，中本聪并没有发明什么新技术，而是将各种已有的技术组合在一起来解决经济领域的问题，最终创造出了如图4.3所示的一种全新范式。在这个范式中，他使用时间戳、哈希算法、PoW共识算法、广播机制等技术实现了类似于现实社会中现金一样的"电子现金系统"，最重要的是，这种"电子现金"不需要第三方背书。

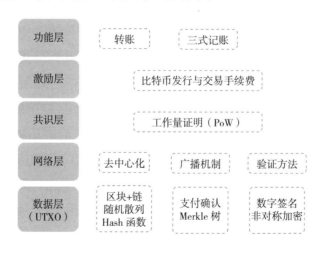

图4.3　比特币逻辑结构

根据以上这些原则，2009年1月3日，中本聪在位于芬兰赫尔辛基的一台服务器上创建了比特币的第一个数据区块，被称为"创世区块"。当然，按照中本聪自己制定的游戏规则，他也获得了50枚比特币的奖励，这也是世界上最早的比特币。从这一刻开始，在比特币的账本上，每隔约10分钟[①]，便会增加一个新的数据区块，同时产生新的比特币。

2010年5月21日，美国佛罗里达州一位名字叫作Laszlo Hanyecz的程序员用1万枚比特币购买了价值25美元的比萨饼优惠券，开启了比特币价值的初始化，即0.0025美元/枚。

殊不知，这一万枚比特币放到今天价值可高达1.9亿美金（2022年10月1日收盘价格为19312.09），最高时可达6.8亿美金之巨。

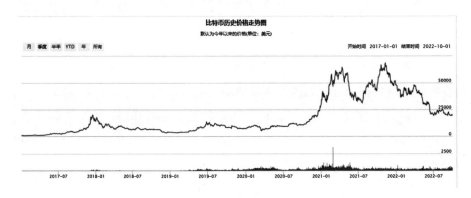

图4.4 比特币价格趋势

而中本聪这位神秘的比特币发明者，却在比特币发行3年之后的2011年11月隐匿山林，从此再也没有在网络上出现过，终成一位永远匿名的传奇人物。

价值，源于信任

前文提到，比特币与大多数法定货币不同，它不依靠特定货币机构发行，它依据算法，通过大量的计算产生，比特币使用整个网络中众多节点构成的

---

① 随着算力的增加，随机数计算难度会随之调整。

分布式数据库来确认并记录所有的交易行为，并使用密码学的加密技术来确保货币流通各个环节的安全性。

比特币去中心化特性与算法本身可以确保无法通过大量制造比特币来人为操控币值，基于密码学的设计可以使比特币只能被真实的拥有者转移或支付，这同样确保了货币所有权与流通交易的匿名性。

大家知道，货币之所以成为货币，最重要的是信用，即大家相信这张纸有价值。现实社会中，这需要强大的中央政府作背书，而在区块链技术框架下，这种背书依靠的是计算能力和广播共识。通过"广播"达成共识，通过算力解决共识的唯一性问题，即理论上一个人的违约前提是算力达到整个网络算力的51%以上。

同时，比特币又通过时间戳、不可逆向篡改等技术手段实现了不能重复消费，解决了双重支付问题，所以从理论上来说比特币是一种理想的去中心化点对点现金。

而且，比特币不会通胀，因为其总供应量有限，根据中本聪的设计，比特币的总数量将被永久限制在2100万个[①]。

比特币的获取过程被称为"挖矿"，实际上就是通过一系列算法，计算出符合要求的哈希值，从而争取到记账权，进而通过计账权获得相应的比特币奖励。这个计算过程就是试错的过程，一台计算机每秒产生的随机哈希碰撞次数越多，率先计算出正确哈希值的概率就越大。谁最先计算出正确数值，谁就可以获得一定数量的比特币。

最初大家并未意识到比特币的投资价值，"挖矿"工作集中在加密货币发烧友的小圈子。随着比特币价格暴涨，加入"挖矿"大军的人越来越多，目前比特币的全球节点有10000多个。

为了更高效地计算出哈希值，业界甚至在2014年发明了专门针对SHA-256哈希运算的芯片ASICs。

如果仅仅从稀缺和信用角度来看，比特币好像应该前途无量，那么比特

---

① 　此段源于"百度百科"。

币真的有这么理想吗？我看未必。

首先，比特币挑战法定货币的地位，其本身就与各个国家政府之间的利益背道而驰，这注定了其成长过程会历尽艰难。比特币是从原始社会物物交换以来，第一次实现了不需要中心权力机构背书的可流通货币发行与交易，让人类社会又重新回到了"原始社会"。

我们知道，任何一个国家的货币都是由中央政府控制的，包括发行量、汇率等。中央政府背后是其军事力量和经济力量，货币只是这些强权力量的表现形式而已。比特币从根本上破坏了这种强权力量起作用的根基，所以它在目前的人类社会结构中必然举步维艰。

虽然如此，自比特币上市以来仍然受到不少投资人的追捧，价格曾经一路狂飙到将近70000美元/枚。近期，由于各国对数字货币政策的收紧，价格有所下跌，但纵观其上市的十几年，价格仍处于高位。

考虑到比特币稀缺性的特点，我认为比特币虽然不会像其他的数字货币一样"价值归零"（如LUNA币一样。LUNA币近期发生了史诗级归零，仅用几天时间，价格就从近90美元/枚跌到零，几百亿美元市值瞬间蒸发），但如果将比特币当成替代现实世界中的主权货币，它基本没有任何价值，因为它不但挑战了各国的中央强权，还会因它的存在降低交易的效率。

但如果将比特币视作一种数字商品，则有一定价值，更重要的是它的完全去中心化设计与稀缺性的特点，使得比特币的价值不会太低，当然这是从投资的角度而言。

中国人民银行等五部委在2013年底曾经对比特币做过一个定义："从性质上看，比特币是一种特定的虚拟商品，不具有与货币等同的法律地位，不能且不应当作货币在市场上流通使用。"我认为这个定义还是比较中肯的，比特币不应该是货币，但作为一种虚拟商品还有其存在的意义。

如果从比特币在数字世界的角色来定义，我则更倾向于赞同赛费迪安·阿莫斯的观点："比特币……利用数字时代的新技术解决人类社会亘古的老问题：

如何让经济价值跨越时间和空间流动。"①

基于以上这句话，我们可以理解为比特币在数字世界中更类似于现实世界中的"黄金"，由于其价值存储、稀缺、难于开采等原因，使得它具备非常好的货币稳定器功能。

如果有人问，比特币的价值来源是哪里？它如果不能替代传统货币就几乎没有使用价值啊。

这个观点失之偏颇。一句话就可以回答，那就是人类所有货币的价值都源于信任与共识，只要是能够建立起信任和共识，价值就会得到共同的认可。所以如果比特币不以替代现实世界中的货币为目标，而仅仅作为虚拟世界的一种稀缺性资产，还是相当有价值的。

看到这里，或许你又会乐观起来，先别着急，因为比特币还有另外一些并不值得乐观的现状。

我们前面曾经提到过51%的算力攻击，就是说如果有人能够掌控51%以上的算力或节点，那么他就可以为所欲为。

比特币在理论上确实保证了不可能有人控制51%以上的算力，但在实际运行过程中你会发现，比特币的算力其实相当集中。截至目前，大约80%的哈希值都在为数不多的几家公司手中，如BTC.com、Antpool、BTC、TOP等，如果前三大矿池合作，他们就可以控制51%以上的哈希算力。

他们短期内当然不会这么做，因为这种行为会导致比特币失去信任基础，没有信任的比特币就像现实世界中没有信任的纸币一样变得一文不值，这样也会损害到他们的利益。

但这并不能保证未来比特币被"挖光"之后，他们不会通过做空比特币赚取另外一种利润。

更令人担忧的是，几乎90%的比特币目前都集中在0.7%的地址中，当然其中也包括大量小用户委托钱包商托管钱包的情况。

还有一点也务必引起大家重视，那就是虽然区块链本身是分散的，但大

---

① 引自《货币未来》。

多数运行软件却是由少数人来编写并控制的，虽然中本聪隐身之后比特币变成节点共治共享，但少数人是否可以控制比特币确实还是个未知数。

基于以上分析，我们可以得出如下结论：如果比特币不作为现实法币的替代品，仅作为一种虚拟商品，由于它的稀缺性和"非信任交易"还是有一定价值的，但考虑到它在实际操作中可能的中心化倾向，对比特币的价值还是要谨慎对待。

几个重要概念

在前面讲比特币的时候，你会发现有几个词经常提到，如哈希值、非对称加密、数字签名、点对点、双重支付等。

如果要深度理解比特币并进一步了解区块链，这些词的含义就不得不做基本了解，所以本节将一一对它们进行简单、形象和生动的介绍，希望对大家理解区块链有所帮助。

双重支付

现实世界中，如果有人说把汽车抵押给你借钱，你借给了他20万，如果有一天他还不起钱，你找他要车，结果发现还有3个人找他要车，也就是说他这一辆车至少抵押了4次，并通过抵押借款。

这种行为就属于典型的双重支付。

现实世界中的现金支付不容易出现双重支付，因为有现金的实物转移；银行账户支付因为有银行实时帮我们审核账户余额，也不容易出现双重支付；即便是抵押贷款，我们也需要到相关部门办理抵押手续。

互联网世界的电子现金则不同，如前所述，数字世界最典型的特征就是可复制，某甲用电子现金支付给乙购买商品，如果在没有第三方审核的情况下，谁都不清楚他是否会将这个电子现金再支付给丙。

所以，要解决这个问题只有两条路径：一是找个第三方，如现实世界中的银行来审核这笔交易；另外一条路径就是中本聪的比特币解决方案，即通过时间戳+工作量证明使得双重支付变得几乎没有可能（并非理论上没有可能，而是算力不允许）。

点对点

"点对点"这个词你可能不熟悉，但说到"P2P"那就不一样了，你会说，这不就是前几年比较火的那个非法融资嘛。

那是因为"P2P"这个词被狭义化了，真正的P2P是"Peer to Peer"，就是"点对点"的意思。

中本聪在《比特币白皮书》中提到的"P2P"是指没有第三方参与的电子现金交易。我们知道，在现实生活中，凡是涉及线上交易，必须有第三方参与，因为这个第三方要验证交易双方的合法资质及其履约的可能性，甚至还要为交易双方作保证（如支付宝）。

这种有第三方参与的交易可以称之为"点—中心—点"系统。

人类在原始社会，没有任何组织，所有人都是自由的个体，社会结构是真正的"点对点"，但自从有了氏族、部落等组织之后，人类就生活在中心化社会之中。

所谓中心化社会就是无论你做任何事情，都会有个第三方参与其中，他们可能是显性的第三方，也可能是隐性的第三方。

比如，你出门坐车，车是公交公司运营的；你上学，是因为有学校这个机构存在；你去超市，那也是因为有人运营超市……

当然，这种中心化程度在人类社会的发展过程中也几经变化：通信极其不发达的时代，中心是分散化的，因为大的中心反而无法发挥其效能；到了近代，随着通信技术的提高，大型、极权化的中心曾经因其能够"集中力量办大事"风靡一时；随着互联网技术的发展，中心又被分成多个分中心；而去中心的点对点系统其实就是中心分散之后的极致情况。

基于现实生活的观察，不得不承认，这些第三方大大方便了我们的生活，类似支付宝、银行、打车软件等。但也有不少投机分子利用P2P来逃脱监管，就像前几年大热的P2P贷款就是典型的打着"点对点"的名义逃避审核责任，甚至故意制造风险，最终损害个体的利益，才使得这个行业在出现各种风险和问题之后被紧急叫停。在未来的元宇宙时代，由于数据的透明度越来越高，即使是普通人都无法知晓数据全貌，但不排除这种线上第三方在掌握大多数数据之后去"作恶"的可能。

谷歌公司就是这种类型的第三方，他们也充分知晓其中的利害关系，所以给自己定了一条红线——不作恶。

中本聪设计的这套电子现金系统是完全不需要第三方存在，也就是说任何一个人的行为都不需要第三方参与。

在金融领域，这样做是有前提条件的，那就是"信任"。

信任一方面是指众人对交易对象的信任，即大家为什么相信比特币有价值？大家之所以相信人民币有价值，那是因为有国家背书并由中国人民银行发行。

信任的第二个方面是指交易双方的互信，我怎么才能相信对方给我比特币是真实的？我怎样才能相信对方是守信的人？

所以，信任也是中本聪设计的系统要解决的根本问题，中本聪使用PoW共识算法解决了陌生人之间的共识问题，说白了也就是信任问题。

时间戳

在电影中，我们经常会看到战斗打响之前的一个场景是"对表"，就是使在不同地点发动攻击的部队保持时间一致，从而避免发起战斗的时间不一样。

"对表"就是分布式系统隐含的最大问题，在没有"对表"的情况下，根本不知道到底哪件事先发生、哪件事后发生。

1978年，美国国家科学院和国家工程院院士、2013年图灵奖获得者莱利斯·兰伯特率先在其论文《时间、时钟和分布式系统中的事件排序》中提出对在分布式系统中确定事件发生的时间顺序问题。

1991年，两位科学家斯图尔特·哈伯和斯科特·斯托内塔发表了一篇题为《如何为电子文档盖上时间戳》的论文，试图解决分布式信任问题。中本聪在比特币的设计中借鉴了他们的思路，结合PoW（最大工作量证明）创造了自己的解决方案。

在这样的时间戳体系中，中本聪根本不关心绝对时间，也就是我们常人所理解的时间，他只关心事件发生的顺序，即哪件事在前、哪件事在后。所以，在比特币系统中，时间戳实质上是区块的高度，也就是区块的序号，只有前后，不代表传统意义上的时间。

默克尔树

默克尔树的概念在1979年被一位叫默克尔的科学家提出，在比特币中就是用哈希值构成的二叉树。

前文曾经提到过，验证比特币真伪的方法与验证现金的真伪方法类似，就是要从它诞生的那刻验证起最安全。如果每一笔交易都要这样验证的话，运算量极大。

中本聪认为一般的用户不需要这样验证，只需简单验证节点（SPV）即可，这种节点上只保存区块头的数据，使用默克尔树结构就可以实现。

哈希运算

哈希（Hash）本义是指一种用切碎的牛肉丁和土豆丁炖在一起的菜品，用其命名算法，是指对数据文件进行粉碎、搅拌和混合。

哈希又称"散列"，就是把任意长度的输入，通过散列算法，变换成固定长度的输出，这个输出值就是散列值。

所以，哈希算法的一般性定义是：将文件映射为较短固定长度字符串的算法。它需要满足以下条件：一是相同文件的哈希值必须相同；二是源文件稍作改动，哈希值就面目全非。三是不可逆推，即知道哈希值却永远无法知道源文件内容；四是计算速度快，哈希一部30G电影和一个256kB文件的时间几乎一样；五是发生碰撞的概率低，即越好的算法，不同的文件出现同样哈希值的可能性越低。

哈希算法有很多种，比如MD5、CRC-32、SHA256等，比特币算法中使用的是SHA256。

我们使用SHA256加密"比特币加密算法"得到的结果是"cdbc79baa7cac14fde9e6b0f0701ef4b870054b947c63ea9f34c236d7247c607"，如果我们将"比特币加密算法"加密，得到的结果是"66f0892d17625266e6ff3fb1c27c92e6aa72f054c23b69f941027bebd99ae744"，而如果我们将本节的所有内容使用SHA256加密，得到的结果是："542cc094795dcc5dc0a0915b5d337f0bc6f0797a0e2A1f7676c3def13c59c130"，完全符合上问所描述的特征。

正是由于哈希算法的上述特征，中本聪才选择它用于区块链中的索引、数据映射和最大工作量求解。

非对称加密

还记得看谍战片时经常看到文件加密的场景，某某带着一本密码本，收到密文之后对着密码本查，然后就得到了明文。

比如密码本是圣经，如果约定好的文字加密方法是"3位页码+2位行码+2位字码"即可得到相应的字，则如果密文是"1071109"，则对应的字是书本中第107页11行的第9个字。

这种制造密码，加密和解密方法都是用同一本书，如果"敌人"知道了规则并拥有这本书，那么就可以轻易破解密码，这叫作"对称加密"。

相对应的，非对称加密就是指加密与解密方法不同的加密方法，即用一种方法加密，却只能用另外一种方法解密。所以非对称加密有两个密码，一个是公钥，一个是私钥；用公钥加密的密文私钥能解，用私钥加密则公钥能解，公钥、私钥二者被称为"密码对"。

假设甲要给乙发一条信息，甲是发送者，乙是接收者，窃听者丙可以窃听他们之间的通信内容，则发送流程如下：

乙生成一个包含公钥和私钥的密钥对，其中乙将公钥发送给甲，即使窃听者丙截获公钥也没关系，但私钥由乙自己保管，不公开发送。

甲用乙提供的公钥对消息进行加密，并将加密后的密文发送给乙，密文同样不担心丙截获，因为密文只有乙拥有解密的私钥。

以上是基本流程，至于公钥、私钥如何生成，又怎么做到加密和解密的方法不同则是密码学家们要研究的事情了。

目前比较流行的非对称加密技术有RSA、ECC椭圆曲线等。

数字签名

数字签名实际上是将非对称加密反着用。

在比特币系统中，每个节点的签名都是一串哈希值，比如某个节点的签名是"3h6y78d"，节点使用私钥加密这串数字后就是数字签名，因为凡是收到密文的其他节点使用公开的公钥即可解密，解密后就可得到"3h6y78d"这串数字，也就可确认发送者的身份。

UTXO

前面对比特币的原理介绍中曾经提到过UTXO，即未使用的交易输出。

我们知道，比特币的定义即是一串加密的数字签名，这串代码在发生交易时，仅仅是地址的改变，即别人给你转账时，就是将已经加密过的一串数字签名转移到了你指定的"钱包"，即在你指定的地址中存储等待你使用，所以在使用前叫"未使用的交易输出"。

也就是说，因为比特币关心的是这串字符本身，而非你这个人拥有多少比特币。

这样做好处非常大，可以大大降低交易真实性验证的难度。

举个例子，如果我们只认余额，那么在点对点网络中，无论发生任何一笔交易，都要核查并更新交易双方的余额，一旦前期有一个余额更新出错，那么后面全是错的。这样会耗费巨大的计算量不说，最主要的是根本无法实现。

而如果我们盯着这串加密的数字签名，从它诞生之日起的所有路径都是清晰的，流转记录也是不可更改的，那么你只需要认准"它"本身，交易就不可能非法。

这种验证方法是将比特币看成有编码的实物，就像现实世界中现金，自从它从"央行"被发行出来之后，它每次的使用记录只要是能够查到，那么这张现金就肯定是真的，而它作为一笔"未花出的现金"放在某个人的钱包里，就是"UTXO"。

Coin, Token和NFT

认真研读比特币和以太坊的官方说明书，或许你会发现《比特币白皮书》中只有Coin，而《以太坊白皮书》中却只有Token。

那么，二者到底有什么区别和联系呢？

其实，最初的时候二者也经常被混用，只是后来基于以太坊的代币ETH之后又生成其他的基于ERC-20标准的Token之后，Coin逐渐专指某个公链原生的数字货币，被翻译成代币，而Token则指区块链平台协议生成的一种"令牌"，在国内被翻译成"通证"。

而NTF的英文是Non-Fungible Token，一看就是Token的一种，但这个通证和一般通证不同，它的每一份都是非同质化的，所以被翻译成"非同质化代币"，看得出来这个翻译有些问题，准确的翻译应该是"非同质化通证"。它既是物体的身份识别码，又能够代表这个数字资产的价值，而且它是不可分割的。

ICO

ICO（Initial Coin Offering）意思是首次代币发行，它是一种为加密数字货币或区块链项目募集资金的常用方式，类似于股票市场上的首次公开发行（IPO）。

参与者可以使用法币（一般为美元）或通用加密货币（如比特币、以太坊等）购买一定数量新发行的这条链上初始产生的加密货币，今后的回报则与该代币未来的市场价格直接相关。

2017年9月，ICO被我国政府定性为"非法公开融资"。

区块链1.0，比特币的大账本

区块链这一名词源于中本聪的《区块链白皮书》，他将比特币的整个大账本称为"链"，而将账本的每一页称为"区块"。

2009年1月9日，中本聪在"密码朋克"密码邮件组里发布了比特币1.0版本。这是一个基于C++语言的程序包，可以在Windows上运行，并在磁盘上创建了名为"Blockchain"的文件夹来存储比特币相关的文件，所以人们就将支撑比特币的这项技术称为"区块链"。

其实，比特币系统涉及非常多的技术，包括密码技术、计算机技术、哈希算法，区块链仅仅是它的一个大账本。

记账，对于人类来说一直是一件很重要的事情。

远古时代，自从人类的经济与社会关系开始变得复杂，单凭头脑记数、记事已无法满足组织生产活动与合理地分配、储备物品的需要，人们便开始寻找其他的记事载体与记事方法。

人们先是发明了简单、形象的绘画，这些绘画不但能够记事，还能够记录数量。

到了原始社会末期，生产力的发展使得剩余物品越来越多，用绘画已经无法完成数量的记录，这时人们开始使用书契，用文字叙述的方式记录相关事项、物品数量。

可想而知，用语言描述数量确实是一件挺复杂的事情，特别是对古希腊这种商业性质的城邦来说，更需要另外一套专门记录数量的方法。

公元前5世纪左右，使用文字记录的流水账中开始出现了专门的日记账和现金收支账，也就是按时间、交易方、物品、金额等分项记录的账本，这应该算是人类专业化记账的起源。

但这种流水账存在着一个巨大的缺陷，特别是记录复杂业务时无法监控交易双方的现金流情况，而且当出现错记或漏记时无处核查。

1494年，圣方济各会修道士发明了复式记账法，使得威尼斯的银行业因此而崛起，开启了全球经济发展的大门。复式记账对单式记账最大的改进是账本上的每一笔记录都必须对应另外一个关联账本的一笔记录。在单式记账法的账本中，诈骗者只要把数量加到一列的记录中就行了，而在复式记账法中，这一数额必须来自某个地方。如果它没有来由，就会将它作为一个偶然的错误排除在外，如果它来自某个特定的地方，那么就可以确认来源，这样欺诈就留下了痕迹。

由此可见，复式记账法最大的优势是非常清晰地记录了每一笔交易的来龙去脉，让复杂的生意和借贷成为可能。

如果我们再往深处去问一句：为什么要把记账弄得这么复杂？如果每笔交易都被完整地记录下来，存储在一个共享的账本里，且每个人都有一份副本，这些交易记录一旦生成就无法更改，这就根本不需要记账了嘛。

完全正确，比特币就是朝这个方向努力去—并解决记账、双重交易等一系列问题的。

如果我们把地球比作一个小村落，这个村落使用贝壳（当然这仅仅是比喻，贝壳不具备稀缺性，不大可能成为倾向）当现金进行交易。当人们需要交易时，只需要将贝壳从A转移到B存储即可，这就是典型的现金型交易。

大家商量好一种办法，就是"每发生一笔交易，都要在全村'广播'，即告知所有人这笔交易的发生"，但记账者不是交易者，而是每个人都有机会记账，具体选择哪个人记账，是要竞赛的。

竞赛的方法是设定一个"题目"（这个题目有可能是农田劳动），全村的人谁最早解出题目（最大工作量证明）谁拥有记账权并且能够得到相应的"贝壳奖励"。

记账人获得记账权之后，要去村口摆放一个石块（区块），并刻上本次交易的内容，同时在石块上记录下来相邻的上一石块的编码（即比特币中上一个区块数据的哈希指针），这样日积月累下来，就形成了一串石块链条，链条之间互相关联，不可篡改，这就是比特币网络中的"链"。

当然，这种类比与比特币最大的区别是贝壳是实物，一旦发生转移就真的转移了，不会出现重复交易（双重支付问题），但在数字世界中，一枚电子货币是否被交易过是很难验证的。

中本聪在这个地方使用的验证机制是"回溯到该枚比特币产生的那一刻"，即当发生交易时到"村口的石头链"上去寻找这块"贝壳"之前的交易历史，确认没有被交易过即可。

在比特币系统中，区块链就是"村口的石头链"，也可以说是比特币的大账本。

这正是密码学家们希望实现的理想电子货币的模型，即在数字世界靠算法发行，不映射线下货币；发行去中心化，不需要央行背书；交易无需中介。

在中本聪之前有无数密码爱好者想实现以上目标。大卫·乔姆率先提出使用加密技术、1997年亚当·贝克设计出哈希现金、1998年华裔密码学家戴伟设计出B币、1998年计算机科学家尼克·萨博提出了"比特黄金"方案、2004年密码学家哈尔·芬尼提出了"最大工作量证明"，是中本聪最终把这些想法和方案综合起来形成了《比特币：一种点对点的电子现金系统》，并成功发行了比特币。

当然，在这些技术手段中，中本聪抓到了问题的关键，正如他自己在邮件中写道："自20世纪90年代以来所有的虚拟货币全都失败了……这些系统之所以失败，显然是因为它们的中心控制这一特性。我想，我们正在首次尝试建立一个去中心化的、非基于信任的系统。"

好，关键点来了。在我们将比特币与"原始村落"类比的过程中，你是否看到一个"村长"或"记账员"在其中起到作用呢？没有，所以在这个系统的运转过程中没有中心。再则，如果A、B之间进行交易，他们需要互相了解、互相信任吗？答案也是否定的，他们只需要相信这一套运行机制即可，因为记账员是随机的，靠算法得到的，交易信息一旦被记录下来就永远无法更改。

由此我们还可以看出一个根本性问题，无论在现实社会中，还是在互联网时代，价值的转移主要靠记账来完成，比特币之前的所有记账都必须有一个可靠第三方，而比特币的记账，也就是区块链技术则不需要这个可靠第三方。

比如，现实社会中的房产交易，需要办理房产证，这个办理房产证的过程本质上是记账，而且是由国家权力机关背书的第三方账本。

这种记账行为在现实世界比较容易实现，但在数字世界，由于信息易复制、易修改且缺乏唯一性等特点，导致互联网领域的"价值转移"发展得一直很慢，直到中本聪在《比特币白皮书》中发明了新的记账方法"区块+链"，这个问题才有望得以从根本上解决。

虽然使用区块链这种记账方法后已经不需要复式记账，但毕竟复式记账更加简单、明了，所以也有人将增加了区块链技术之后的记账方法称为"三式记账法"。

如果用一句话来描述比特币区块链，应该是这样的："通过加盖时间戳、加密等技术让每一笔记录都不可篡改，各方通过最大工作量证明达成共识后同步记账、一同公证，每10分钟一次，形成一个区块，这些合法的区块连成一个链条，形成分布式的、大家一致认可的账本数据库。"

所以我们说，本质上区块链最初就是比特币的一个不可篡改的大账本，我们可以把这个阶段的区块链称为区块链1.0[①]。

分布式网络中的信任问题

区块链是项新技术，解答的却是个老问题——"拜占庭将军问题"，其实就是分布式结构如何达成共识的问题。

拜占庭将军问题（Byzantine failures）不是个真问题，它是由莱斯利·兰伯特[②]提出的点对点通信中的假设。

---

① 这种划分方法最初源于梅兰妮·斯旺，她认为区块链1.0是货币，区块链2.0是合约，区块链3.0是应用。

② 2013年"图灵奖"得主、美国国家科学院和国家工程院院士。

问题是这样的：拜占庭帝国想要进攻一个强大的敌国，为此派出了9支军队去包围这个敌国。敌国的实力虽然无法与拜占庭帝国相比，但也非等闲之辈，它足以抵御4支拜占庭军队的同时进攻，也就是说拜占庭帝国至少有5支军队同时进攻才能取得胜利，而且这5支军队不能集中在一起单点突破，必须在分开包围对手的情况下同时攻击。在少于5支军队进攻的情况下都毫无胜算，甚至有全军覆没之风险。这9支军队分散在敌国的周围，依靠通信兵传递信息并约定是否进攻以及具体的进攻时间。

那么，问题来了，他们如何确定收到的信息都是对方真实意图的表达，又如何保证9位将军中间没有叛徒？

如果通信兵出问题，约定肯定出问题；如果将军叛变，也会造成严重后果。

比如，9位将军中有4位决定进攻，4位决定撤退。如果最后一位将军已经叛变，那么他可以给决定进攻的4位将军发"进攻"信号，给决定"撤退"的4位将军发"撤退"信号，但他自己却按兵不动。

结果显而易见，最终只会有4支决定进攻，又收到错误信号认为"叛变将军"也会进攻的部队发起进攻，由于部队少于5支，必然失败。

在计算机领域，这是个典型的分布式系统问题，其中通信兵属于通信一致性问题，叛变将军属于恶意节点问题，那么如何规避风险的发生生呢？这正是莱斯利·兰伯特所关注的。

莱斯利·兰伯特认为要解决"拜占庭将军问题"必须满足两个条件：一是一致性，即所有的将军必须得到相同的指令（无论这个指令是否代表了其他将军的真实意图，如果叛变则会作假）；二是如果命令是真实的，那么所有忠诚的将军都会执行这一命令。

实用拜占庭容错协议（Practical Byzantine Fault Tolerance，PBFT）解决了这一问题，它是卡斯特罗和利斯科夫在1999年提出来的，它不但解决了效率问题，还将算法的复杂度降低到了多项式级，使得这个问题可解。这个协议的核心思想是：对于每一个收到命令的将军，他都要去询问其他人，他们收到的命令是什么。实用拜占庭容错PBFT是首个解决拜占庭将军问题的方案，当前已被 Hyperledger Fabric 采用。在兼顾效率与效果的情况下，实用拜占庭容错协议表现不错，但从根本上解决这一问题的还是中本聪的区块链方案。

中本聪的思路是加入发送信息的成本，使得每个时间点只可能有一个"最大工作量"将军发送信息，其他将军收到信息后必须签名盖章，确认各自的身份，为了保证签名不被篡改，他使用了非对称加密技术。可见，中本聪用这种方法解决了和拜占庭容错同样的问题，即由谁来发起信息，如何实现信息统一及信息同步问题，本质上也是共识问题。

当有新的"记账"需求时，区块链对外广播，通过某种共识机制（比特币采用的是工作量证明，其实也可以采用其他的共识机制）寻找记账人，最终由记账节点广播全网、形成区块，区块加盖时间戳，形成之后不可篡改，区块链就是通过这样的方式最终实现的分布式网络中点点对传输的信任问题。

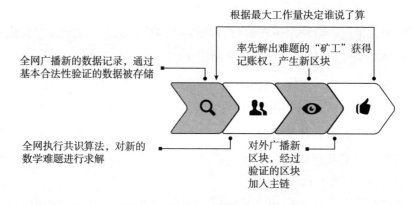

图4.5　比特币中区块链的工作流程

价值互联，生产关系革命

我们之所以说区块链技术对于互联网来说是颠覆性的技术，那是因为在区块链之前的互联网是信息互联网，而有了区块链技术、特别是以太坊的智能合约系统上线之后，互联网有望变成价值互联网。

之前，互联网的出现大大增快了人们之间信息交流的速度，就像印刷术的发明加快了知识的传播一样。

但信息有一个非常重要的特点，就是可复制。一条信息可以被印刷成上万份的报纸、放在网络上供上亿人共同阅读，它的价值随着分享人数的增加而增大。

但价值则不同，一套房子只能属于一户人家、一辆车只能属于一个人。所以，一直以来，互联网领域没有找到更适应价值流转的工具，目前人们的普遍做法是将现实世界的"价值管理流程"搬到互联网上来，如线上银行、支付宝或微信转账等，都是将线下的流程迁移到线上，并没有任何革命性的创新，最重要的是这种线下向线上的迁移也仅限于"货币领域"，对于普通的价值确认领域，如物权的确认，仍然无法使用数字化的方式处理。

前面我们提到，信息的传递靠复制，价值的传递靠交易。复制不需要确权，价值需要记账确权。

原有互联网世界的各种协议，无论是TCP/IP协议还是WWW协议，都是专门为信息的流动而设计的，直到出现了区块链，区块链最初就是为了记账而设计的。

所以，我们说区块链技术产生之前的互联网是信息互联，其目标是消除信息不对称和缩短人与人之间的时空距离；区块链技术产生之后的互联网是价值互联网，其目标是重构人与人、人与物以及物与物之间的关系。

"代码即信任"是区块链世界经常提及的一句话，这句话也确实道出了区块链的核心与精髓，浓缩成两个字就是值得信任的"共识"。

自从智能合约在以太坊平台上出现以来，区块链已经真正能够实现除数字货币的"点对点"之外，还可以实现物品在互联网上的价值转移。这是区块链应用的一个巨大进步，而区块链技术从本质上来讲是一种分布式数据库系统，即把加密数据（区块）按时间顺序进行叠加（上链），从而生成永久的、不可逆向修改的记录。

上面这句话包含三部分内容：

一是分布式数据库，即数据不是存储在中心机房或服务器，而是分布在各个节点，这些节点有些可能存储的内容并不真实，但通过少数服从多数的方法可以剔除这些不真实数据，这些数据就称为区块。

二是加密系统。将每个区块链接起来，并且保证区块内的数据不被篡改，就需要使用加密技术，目前使用的是密码学哈希函数和非对称加密技术（比特币采用的是椭圆曲线加密函数），通过这种加密既可以保证节点信息的匿名性，又可以保证数据不被篡改，以上即是"链"。

三是共识算法。简单地说，区块的增加是通过共识实现的，本质是通过函数运算，去碰撞出一个满足规则的随机数，被选中的即可新创一个区块。

以上这三个方面结合起来，可以共同构建一个去中心化的数据库系统，可以比中心化系统减少非常多的中间校验环节，容易形成智能化合约。

区块链就是为使交易各方互相信任而建立起来的一个完美的数学解决方案。它可以实现三方面的功能：一是用纯数学的算法建立各方的信任关系；二是交易各方的信任关系建立完全不需要第三方；三是建立信任关系的成本几乎为零。

我们知道，除原始社会之外，从古至今，人类社会都是一个中心化社会。从古代以家庭与宗族为中心，到今天以公司和国家中心，总有一个中心机构制定法律与制度、维护秩序、背书信用，从而维持整个社会的良性运转。

就像我们今天拿人民币去买东西，交易双方之所以认为这张"纸"是有价值的，那是因为他们都相信发行方"中国人民银行"，他们之所以相信中国人民银行，那是因为人行的背后是"中华人民共和国"，而中国的背后则是整个国家的经济实力与军事实力。

同理，人们今天买房需要办理房产证证明这个房子是自己的，房产证的背书与人民币的背书类似，其背后都是国家。

在原始的村落里，不存在这样的一个强权机构，那么如何实现信用交易呢？

很简单，大家交易的方式是"记账+广播"。比如张三向李四借了一只鸡，约定10天之后还，李四不会要求张三写借条，那时的人们也不会写字。李四只需要把这个信息告诉村里面全部或者大多数人，让大家都记住这件事，张三到期则必须还李四一只鸡，如果他不还，今后将无法在村里立足，因为大家都将不再相信他。

这其实就是区块链的基本逻辑，即想办法通过算法让地球变成一个"小村落"，而让不同的陌生人变成村子里的一个村民。

这在以前是绝对不可能的，但在互联网已经足够发达，信息交流足够通畅的今天，这一切变得有可能。区块链技术的应运而生，就是从根本上颠覆中心化的社会结构。

通过区块链技术可以建立共同信用（不用政府背书）、可以形成共同决策（无需政府参与），这对于长久以来中心化的人类文明是一个彻底的技术性颠覆。有了区块链技术，原始社会点对点交互的简单联结再次成为可能。交易双方不再需要任何中介，不需要双方互相充分了解与信任，便可以来去匆匆，相忘于江湖，其中的交互、信任、诚信检验等都交给区块链技术的底层协议去处理，这使得一切变得更有效率。

互联+信任＝价值

图4.6　价值互联网

特别是当智能合约与物联网结合起来之后，可以大规模应用于现实场景。尼克·萨博在讲述智能合约时曾经举过一个例子，即车主贷款买车，一旦逾期还款，则智能合约就可将车辆的电子钥匙移交给债权人（银行），车主无法开门和启动汽车。

未来，人与物之间的关系，即资产与所有权可以托付给智能合约，人与人之间的价值转移，即交易也可以托付给智能合约，甚至物与物之间的关系

（自动控制）也能交给智能合约。

简单地说，区块链技术通过加密技术、算法、共识合约等形成"陌生人之间的信任"，通过这种信任关系设计智能合约条款，最终让价值在互联网上得以流转，互联网也从此由信息互联转变为价值互联。

从账本到平台

从严格意义上来讲，比特币的底层区块链是一种极致的去中心化区块链，几乎具备区块链所有主要特征，如去中心化、公开透明、可验证不可篡改、有效的共识机制、可追溯等，但它也有一个致命的缺点，就是运行效率问题。挖矿目前占用越来越多的CPU资源就是一个严重弊端。

人们在看到区块链使用价值的同时也不断思考对区块链的改进，基于此区块链目前主要被分为三类，分别是公链、私链和联盟链。

比特币是最典型的公链，它对于用户不加以区别，任何人都可以成为节点，没有人能够拥有或控制它，它是由参与的每个节点共同依照规则共同维护的一个共识系统。

在公链中，每个节点都拥有相同的权限，任何节点都可以查看账本（已加密），每个节点拥有的副本内容也具有一致性，前面介绍的区块链的主要特征也是针对公链而言。

公链的优势在于：一是去信任交易，即一个人可以和任何一个陌生的节点通过加密、算法进行"去信任"交易。二是分布式账本。劣势正如上面所言，共识机制达成的成本较高。

私链，一般由特定的机构开发并服务于某一个具体领域的区块链，它使用了区块链的部分特点与优势，比如时间戳不可篡改、账本可验证、可追溯等信息存储功能，至于去中心化、共识机制等功能则被私链删除或忽略掉了。

考虑到私链本身就是受控于某一机构的行业应用，由于记账节点少，而且没有通过"挖矿"达成共识这一过程，所以私链有记账速度快、无记账成本、隐私性高等特点。

目前私链主要用于大型公司或组织内部，用于满足某一特定的需求而搭建，很多大型金融机构倾向于使用私链。

联盟链则介于公链、私链之间。联盟链节点需要经过许可加入或被限定特定的用户才能加入，其系统由多个机构共同维护。联盟链可以共同制定一定的组织规则，规定对哪些成员开放哪些功能，或者规定链上信息的读、写及记账规则。

联盟链也需要达成共识，但与公链比较，联盟链节点较少，达成共识的效率较高、记账无成本或成本很低、因权限设置可最大限度保护隐私等。

值得注意的是，虽然各节点达成共识的过程也是一个互相监督的过程，但仍然存在"共谋"风险，所以需要制定一些线下管理规则以约束各节点的行为，并适度引入社会化治理才能够防患于未然，比如附加额外条件确认可信任节点、引入类似董事会一样的监督机构等。

表4.1 公链、私链和联盟链的比较

功能特点 区块链类型	节点准入	共识机制	中心化程度	交易速度	激励措施
公链	无限制	算法	去中心化	慢	Coin Token
联盟链	限定	部分算法	半中心化	快	可无激励
私链	限定	协商	全中心化	快	无激励

目前，联盟链的应用较多，Linux基金会于2015年以推进跨行业的区块链技术应用为目标，创建的Hyperledger（超级账本）项目，2021年较热的瑞波币、天秤币（Libra）都是联盟链。

区块链在横向分类的同时也在纵向演化，即从区块链1.0演化到区块链2.0，未来可能会有区块链3.0。如果我们将支撑比特币系统的区块链称为区块链1.0的话，那么以智能合约为核心的以太坊则可被称为区块链2.0。

以太坊创始人维塔利克·布特林（昵称：V神）认为，既然比特币区块链可以优秀地记录"谁拥有比特币"，就应该可以记录其他任何行为，这一思路就是比特币应用范围的拓展。他在《以太坊白皮书》中认为区块链记录比特币归属的方式就是记录比特币的某种状态，称比特币的这个系统就是一个状态转换系统，比特币区块链就是一个状态机，由交易驱动其状态发生变化，再由区块链的"区块"表达某个时间点的产权所有情况，如果发生交易，则状态发生改变。

如果将比特币换成其他物品，应该也可以使用区块链技术记账，以表达对其他物品的所有权。再延展一点考虑，如果这种记账不是针对币或代币的所有权，而是针对某种行为是否履约的记录呢？维塔利克·布特林应该在这个时候想到了尼克·萨博，"智能合约"概念最早的发明人。

早在1995年，知名的计算机科学家、法学家、密码专家尼克·萨博率先提出了"智能合约"这个概念，他给智能合约是这么定义的："智能合约是执行合同条款的计算机化交易协议。设计智能合约的总体目的是执行一般的合同条款，最大限度地减少恶意或意外的情况，且最大限度地减少使用信任中介。"

这位尼克·萨博真是牛人，除了提出智能合约的概念之外，他还在1998年发明中心化的比特黄金。

按照他的观点，智能合约应该实现合同条款的自动执行。比如，你订购了一批原材料，约定先支付20%订金，一个月内发货，货到支付余款。如果把这些写进智能合约，则不需要人为操作，订金、发货和余款由代码自动执行，这就是智能合约。

可见，智能合约的本质与我们现实生活中的智能家居类似，都是通过代码自动执行约定的条款或指令。

如果比喻得更确切一点，就类似我们住房按揭贷款的自动扣款协议，到了扣款日就会自动从账户中扣走当月应该偿还的本金和利息，这个"按揭贷款协议"在执行时就是一个初级版本的智能合约。

不过这个智能合约并未完全实现萨博的目标，他除了希望合约自动执行之外，还有一个目标是尽量减少信用中介，银行的按揭扣款是有中介的，那就是银行本身。这种智能合约在某种程度上类似前文提到的信息化，而非我们追求的数字化，但考虑到以当时的互联网条件，这已经是一种巨大的进步了。

信任是协议执行的基础。社会学家林·扎克认为人类社会的信任要么源于血缘与身份，要么源于历史和文化，要么源于制度和法律。

在区块链之前的智能合约最难解决的还是信任问题，所以任何智能合约都必须经由一个第三方，由第三方背书来建立信任。区块链的诞生让信任不再成为难题，故而推动了智能合约的再发展。

维塔利克·布特林借助区块链的特征创造出来以太坊，并让以太坊作为底层引导大家在上面编写智能合约，从而实现"代码即制度，代码即法律"的非感情信任，非感情信任则是未来人与机器、人与虚拟人、虚拟人之间进行各项互动的基本准则。

维塔利克·布特林的想法是非常棒的，他让区块链从1.0的"大账本"功能迅速升级为2.0版本的"去中心化信任"功能。然而，意想不到的是"理想很丰满，现实很骨感"，以太坊的出现大大降低了人们发行数字货币的门槛，这使得很多人在以太坊上利用简单的智能合约代码发行空气币。以去中心化应用平台为目标的以太坊，一时间成为币圈的代币之母，确实令人哭笑不得，或许这就是万物发展的必经之路吧，要先混乱，才能再重新发现其中的价值。

由于大家对区块链未来的判断不一致，甚至对区块链技术本身的理解不到位，使得在区块链这个行业中的创业者良莠不齐，像维塔利克·布特林这样有理想、有能力的人少之又少，维塔利克·布特林将区块链带到了2.0阶段虽属实至名归，但也未能达到其理想的目标。

那么，区块链的发展方向到底在哪里呢？借鉴互联网的发展过程，我们会更加容易预测区块链的发展趋势。

最初，互联网刚刚诞生之际，大家能够在中国看到美国的新闻就已经很开心了，这个阶段大家最主要的需求是"信息传递速度加快"，普通的企业与互联网之间的关系不大。多数人在那个阶段认为，互联网是互联网公司的事，比如四大门户网站，与传统企业没有关系。

这个阶段就像现阶段的元宇宙和区块链，普通百姓总觉得比特币那是币圈的事，以太坊、EOS那是链圈的事，了不起是从事国际金融行业的业内人士偶尔接触到DeFi等相关应用。

互联网发展的第二个阶段是企业IT化或信息化阶段，这个时候部分企业认识到OA、CRM、财务管理软件、MIS系统，甚至ERP等系统对企业经营的帮助，于是纷纷成立IT部门推进企业信息化。这个阶段，有资金实力进行信息化改造的企业多数是大型或超大型企业，因为任何一个系统都要根据企业的需求定制化开发，这不是一个小工程。

这个阶段可以对应区块链2.0阶段发展成熟的时期，当部分企业意识到智能合约和通证的重要性时，便会找专业技术人员开发相关的应用以满足自身场景需求，但这种定制化开发确实成本不菲。

互联网发展的第三个阶段是应用全面SaaS化阶段，即"软件即服务"，互联网在这个阶段的使用成本开始大大降低，无数应用全方位走进"寻常百姓家"。正如钉钉、企业微信、华为云服务等，企业无论大小，只需要开个账号，就能够享受十年前只有大企业才能雇人开发的大型管理软件。

互联网发展的这个阶段可以对应区块链3.0，即从定制化开发向BaaS（Blockchain as a Service）转型，各种应用需求最终会催生软件从业者根据不同的场景开发不同的BaaS系统，从而能够让中小企业以较低的成本享用区块链带来的便利。

个人认为，区块链3.0最重要的特征不应该是对区块链底层逻辑的改变或重新改写，而应该将精力集中在应用层，即BaaS就是区块链3.0。

由此可见，我们可以将区块链从1.0到3.0的进化用图4.7来描绘：

图4.7 从电子现金到数字社会

如果我们说区块链1.0是比特币的大账本，区块链2.0是智能合约，那么区块链3.0就是一个区块链应用云平台，它应该是由全球计算机组成的一个价值互联网。

"账本+网络＝区块链1.0"，即电子记账系统；"账本+网络+协议+通证＝区块链2.0"，即智能合约系统；"账本+网络+协议+通证+Baas＝区块链3.0"，即数字社会。

也就是说，区块链3.0将与我们称之为元宇宙的数字社会有机统一在一起，甚至可以说区块链3.0就是以元宇宙为核心的数字社会形态。

区块链2.0，以太坊和智能合约

无论区块链如何创新，所有应用都基于一个目标，就是将区块链变成互联网上的价值表达载体，区块链2.0是将比特币泛化到智能合约，从而让在区块链上流动的所有Token都代表着价值。

其中最有代表性的应用是智能合约。"智能合约"这个概念，比区块链更早来到世间，尼克·萨博最先提出，但是维塔利克·布特林将其落地。

2009年，随着比特币的诞生，数据可以通过分布式存储，且不可篡改、行为透明，以区块链技术为基础的以太坊上线之后，在其上专门开发了适用于各种场景的接口，这大大促进了智能合约的发展。

如果我们说比特币促成了区块链的诞生，那么以太坊则赋予了智能合约新的生命。

2013年底，年仅19岁的俄裔美籍少年维塔利克·布特林以白皮书形式发布了一篇论文——《以太坊：下一代智能合约和去中心化应用平台》（简称《以太坊白皮书》），其目标就是打造一个脱离数字货币的、更加开放的去中心化应用和智能合约平台。

在《以太坊白皮书》中，他确定以太坊的目标如下：

一是创建一个新的区块链，除了账本之外，该系统应具备支持代码运行的虚拟机环境。

二是这个区块链具备图灵完备的脚本语言。在这里，图灵完备是指这种区块链支持计算机的所有计算。

第三，这个新的区块链上，用户可以自行编程创建复杂的、应用于不同场景①的智能合约，当智能合约被触发后，可自动执行相应的指令。

从以上目标我们不难看出，以太坊最初的目标和比特币就大不相同，比特币是一种点对点的电子现金系统，而以太坊的目标则是建立一个更广泛的去中心化应用平台，智能合约是其中的重要实现形式。

不过从本质上看，二者在如何让交易双方实现"去信任"交易的逻辑思路可谓是一脉相承。

如果我们将代表比特币的那"一串加密的数字"代表"未执行合约前的状态"，将比特币的交易指令视作"执行合约指令"，将新的区块产生视作"执行合约后的状态"，那么比特币系统就自然切换到了以太坊系统。虽然实际操作过程中维塔利克·布特林对比特币系统还作了很多其他改变，但这个基本的区块链逻辑仍然是以太坊的根基所在。

即，比特币的成功证明数字世界的点对点电子现金是可行的，以太坊的出现则证明了数字世界的任何数字状态都可以实现点对点的智能执行约定好

---

① 对于不同场景，V神指出了三类应用，即金融应用、半金融应用和非金融应用。

的相关指令。

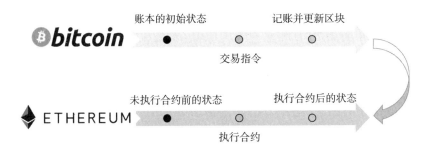

图4.8　从比特币到智能合约

区块链技术之前的智能合约多数已经具备"在特定触发条件下的代码自动执行能力"，有了区块链技术之后，共识算法与智能合约的结合，使得智能合约能够完全脱离人为影响，运行更加高效。同时，由于区块链中交易数据（区块）只能新增，无法删除、修改，交易的过程更加透明且可回溯，从而保证了智能合约执行的目标和结果的一致性。再则，通过去中心化的区块链结构，智能合约的执行不再需要第三方介入，使合约的真实性更加有保证。

基于以上目标和思路，以太坊创立了一些智能合约的编程标准，其中ERC20和ERC721标准影响力最大，已经成为事实上的行业标准。虽然这些标准均为非强制性标准，但因为使用这些标准能够与更多的智能合约、交易所和钱包交互，所以广为业内人士接受。

其中ERC20标准主要针对可互换通证，其最早由以太坊的开发者费边·沃格尔斯特勒在开源社区中提出，维塔利克·布特林撰写了第一版开发文档。基于ERC20标准创建的通证是可无限分割、同质、可互换的。

ERC721标准则主要针对不可互换的、非同质通证，所以ERC721通证的最小单位是1，不能无限分割。不用再解释你也能看出来了，ERC721通证其实就是大家所熟悉的NFT。

自从以太坊建立了系统框架并制定了上述标准后，各种去中心化的应用层出不穷，各种基于以太坊开发的DApp（去中心化应用）大量涌现，其中最有代表性的应用领域是DeFi（去中心化金融）和NFT（非同质化通证）。

基于以太坊的众多DApp开发一方面丰富了区块链的应用场景，但同时也消耗了大量运算资源，甚至会导致以太坊的网络拥堵。维塔利克·布特林意识到这个问题之后提出了相应的解决方案，就是收取"计算资源费"，即燃料费。燃料费的计算与智能合约耗费的网络资源相关，燃料费的收取使得智能合约的开发者和应用方成本激增，燃料费已经成为大家"斤斤计较"的重要成本之一。

不难看出，经过近十年的发展，虽然以太坊已经稳稳地坐上了公链的头把交椅，但它面临的问题也越来越多，比如拥堵、资源费成本过高等问题。

针对这些问题，维塔利克·布特林从三个方向提出了相应的解决方案：一是改进共识机制；二是横向改进，即分片；三是纵向改进，即第二层扩展。

通过以上三个方面改进的以太坊在之前被称为以太坊2.0，自2022年1月24日起，以太坊基金会不再将此升级称为"Eth2"或"以太坊 2.0"，而是称其为"合并"和"对接"。

之所以称合并，主要是因为新版链的共识机制由原来的PoW（基于工作量的共识）升级为PoS（基于权益的共识），在"合并"之后，以太坊将不再通过工作量证明来达成共识。我们知道PoW一个很重要的问题就是耗费大量的算力和电力。而PoS则仅需要验证者节点质押一定数量的以太加密货币来验证以太坊区块链上的区块，仅需少量计算就可以在区块链中创建区块。如果他们断开中间流程或提供不正确的值，他们可能会失去部分或全部质押的以太币，就是让风险提供了做正确事情的动力，验证者仍然会因为他们在以太坊中的工作而获得报酬。

根据规划，将以太坊共识机制转换为PoS是一个多阶段的过程，该过程从建立信标链开始，最终以与以太坊主网合并为目标，大致可以分为三个阶段：一是推出信标链，二是分片，三是合并或对接完成。

所谓分片就是将以太坊主链分解成更小的链，分片后活动链将分成64条，每个节点只需托管以太坊区块链常规大小的1/64，这样可以降低运行节点的准入门槛，从而允许网络容量增长，还能有助于降低"燃料费"。

第二层扩展就是将一些无关紧要的、琐碎的计算工作从以太坊上移到其他平台去运算，以太坊只保留最关键的去中心化验证，这样会大大降低以太坊的计算量，进而提升效率。

通过以太坊努力地解决可扩展性问题，其性能应该越来越高，用户数也会越来越多，DApp及各种应用场景也会更加丰富，很多人甚至预言，以太坊即将成为分布式领域的"世界计算机"，也是一个用于数字资产流动的"全球结算层"。

区块链3.0，BaaS

正如我们前文定义，区块链3.0应该将注意力集中在应用场景及标准接口上面。目前敢于自称块链3.0的或许只有丹尼尔·拉里默（Daniel Larimer，因其在GitHub上的昵称是Bytemaster，故被大家称为BM）创立的EOS（业界称为柚子）了。

但认真分析下来，你会发现EOS走的这条路并非"将应用标准化"，而是通过弱化区块链的"去中心化"特征来提高算力。

我们知道，比特币为了追求极致的去中心化和安全，牺牲了可扩展性，而EOS恰恰相反，BM为了追求可扩展性和应用场景的便利度，牺牲了部分去中心化。

我觉得BM要么是未能理解区块链的精髓所在，要么就是故意而为之，虽然EOS大大弱化了"去中心化信任"的技术换来现实世界更强的实用性，但个人认为去中心化是区块链的核心诉求点，如果一个系统牺牲了这个功能，它在区块链领域是否能够有长久的生命力确实值得商榷。

据传言，BM曾经和比特币的创始人中本聪在邮件中交流自己的想法，最主要是想改进比特币的PoW共识机制，以让交易进行得更快。中本聪是这样回复他的："If you don't believe me or don't get it, I don't have time to try To Convince you, sorry."

这个回答，用中文"意译"过来应该是"道不同不相为谋"。

以太坊的创始人维塔利克·布特林也认为："如果存在区块链3.0这个东西，可扩展性无疑是其中的一个重要部分。这种可扩展性不仅仅是投入更多的算力，它需要全新的方法和大量的探索，但去中心化这个核心是不应该被放弃的。"

看来，维塔利克·布特林也和中本聪一样否认了EOS的创新路径，他认为："EOS认为'代码不是法律'，他们在区块链上创建了一种'数字政府'，这种人为干预方式虽然可以帮助人们在被盗窃或被诈骗后找回自己的损失，但也带来了一些问题。"

我比较赞同中本聪和维塔利克·布特林的观点。那么，既然我们否定了EOS代表区块链3.0，那么区块链3.0应该是什么样子的呢？

我认为如果在区块链2.0的基础上开发标准接口，让多数应用场景不用二次开发就可以便利的使用区块链技术，实现真正的BaaS模式，这时的区块链系统我们应该称之为区块链3.0。

这句话说起来容易，但如何做到这一点却需要耗费大量的人力物力改进，特别是需要更广泛的开发者参与，而非将开发能力垄断在几个巨头公司的手中，这种垄断型结构根本就不是区块链。

正如前文所述，如果与目前大家熟悉的互联网类比，未来的区块链3.0应该更像现在的"云服务"，这个"云服务"应该包括但不限于区块链的软件系统、分布式账本与去中心网络以及一系列云计算软件服务，我们甚至可以称之为区块链云服务平台或者区块链BaaS综合系统，如图4.9所示。

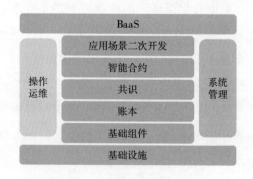

图4.9　区块链3.0基础架构

从这个意义上来讲，以太坊的结构确实值得人们期待，因为它不但具备区块链去中心化的基本结构，还有开放性的智能合约接口，统一的ERC20和ERC721等标准，让开发者在其上进行二次应用开发的难度大大降低，为创造应用场景的BaaS应用打下了坚实的基础。

不过，凭以太坊一己之力也不大可能创造出区块链3.0生态系统，我认为以太坊有资格成为区块链3.0的基础公链，但其上还应该有功能类和行业类公链，就像以太坊的分层扩展一样，在这些功能链和行业链上开发标准的接口，最终实现行业应用的BaaS模式。

具体一点描述，区块链3.0应该就是维塔利克·布特林目前的努力方向。一方面是横向拓展，即以太坊的分片和改进共识机制，这样做的目标是提升以太坊的运行效率，降低应用程序的接入和运行成本。另一方面就是纵向拓展，即Layer 2改进，改进后原有以太坊主链被称为Layer 1，它用来保证数据安全和去中心化，做到全球共识，并通过智能合约设计的规则进行仲裁，以经济激励的形式将信任传递到Layer2。Layer 2则主要用来开发相关应用，并让多个参与方通过某种方式实现安全交易（可以不是完全去中心化的），最终仅将交易的主体和结果在主链（即Layer1）上认证即可。

所以说，区块链3.0肯定不应该是某条链，而应该是多条链联合在一起所构造的一种生态。在这个生态系统中，企业或个人通过简单的身份识别即可使用丰富的"去中心化信任"的相关应用场景。

看得出来，BaaS模式能否最终实现的决定性因素有如下两点：

一是智能合约的开发难度和成本。只有将智能合约应用场景的开发难度降到足够低，才能够让BaaS模式实现成为可能。这方面华为云、阿里云、亚马逊等公司的能力开放做法已经为我们提供了非常好的、值得借鉴的做法，唯一不同的是它们均使用的中心化技术。

二是区块链运行效率问题制约着大规模的应用服务，特别是PoW共识模式更是如此，在比特币系统中的单一领域应用耗费的算力已经无比巨大，何谈用这种方式去实现多个领域的智能合约应用。以太坊新的改进措施几乎都是为了解决运行效率问题，希望维塔利克·布特林最终能够找到一条可行之路。

虽然很多人说去中心化、扩展性、安全性这三者是区块链的不可能三角，但随着技术的发展，我们还是应该有充足的理由相信有朝一日区块链能够突破这个不可能三角，实现其质的飞跃，即由1.0阶段的可编程货币跃入3.0阶段的可编程社会。

Token，数字世界的通行证

很多人一提到"Token"就认为是"代币"，应该与现实世界的货币有可兑换价值，这是一种误解。Token最初是一个计算机术语，意思是"令牌"，即可执行某个操作的一种权利，并非代币。

根据《以太坊白皮书》中的描述，维塔利克最初使用"Token"的初衷就是让现实世界中的资产进入数字世界之后能够与智能合约产生联系，系统通过Token来改变"某种数字产品"的"状态"。所以，用Token既可以表示可编程的资产，也可以表示可编程的信任、可编程的货币、身份，甚至合同。

Token从本质上来说是对象从不可编程向可编程的一种身份转换，但这种身份转换有两种情况，一是可分割的身份，如货币；二是不可分割的身份，如房产或个人。基于以上的两种情况，所以Token又被分为了普通的"Token"和"NFT"两种，分别对应以太坊的ERC20和ERC721标准。

所以，从本质意义上来说，Token就是物质被数字化之后的数字身份，这个身份包括两层含义，一是ID，即唯一识别码；二是内容，即这个识别码所代表的各种权利。

这里的各种权利稍难理解，举个例子，一栋房子被数字化之后，首先要有ID，可确认到底是哪栋；其次要有价格，这个价格其实就是权利之一。

那么问题来了，既然Token表示的是身份和内容，那为什么不用现实生活中已经用了上千年的方式去表达？每个人都有身份证，每栋房子都有房产证，直接录入到数字世界就好了。

这就涉及一个数据识别问题，如果仅仅是信息化，将现实世界映射到数字世界的处理方式或许可行，但如果涉及智能合约，就必须让触发智能合约的条件统一，这个参与智能合约的权利就是"Token"。

从这个意义上来看，Token就不应该和现实世界的法币有任何兑换关系，更不是什么"代币"，翻译成"通证"倒是有那么几分贴切。

现在，Token之所以被大家理解为代币，是因为Token最初是使用在金融领域，能够与现实世界的法币产生直接的联系，大家就逐渐习惯了这样一个概念，认为所有的Token都应该有"价格"。

在区块链系统中，之所以能够实现去中心化、唯一性、不可篡改和各个对象之间的智能合约，最重要的原因是区块链将每个"对象"都看作一个具有独特"身份"的个体，即使你是一枚比特币，你也是全宇宙独一无二的比特币。

这一点对于理解Token和区块链都至关重要。

所以，当有一天无论是现实世界、还是虚拟世界中的万物都数字化之后，每个对象都是平等的，都有自己独有的身份，这个身份如果可以分割和交易，就是"Token"，如果不可分割，就是"NFT"。

无论是Token还是NTF，从诞生之日起就会被区块忠实地记录下来它曾经过往的"一举一动"（这里当然是指计算机指令），而这一举一动都会被存在区块里，不可更改。

未来，当人工智能与区块链完美结合之后，人工智能会根据存储在区块中的每个NFT的行为来判断这个NFT的"喜好"、"行为模式"，甚至给这个NFT制定行为规则。比如："如果某个NFT做了某事，那么就不能……"，这种判断逻辑就已经将"NFT"人格化了。

古希腊哲学家赫拉克利特曾经说过："人不可能两次踏入同一条河流"，他的意思就是说河水在不断地运动，当你第二次踏入这条河流时，接触到水已经不是原来的水了，因为每滴水都是不同的。

在区块链所定义的数字世界里，即使你是一滴水，也有自己的身份，它不同于其他的水滴，有自己专属的Token。

而这滴水自从有了自己的Token，它也就获得了在数字世界畅游的"通证"，使用这个通行证，它可以证明自己的身份和权益、可以被拥有者与其他水滴等价交换、也可被编入智能合约，且所有这些操作都是加密的、不可篡改的。

基于以上逻辑，我们甚至可以说，Token（含NFT）就是未来元宇宙数字世界的通行证。

在现阶段，由于区块链2.0主要在金融领域运行，通证经常被理解为普遍意义上的"代币"，认为它和比特币类似应该和现实世界的法币有一定的兑换关系。这虽然是对通证的一种误解，但从事物发展的规律来看，这也是通证经济必然经历的一个阶段。

NFT，并非数字藏品

谈到Token，就肯定无法避开NFT。

近两年NFT热度很高，无论是国内还是国外，特别是2021年，国外的NFT市场被几个典型的事件推向热度的最高点。

这一年，Twitter创始人Jack Dorsey的第一条推文NFT以290万美元价格卖出，艺术家Beeple的NFT作品《EVERYDAYS: THE FIRST 5000 DAYS》以6900万的天价成交，无聊猿、加密朋克等头部项目席卷市场。

在NFT最大的交易平台OpenSea上，看似普通的马赛克头像、图片、收藏品频频售出"天价"。数据显示，截至2021年底，OpenSea累计销售额超过100亿美元。

音乐人、体育明星、知名品牌等都纷纷铸造自己专属的NFT，好像没有NFT就会落后于时代一样。

2021年3月，音乐人高嘉丰在NFT交易平台OpenSea上架了一个7秒的音频，卖出了近1.6万人民币的价格，打响了国内音乐NFT的第一枪；2021年7月，日本音乐人坂本龙一发行了自己的音乐NFT，他将代表作《Merry Christmas

Mr. Lawrence》中右手旋律的595个音符逐一进行数字化分割，然后转换成595个NFT发售。

体育行业也不甘落后，英超豪门利物浦就推出了首套数码收藏品，这套作品将队内23名球员化身英雄人物，并且以"英雄代币"为单位发售，国际体育明星梅西、奥尼尔、奥沙利文，知名体育品牌如阿迪达斯、耐克、李宁、特步等也纷纷推出自己的NFT数字艺术品。

其他消费类品牌如奈雪的茶、奥迪、LV、奥利奥等也在用自己的方式运营NFT……

NFT吸引着科技巨头和资本跑步入场，阿里有阿里拍卖、鲸探，腾讯上线NFT交易平台"幻核"，字节跳动旗下TikTok也宣布推出NFT系列作品。

一时间，NFT无处不在，那么NFT到底是什么？它能够给人们带来什么？它到底与元宇宙是什么关系？它有没有长久的生命力？

前文曾经提到过，NFT的英文是Non-Fungible Token，中文翻译应为"非同质化通证"，但现在经常被翻译为"非同质化代币"或"数字艺术藏品"，其实这是不准确的名称。

最初，NFT专指基于以太坊发行的，符合ERC-721规范的非可互换通证，可以与某件数字物品或者是某人相关联成唯一标识。与符合ERC-20规范的可互换通证不同，单个发行的NFT是不可以相互交换的。

由于NFT具备唯一标识、不可互换、不可篡改的安全性等特点，在数字艺术品领域率先被认可。

由于文档数字化之后很容易复制，对于数字原创或者数字收藏来说很不安全，无法保证来源的可认证性，互联网上无处不在的"盗版音乐"和"盗版图片"印证了这点。有了NFT，每个数字资产都可以对应一个唯一专属的ID号，而且这个ID是加密的、不可篡改的，所以其在防伪与收藏方面，便有了对基本原创的认证保护。

当然，这仅仅是NFT应用的一个领域，NFT的本质其实是代表数字世界中不可分割的个体标识，如一个虚拟人，它本身是不可分割的，那么它就是一个NFT。数字艺术藏品仅仅是NFT应用的一个领域，所以国内目前很多人直接把NFT称为"数字艺术藏品"是非常不正确的一个叫法。

在未来的元宇宙世界，NFT是参与这个元宇宙世界的基本单元，就像现实世界中的万物苍生一样。在现实世界中，一枝花、一棵树、一头牛，甚至一滴水都是不同的，只不过由于我们的数据量有限，普通人无法将它们区分开来而已。

元宇宙世界"万物皆数字"之后则不同，每个参与到元宇宙世界的基本单元（我们可以称之为"对象"）都有自己的一个唯一标识，这个标识就是NFT。或许你在想，这不就类似于现实世界的"身份ID"嘛！

对，也不全对。因为NFT除了具备ID属性之外，它还可以包含内容和权利，这个内容和权利是和这个NFT曾经执行过的任何智能合约相关，也就是说NFT不但是标识，它还可以记录这个标识自诞生之日起的一切行为、一切交互。一句话，NFT就是一串加密的数据集，这个数据集本身就代表着一个不可分割的对象。

回到现实世界，我们经常会问到哲学终极三问："我是谁？我从哪里来？我到哪里去？"

在数字世界中，NFT就是要回答数字对象的这三个终极问题，因为NFT作为"非同质化通证"可以清楚地标明一个数字资产"是谁"、"从哪里来"以及最终会"到哪里去"。

那么或许你会问，数字对象是谁？其实数字对象就是"一串加密数字所代表的这个对象的前世今生"，这里面不但包含内容，也包含着一切"意义"，这个意义也即"从哪里来、到哪里去"。

NFT就像人生，也是没有终极意义的，它作为一个独特的个体，从"出生到死亡"的过程中，用自己的"生命"去体验曾经在自己"生命"中出现过的每一刻时光，其本身也即意义所在。

从这个本质意义上来看，近期NFT之所以被抄作，完全是由于稀缺性导致，即人们普遍认为NFT可以实现一定程度的"数字稀缺性"，所以有收藏价值。

这个角度不是全无道理，但要看具体的NFT内容，现实世界中的"画作"还会因为艺术家的不同导致价值有天壤之别呢。对于真正具备稀缺性的NFT，确实有一定的收藏价值，但对于一般的数字IP，NFT仅仅是一个代表符号而已。

也正是基于这一点，我们国家虽然没有对NFT藏品明令禁止，但却有限制，不像国外的NFT那样可以自由流通。

国内的NFT平台，无论是鲸探还是幻核，目前都只允许NFT的首次发行，不允许NFT的二次转让，这样就有效地遏制了NFT作为标的物的二次炒作。也就是说，如果你要铸造自己的NFT藏品来发售是可以的，但购买人不得再二次销售，更何况国内也没有这样的NFT交易市场。

人类贪婪的天性确实超乎想象，想当年荷兰的郁金香都会引发如此疯狂的炒作热潮，以至于成千上万的人因此而倾家荡产，如果对NFT放任不管，后果确实很难预测。

即便是在国外，NFT疯狂炒作带来的弊端也日益显现。据美国司法部2022年6月1日披露，纽约联邦检察官和FBI调查人员逮捕了OpenSea的前产品经理Nathaniel Chastain，指控他涉嫌与NFT内幕交易有关的电汇欺诈和洗钱。

随着各种不安全事件的频发、业内丑闻接踵而至以及监管的加码，之前为NFT而彻夜狂欢的人也开始逐渐冷静下来，整个市场开始出现了明显且持续的退潮。根据分析网站cryptoslam.io过去30天的NFT销售统计数据显示，2022年5月以来，NFT的总体销售额下降了65.43%，几乎所有项目的销售情况都出现了断崖式下跌。

同样的，根据Google Trend的搜索数据显示，2022年6月份"NFT"的搜索热度已经从2021年7月的高峰下降到了2021年1月之前的水平，这也从侧面反映出人们对于NFT的关注热度正在急剧下降。

2022年新兴技术成熟度曲线

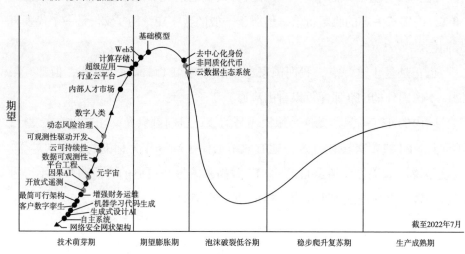

距离生产成熟期的时间：● 2-5年　● 5-10年　▲ >10年　⊗ 未成熟即面临淘汰

图4.10　2022新兴技术成熟度曲线（来源：Gartener）

或许是基于以上判断，Gartener公司于2021年8月份发布的新兴技术成熟度曲线中也将NFT列入了已处于"泡沫期"的一种应用。

2022年5月17日之后iBox数字藏品平台内交易标的的暴跌暴涨似乎证明了目前NFT仅仅是炒作投机，并没有价值属性。从iBox用户反馈情况来看，赚快钱、炒作是参与数字藏品交易的主要目的，在这利益驱动背后，数字藏品"金融化"和"空心化"的风险正暗流涌动。这不得不让我们警惕，也希望政府部门尽快出台相应的手段避免出现更大规模的群体性事件。

其实，在国内如果NFT平台提供二级市场交易实质上是违反国家政策的一种行为，实则是变相违规设立交易场，因为根据目前国内的政策，NFT是不允许在二级市场上交易的。虽然如此，但如iBox、唯一艺术、幻藏艺术平台、绿洲等头部平台都设有类似二级市场的"寄售"模块。

所以，我认为只有认清NFT的本质才能厘清NFT的真正价值所在，否则所有的跟风炒作到头来都是"竹篮打水一场空"，这种风气和行为只会误导人们对NFT或元宇宙真正的价值的理解，最终不利于整个行业的发展。

Web3.0，予数据以生命

随着区块链技术的发展，Web3.0也随之热了起来。

2月8日为Web3.0提供接入服务的开发平台Alchemy获得2亿美元融资，估值102亿美元。Web3.0的综合性开发平台Consensys在3月15日融资4.5亿美元，估值70亿美元，公司旗下产品MetaMask是目前是用户数最多的Web3.0产品之一。6月2日，软银愿景基金二期和GGV纪源资本领投Web3.0基础设施提供商InfStones公司6600万美元，截至目前，InfStones总融资金额目前已超1亿美元，正式跻身独角兽之列。

这么多基金公司都在追捧的Web3.0到底是个啥？

科技创业者克里斯·迪克森（Chris Dixon）把Web3.0描述为一个用户拥有的互联网，数字资产是Web3.0的核心。

研究机构Messari研究员江下（Eshita）将Web1.0、Web2.0和Web3.0进行了如下比较，他认为：Web1.0为"可读"（read）互联网，Web2.0为"可读+可写"（read+write）互联网，Web3.0则是"可读+可写+可拥有"（read+write+own）的互联网。

个人认为这个界定还是比较清楚的，对应起来我们经历过的互联网发展历史不难理解。

20世纪90年代，互联网刚刚兴起之时，美国克林顿政府出台"国家信息基础设施"战略计划，大力建设信息时代的"高速公路"，现在理解起来就是建设"全球互联互通"的通信主动脉，也正是这一计划的实施催生了互联网1.0的蓬勃发展。互联网1.0时代，人们主要通过门户网站浏览信息，这时的互联网最重要的功能是信息的传递，交互很少甚至没有，所以定义为"可读互联网"是贴切的。

2000年之后，随着社交软件、博客等平台的上线，以Twitter、Facebook、YouTube、新浪博客为代表的桌面Web2.0时代开始起步，紧接着移动互联网的大潮更快地促进了Web2.0的发展，以中国企业为领军团队的微信、抖音等如雨后春笋般的冒出尖来。细心梳理，不难发现Web2.0时代以终端为代表的人与人之间的互动增多，很多公司仅仅是提供一个平台（如微信），而内容主要靠用户自己去编辑、上传、发布。所以，我们称Web2.0为"可读写互联网"也是合理的。

但这里有个问题，即无论内容是谁创作，发布的地点都只能在平台，而平台不但拥有对"内容"的审核权，最重要的是包括存储内容的空间都是平台的，虽然内容是你的，但你发布的地点都是租用平台的。就像现实世界中的房产，虽然房子是你家盖的，但地是人家的，如果某一天地被收回了，那么你的房子也只能变成空中楼阁，自然是无本之木和无源之水。

所以，Web2.0时代看似用户参与得很深，实际上用户并没有任何的"自由裁定权"，因为规则的制定归平台，内容发布的空间也归平台。

你可以说，内容是我的啊，至少他不能侵权。是的，一般情况下是这样，但是别忘记了，包括你在平台的数字身份其实都由平台来验证、授权，一旦发生特殊情况你会发现根本无法主张权利。说白了，你的"小命"完全掌控在平台手中，而且这些数据都在平台手上，平台随时可能会"作恶"，这些都是单个个体无法对抗的风险。

即使平台"不作恶"，他们也完全可以利用自己所掌握的足够丰富的信息去"诱导"用户的行为，这种诱导美其名曰"AI算法"，也就是说平台在掌握了你足够多的信息之后就可以用算法来左右你的行为。

以上这些都是在互联网发展的过程中显得越来越突出的问题，为了解决这些问题，于是有人就在想，有没有一种互联网的组织形式，能够让用户自己决定自己的内容，就像用户可以自己拥有自己的汽车、自己的房子，任何人也无权侵犯一样。

这种"可读、可写、可拥有"的互联网底层技术就被称为Web3.0。Web3.0这个概念是以太坊联合创始人Gavin Wood（加文·伍德）在2014年提出来的基于区块链技术构建的一种平台。

既然是基于区块链技术构建，那么肯定是去中心化的架构，他认为这样的架构可以使得Web3.0的应用程序不会由巨头所掌控，程序和内容都是由每个用户拥有，看得出来，他是想利用Web3.0打破巨头垄断，尤其是打破谷歌和Meta等平台型企业的垄断。

通过我们前面讲过的内容不难看出，Web3.0实际上是基于区块链技术的一种互联网底层分布式操作系统（D-OS），之所以被称为Web3.0是因为开发者可以通过这个平台开发更高层级、界面更加友好的应用。

基于这样的逻辑，Web3.0涉及的技术就非常多了，其应用层应该包括NFT、去中心化身份、去中心化社交、去中心化金融（DeFi）等，协议层包括共识机制、网络通信、智能合约、激励机制，计算存储扩容包括零知识证明、二层扩容、数据分片（以太坊2.0的改进方向）。无论是哪种技术，其最终努力的方向都是朝向两个维度，其中一个维度是分布式，另外一个维度是价值化。而Web3.0也正是通过这两方面的能力让未来在元宇宙时代流动的数据具备"生命"的特征。

人是有记忆、有感情的生物，我们的所有的体验、经历都会变成人类自身的记忆和知识，也会影响我们对其他事物的价值判断，而这个积累过程就是一个自身成长的过程。

但虚拟人是没有记忆、没有感情的，它们的一切行为如果没有机器帮它们忠实地"记录"记录下来，它们就永远处于初始状态，不可能具有"人格"，也无法成为元宇宙世界中的角色。

要让它们成为一个"人格化"的角色，就必须由机器忠实地记录它们的"行为"，因为这些行为的集合就是这个"虚拟人"的人格。

从这个角度来思考人类也是一样的，张三之所以成为张三，是因为他的经历，哲学上真正的"存在"就是一个人从出生到现在的所有语言、行为、思想的"合集"。这正应了2018年柏林Web3.0峰会时Gavin Wood对Web3.0的评价："Less Trust, More Truth"，这句话的意思并非不要信任，而是说真正的信任应该建立在充分了解真相之后，从这个角度讲有真相就够了，所以这句话真正准确的表达应该是"Trust is Truth"。

如果某一天，科技的发展可以将人类大脑的运转信号全部数字化，将人类的语言、行为全部数字化之后，Web3.0的用处将会显现出来。那里，数字社会中将会出现无数个分布式个体，这些个体将类似凯文·凯利在《失控》中描述的"蜂群"一样，涌现出新的社会形态。

在《失控》一书中，凯文·凯利认为自然界的分布式系统具有可适应、可进化和弹性结构的特点，即分布式结构中的每个个体都会根据环境的变化来调整自己的行为，最终实现群体的进化。

所以，我认为在未来的数字社会中，Web3.0有望成为其底层结构，分布式结构中的个体以此为基础实现群体的自我进化；而在现实社会中，我们人类并不一定需要Web3.0，人类需要的就只有一个——自由。

更进一步讲，根据我们前面对区块链的分析，也不难看出Web3.0的效率问题仍然可能是阻碍其发展的巨大瓶颈，同时由于在Web3.0的系统中，任何个人、平台，甚至国家都无法监管其内容，这种组织架构与现实社会的冲突显而易见。

从这个角度来看，我并不看好短期Web3.0的发展，因为它与现实社会的治理体系有着根本性的矛盾。

区块链，元宇宙的规则

我们在本章的开篇便已经提到，区块链将是元宇宙所代表的数字社会的规则制定者。

通过对区块链原理的介绍、对智能合约运行机理的分析，或许你已经能够感觉到区块链将会为我们构造一种什么样的"规则"。

毫无疑问，区块链解决了数字世界的三个重要问题：一是如何让数据具备唯一性，二是如何让数据分布式存储，三是如何让分布式节点达成共识。通过解决这三个重要问题实现了将互联网从简单的信息流通转变为和现实世界类似的价值表达，也同样解决了虚拟世界与物理世界价值观统一的问题，即让虚拟对象具备"人性与理性"。

既然互联网能够表达价值，那么万物数字化之后，一切现实世界的"物"

也便可以在互联网上互动、交易，甚至发生更复杂的关系，这些关系被编写入算法代码，就是智能合约。

区块链正是通过其唯一标识、不可篡改的时间戳体系以及不同的共识算法让流动在虚拟世界的一切物体能够有自己的"价值"表达，并通过Token对价值表达的约束，进而变成未来数字社会的底层规则制定者。

在这个规则之下，数字社会中的任何一个参与者将具备如下的状态：

一方面，每个参与者都有一个唯一的身份，即ID。无论你是人、机器人，还是虚拟人，你的这个身份在区块链的体系下是唯一的，这个唯一的身份我们可以将其视为NFT。

第二，这个ID下的所有的行为都是一经发生就不可篡改的。这像不像我们现实世界中的人生？你走过的每一分每一秒都无法回头，无法改变，要纠偏只能后面再想办法弥补。区块链正是可以做到让"数字ID"实现这样的"拟人化生存方式"。

第三，这个ID下所有的与其他ID相关的行为都可以即时形成合约，即智能合约，且这个智能合约一旦生成亦不可修改，甚至会自动执行合约约定，如果不执行，算法将会对这个ID属性进行重新判定，这样会严重影响这个ID未来在数字世界中的"名誉"或"信用"，而这种名誉或信用可以用Token表达。

第四，数字对象也是有"生命"的。Token是数字世界中任何"对象"的通行证，这个通行证代表着数字对象的生命活力，如果一旦Token归零，数字对象的生命周期也将结束。

第五，数字人也有"隐私"，这与现实世界中的人类似。不过现实世界保护隐私的方式是信息不对称，而数字世界保护隐私的方式是"加密"，通过加密算法，每个数字ID的具体活动只有自己能够查看，算法调取的信息也都是"脱敏"信息，即从"黑匣子"中调取指令，但却不知道这些指令的具体内容。

不难看出，这样的状态让数字对象也与"人"变成同类，有身份、有行为规则、有信用、有寿命、有隐私，且它的"一生"也与现实世界的万物一样——"时间不可倒流"。

可见，区块链技术能够胜任数字社会的规则制定者，这种规则之下的社会结构被称为DAO（Decentralized Autonomous Organization）。

你或许会问，区块链这么棒，它能否成为现实世界的规则制定者？那样的话我们现实社会就不需要道德、法律等一系列的具体规则了，把一切交给算法就好了，我的回答是"否"。

区块链之所以能够成为数字世界的规则制定者必须有一个前提条件，那就是在数字世界不存在"信息不对称"，即每个个体都可以100%地完全、准确地获取到交易对象甚至整个数字世界的全部信息（当然是加密后的），同时有足够算力支撑这种信息的处理与计算。而人类则做不到以上两点，一个是获取全部信息，一个是拥有无限算力。

首先，人的大脑容量有限，不可能获取现实世界的全部"真相"，所以信息不对称在人类世界永远存在，只不过随着通信技术的进步"信息不对称"会越来越小而已。既然存在信息不对称，就会存在不公，就会存在差异，这也是人类社会自古至今不公平的本质来源。多少年来，统治者正是利用这些信息不对称来统治百姓，商人也是利用信息不对称赚取差价，虽然互联网时代这种情况有所转变，但却没有发生根本性的变化。

为什么人类如此强调"诚信"？其本质就是要通过诚信来消除信息不对称，虽然诚信是一种"事后"惩戒机制，即你可以不诚信，但你未来要为不诚信付出价值，但它的效果不言而喻。

其次，即便是人类未来有一天可以获取所有的信息，但由于人类本身是有感情、有倾向性的，对"信息"的理解和处理也会出现"感性、不理智"的判断，而这种不理智使得一切良好设计的系统都会出现运转失灵。

正如群体心理学的创始人古斯塔夫·勒庞在其著作《乌合之众》中的描述："人一到群体中，智商就严重降低，为了获得认同，个体愿意抛弃是非，用智商去换取那份让人备感安全的归属感。"

勒庞的结论还算客气，因为他认为人只有到了群体中才会故意地抛弃是非去换取认同。客观的说，人类本来就会由于偏见、喜好等因素使得自己判断失误，甚至缺乏判断力。

数字世界可以完美地避开以上两点，数字世界中的虚拟人可以通过算力轻松地获得全部信息，同时能够使用优秀的算法和强大的算力实现"理解"数字的能力，数字世界需要解决的唯一问题恰好是人类世界与生俱来的，那就是唯一性标识和不可篡改的数据。

有一句话说得好："人生只有直播，没有彩排"，这句话也充分说明，人生是不可篡改的，任何一个行为都有时间戳，区块链技术恰好赋予数字社会中的行为对象一个"只有直播，没有彩排"的人生。

这样分析下来，我们终于明白，区块链和Web3.0是专门针对数字世界设计的规则体系，因为它既满足了消除信息不对称的目标，又实现了数字的唯一性和不可篡改性，同时它还可以通过算法让数字对象之间迅速达成共识。

对于人类社会，区块链和Web3.0则显得有些"笨拙"，因为这类系统并没有顾及人类本身的非理性特征。所以我认为只有数字社会需要DAO，而人类只要拥有自由即可。因为人类有欲望、有感情，这些非理智因素会严重影响每个个体的判断，而DAO却没有任何一种有效的机制来约束这些非理性行为，所以DAO的社会组织机制对于人类来讲是不适合的。人类的社会结构还是适应中心化或半中心化，但有一个前提条件，就是要给每个个体充分的自由，只有自由的个体才能约束中心化社会结构可能带来的弊端。

基于此，我们认为未来的元宇宙社会应该是一个二元结构，即在数字化领域，即将人的部分思想、行为也数字化之后，并需要与虚拟对象沟通之时，使用的社会结构应该是基于区块链、Web3.0技术为底层的"数字规则"。但如果涉及人与人之间的交流、沟通，则仍然是现有的社会结构更加有效，因为人毕竟是模拟信号的承载体。

那么，这两个世界要怎么沟通呢？

数字社会中的个体使用代码，现实中的人类在使用语言，换句话说就是"人类靠感知，虚拟靠算法"，这不是"鸡同鸭讲"嘛！不过没关系，科技为我们提供了全新的互动技术，接下我们就开始下一章的虚实相生之旅，让我们详细了解数字社会中人与数字对象之间的互动方式。

第五章

虚实相生，数智形式

我们的机器将变得越来越像我们，而我们也会越来越像我们的机器。

——罗德尼·布鲁克斯

提到元宇宙，很多人可能会首先想到20年前就已经出现的MMORPG①游戏，像"Second life"这样的上线已经20年，曾经风光无限，现在已经人去楼空的网络模拟社会游戏。

这是有道理的，因为这种"大型多人在线角色扮演游戏"确实是元宇宙最初的形式，但仍然不是元宇宙。

元宇宙，从本质上来说必须具备几个特点，一是元宇宙不能是某个公司运营的，而应该是一个通过某种协议建立起来，大家互相承认、数据永久存在且能够共享的生态系统，用专业的词汇来描述，就是分布式结构。这方面的特征，"第二人生"类的游戏是不具备的，所以随着游戏热度的减退，你的"线上角色"也就随之消亡了。

第二个方面，元宇宙必须是与现实世界相连的，即现实世界中的人可以与虚拟世界中的角色沟通、互动，这也被称为沉浸式体验，需要特殊的设备，如AR、VR等，这个特点"第二人生"类的游戏也不具备。

第三个方面，元宇宙世界的经济关系与现实世界的经济关系必须高度相关甚至融合，元宇宙必须能够为现实世界的产业、消费赋能。"第二人生"类游戏中的任何经济行为都是通过"代币"来完成的，虽然林登币与美元也可以实现兑换，但那是一种刚性关系，并非赋能关系，所以也无法被称作为"元宇宙"。

基于这样的一些特点，我们可以想象未来的元宇宙应该是与现实世界密不可分的、虚拟角色与现实角色同步互动的大型多人在线角色扮演社会。

---

① MMORPG：大型多人在线角色扮演游戏。

现实世界与虚拟世界产生连接的技术，有AR、VR，有脑机接口等，人类只有通过这些技术与设备，才能够看得到虚拟世界，甚至可以通过手势、眼睛等实现与虚拟模型之间的沟通与信息交流。

所以，连接是虚实相生的第一步。

沟通，从语言到代码

我们都知道，人类之间沟通主要靠语言和文字，当然还有肢体语言。

如果你在高铁上闻到有人吃方便面时皱起了眉头，即使你没有说话，别人也知道你想表达什么。同理，当防空警报响起时，不用语言，你也知道发生了什么。

这样非语言的沟通方式在自然界特别普遍，蜜蜂通过跳舞传递信息，鸟儿通过不同的鸣叫声表示危险或求偶，鲸鱼会通过发出不同频率的声波来传递不同的信号……

不过，这些沟通方式明显效率不高，所以远古的人类就开始寻找效率更高的沟通方式。

研究人类进化的科学家认为，20万年至16万年前，当智人在非洲崛起时，可能就已经有语言存在了。这说明在远古的智人时代，人们就已经找到了使用舌头发音交流这种类似于现代语言一样的沟通交流方式。

不错，语言一词最早就来自拉丁语的"舌头"，即Lingua，毕竟语言最初起源之时是靠舌头发音的口语，文字的产生则是很久以后的事情了。

人类之所以能够以"语言"进行沟通一方面得益于生理的进化，让人类可以通过利用气流发出如此复杂的声调；另一方面则缘于人类形成"共识"的需要。

如果简单的危险或求偶信号的表达，不需要语言这么复杂的事物。但如果要在个体之间达成"共识"，没有语言则寸步难行。

如果一个古代智人今天要去远处的一片森林寻找食物，因为那儿可能有猛兽，所以他想邀请同伴一起协作，如果没有语言，这个信息几乎是无法传递的。

正基于此，语言在人类进化过程中逐步产生并完善了起来。

这也印证了美国著名的语言学家菲利普·利伯曼的观点："语言不是一种本能，不是基于离散皮质'语言器官'编码并通过基因来传递的知识，而是一种后天习得的技能。"

既然是后天习得的技能，那么它与人类的真实想法之间就有可能存在差异，就是一个人"说的话"和他想表达的真实想法可能并不完全一致，至少在别人理解的时候可能会出现偏差。

《道德经》有："道可道，非常道。名可名，非恒名。"

《涅槃经》有："不生生不可说，生生亦不可说，生不生亦不可说，不生不生亦不可说，生亦不可说，不生亦不可说有因缘故，亦可得说。"

可见，语言是无法百分百地传递"说话者"的真实意图或描述事物的原始本质的，这是语言的缺陷，但同时又是语言的魅力所在。

正因如此，人类社会才会有谎言与欺诈；也正是这个因素的存在，人类社会才有文学与浪漫，才有梦想与期待。

如果人类像刘慈欣的科幻小说《三体》中的"三体人"一样不通过任何"媒介"去直接交换信息，或许会提高沟通的效率，但那样的"人生"确实将毫无趣味。

"你猜，你猜，你再猜……"这个过程也是人生大多数的乐趣所在。

有得必有失。语言这种沟通方式给人类带来了丰富的情绪表达，同时也带来了"信息不对称"。

因为人与人之间有意或无意的信号传递失真，每个人所掌握的信息都是不同的，再加上人固有的情绪影响，最终使得不同的人对同一事物的理解都不尽相同甚至完全相反。

所以，到底什么是幸福这个问题一千个人会有一千种不同的答案，毕竟幸福是个主观的感受，而感受就会因每个人的认知不同而不同。这个问题一直到今天都困扰着哲学家们，他们对"社会组织的存在到底是要以个体幸福为目标还是以生产力进步为目标"争论不休。

如果把人视作一台机器，无疑要以生产力进步为目标，但人毕竟不是机器，个体的感受无比重要。于是，人们想到了一种看似两全齐美的方法，即在生活的领域，以全人类最大福祉为目标去设计组织结构；在生产领域，则从效率最高的角度去设计组织结构及激励体系。

曾经的工业时代，诞生了X理论、Y理论等管理理论，无疑都是要解决人性与效率这两个看似冲突的问题。

随着数字时代的来临，这一切又发生了变化。

数字化时代，除了人的感情之外（亦或许是科技还没有发展到用数字表达人类感情的阶段），所有物理世界或虚拟世界的东西原则上都可以用数字来表达，这种表达方式几乎不会失真，从而能够取得最高的交流效率。

那么，人类的语言、感情，这些感性的沟通方式又应该如何与纯数字的沟通方式融合起来呢？

要找到这个问题的解决办法，我们还是要先了解一下机器之间的沟通方式。

很显然，在科技革命发生之前，我们根本不需要考虑"机器之间沟通"的问题，因为那时的机器之间没有任何沟通，而人与机器的沟通方式就是"操作"。比如农夫要犁地，只需要熟练操作犁的方向、力度，最终达到"熟能生巧"的境界，便可以实现人与机器的有效沟通。

这种行为的本质不是"沟通"，而是靠人的生理功能，即肌肉记忆来实现，说到这里你应该会想起"卖油翁"说的那句话："无他，惟手熟尔"，这种境界也正是武侠小说中的"人剑合一"。

但科技革命发生之后，一切都发生了根本性的变化。

首先是物与物之间开始"沟通"，继电器的发明应该算是起点之一。最早的继电器通过电流与磁铁之间的关系来控制开关，虽然后来继电器技术发生了根本性变化，但其通过传递"电信号"来控制机器的方式始终如一。

这种电信号本质是一种符号表达，无论是电流、电压、电阻的大小，还是因此而产生的磁力大小，都可以使用数学方程式来表达。

后来，科学家们发明了另外一种更简单的状态表达方式，即使用"0，1"表达设备不同的状态，同时发现半导体特别适合用在这样的表达场景，于是计算机时代到来了。

计算机时代的到来不但让物与物之间的信息传递更加精准，还标志着人与机器之间开始对话。

最初的计算机只能用来解线性方程，而不能编程（即传递信号），一直到1946年，ENIAC[①]这个重达31吨的大家伙问世，才出现世界上第一台需要程序驱动的通用计算机，由此便有了程序和编写程序的程序员。

当时的"程序员"只能输入机器语言，即"0和1"，因为只有"0和1"是直接能被计算机读懂的语言。这种机器语言难学难懂、操作繁杂，优点可能只有一个，那就是因为0和1能被计算机直接读懂而获得的高速响应。

随着计算机硬件的升级，响应速度不再是瓶颈问题，人们便开始寻找虽适度牺牲响应速度，却比较容易让人理解的计算机语言。于是有了第一代计算机语言——汇编语言，汇编语言的特点是用英文缩写的助记符来表示基本的计算机操作，如LOAD、MOVE等，然后再通过底层程序将这个符号转化为计算机能够理解的"0和1"二进制指令。

沿着这个思路走下来，一直到1956年FORTRAN语言的诞生，才正式标志着高级编程语言时代的到来，人们终于可以像日常说话一样和计算机、机器或者其他物体对话，虽然计算机能够理解的仍然是"0和1"，但通过"计算机语言"的翻译，机器却可以开始理解人类的语言。

这时需要注意的是，这种人类语言和普通人的"口语"还是不同的，这种语言必须是符合一定格式条件的"语言"。

紧接着，人工智能开始致力于解决机器能说、能听人类的语言，能看懂、能识别动作，甚至要能思考、会学习。

这么多年来，人类解决人与机器之间对话的方式是"让机器理解人类"，但一直到今天这种效果都不够显著。

---

① Electronic Numerical Integrator And Computer，即电子数字积分计算机。

很显然，人类相比机器要复杂得多，人类除了显性的语言、动作之外，还有隐性的思想、情绪、好恶等，即使是智能机器能够理解人类"显性"的特征或状态，它又如何知道人类心里是怎么想的呢？

梦想总是要有的，万一实现了呢？

现在的各种智能算法开始追求更高的境界，那就是期望通过对人类行为的统计实现"AI，比人类更懂人类"。

其实，我们完全可以换个角度来思考问题，即除了努力让"智能机器"理解人类之外，能否努力让人类更加"数字化"，从而让机器更容易理解？或者，将机器的数字使用模型和语言表达出来，让人类更容易理解机器？

这正是未来人机交互需要努力的方向，也正是各种技术研究的方向。

人机交互，双向奔赴

所谓"人机交互"（Human-Computer Interaction Techniques），是指通过计算机输入、输出设备，以有效的方式实现人与计算机对话的技术。

广义上来讲，自从有机器以来，人们对机器的操作和控制可以算是人机交互的起源，但这个时候的交互是单向操作，人类几乎不会收到机器的"反馈"。所以，从狭义的角度来看，这不应该称为"交互"，而应该称为"操作"。

经过半个世纪的探索，人类与机器之间的互动发生了巨大变革，从最早的一堆开关、继电器，演变为穿孔卡片、磁带，后来再演化到键盘、鼠标、触摸面板和语音、手势等。

真正的人机交互要从计算机发明之后算起，特别是1959年美国计算机科学家和心理学家约瑟夫·利克莱德（J. C. R. Licklider）提出人机紧密共栖（Human-Computer Close Symbiosis）的概念，人机交互才成为一个被重视的概念。

特别是1970年，英国拉夫堡大学和美国施乐公司分别成立了HCI研究中心，人机交互驶入了发展的快车道。

不过当时的"HCI"中的"I"还是"Interface（界面/接口）"，并非今天的"Interaction（交互）"，直到20世纪80年代，随着计算机科学的发展，人机交互才从人机工程学中独立出来，成为单独的学科。

20世纪90年代，人机交互从以传统的工业控制和汇编语言为代表的命令行阶段发展到以Windows等操作系统为代表图形界面阶段。

进入新世纪，随着苹果手机的诞生和普及，人机交互无论是在民用或工业领域都进入触控阶段。

近年来，随着计算机视觉、AR/VR、3D渲染等技术的发展，人类与计算机的交互进入全方位的沉浸和识别阶段。

看得出来，人机交互的目标就是从"机械"到"自然"，人类希望某一天和机器的交流方式就如人与人之间交流这么自然。

正如前文所讲，人与人之间的沟通靠语言，机器之间的连接却依赖于数字，二者必须转换成同一种代码，这种"自然沟通"才有可能实现。

语音识别、动作识别、眼动识别的研究方向都是想办法让机器理解人类世界已经有的传递信息的方式。

同时，人类将虚拟世界的数字对象模型化，通过AR/VR或全息技术，让这些数字对象"真实"叠加在现实世界中或虚拟在一个非真实的空间里。

通过这两方面努力，人与机器之间的交互就可以变得更加随意与自然。这种方式有一个问题，那就是信号的失真。如前文所述，无论是人类的语言还是动作，都是经过人类的大脑"编辑"过的信号，这种信号并不一定能够反映人类的真实思想。

从本质上来说，这是想办法将数字信号转换为人类所适应的模拟信号的一种努力方向，即让人工智能加入"人类"这个种群。

相应的，另外一种研究方向是，想办法将人类的模拟信号转换为数字世界能够读懂的数字信号，即想办法让人类加入"人工智能"这个种群，代表技术范式就是可穿戴设备（含植入设备）和脑机接口。

可穿戴设备是将现实世界中人的物理状态、动作状态甚至情绪状态通过可穿戴设备数字化，然后交换给虚拟对象，最终让计算机或虚拟对象"理解"人类的一种方式。

而脑机接口的目标更加直接，是让人类加入人工智能的大家庭，正如马斯克所言："如果我们不能战胜人工智能，那么就加入他们。人与机器之间的最佳结果就是共生，只有人类转换成机器人，才能避免被'邪恶的人工智能独裁'的可能性。"

无论是可穿戴设备还是脑机接口，从本质上来说都是将人类发出的模拟信号转换成数字信号的一种方式。这就是我们所说的，让人类想办法靠近或加入人工智能的路径。

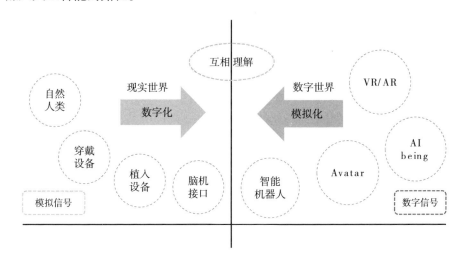

图5.1　人类与数字对象的互相理解

无论是人工智能加入人类的路径，还是人类加入人工智能的路径，探索都在初级阶段，但从人类适应的角度来看，将数字信号转换为模拟信号的模式，较快进入实用领域，这方面的技术代表是AR/VR/MR和全息显示技术等。

将人类的模拟信号转换为数字信号的模式，由于涉及隐私、伦理、风险等一系列问题，则一直处在实验阶段。马斯克曾经放话说已经争取到美国FDA的批准近年来可以进行针对"人"的芯片植入实验，也是一拖再拖，直至今日也还未实现。

近年来，随着人工智能技术的发展，人机交互技术逐渐发展成为和"智能人机交互"，即人工智能不断驱动着人机交互由传统方式向更智能、更自然的方向发展，甚至二者有融为一体的趋势和可能，《埃森哲技术展望2017》就指出：AI is the new UI.

从机器理解人类的角度，融入人工智能技术的人机交互将能够实现人与机器的"多通道交互"，即机器可以从语音、动作、表情（人脸识别），甚至姿态、情绪等多方面感知人类的需求，并做出相应的动作，这种人机交互方式与人与人之间的沟通方式极其类似。

从人类理解机器的角度，融入人工智能技术的人机交互能够将数字世界中的代码具象化，即实现"实物用户界面"，而非传统的命令行或图形界面。

当然，还有更激进的融合方式，那就是让人类的智能增强，计算机科学家Douglas C. Engelbart（鼠标的发明者）在1963年就发表过《增强人类智慧的概念性架构》一文，其内容是希望通过基因科技、心理学、脑神经科学和纳米科技来提升人类的智能，最终实现人与机器之间的大融合。

无论是让机器理解人类，还是让人类理解机器，甚至是增强人类智能之后实现与机器之间的有机融合，三者均有不同的技术实现路径。接下来我们就分别来介绍这几类技术，毕竟它们都是现实世界与虚拟世界沟通的桥梁，也是元宇宙世界中实现"虚实相生"的关键所在。

XR，虚实交互入口

说到虚拟现实，大家可能经常听说很多"R"，包括AR、VR、MR等，这里我们就先了解一下这几种"R"到底是什么。

简单来说，VR（Virtual Reality）意为虚拟现实，是利用电脑模拟产生一个三维空间的虚拟世界，展示的一切事物都是虚拟的。VR的特点是完全沉浸，也就是说我们眼睛看到的所有画面都是虚拟的。戴上VR头盔之后，我们的身体还在现实世界中，但视觉（有些游戏中包括精神，但现阶段技术还无法做到）已经完全进入了一个虚拟世界里，可以在虚拟世界里面生活、游戏。

初级的VR仅仅是让人视觉沉浸，如看电影。高级的VR则让人在虚拟世界中体会到全方位的沉浸式感知，比如使用虚拟驾驶舱体会模拟飞机驾驶，你不但能够像驾驶真实飞机一样看到"跑道""天空中的风景"，还能够感受到飞机加速、爬升、降落等过程给你带来的身体冲击。

电影《头号玩家》中就是使用的VR眼镜，通过眼镜用视觉来感受虚拟世界，同时佩戴上相应的设备（如手套、脚环等），能够让人的动作与虚拟世界同步。

准确地说，虚拟现实技术就是通过技术制造一个完全仿真的环境，并通过设备让人类在这个虚拟环境中体验到视觉、听觉、触觉等全方位的感觉，最终实现"欺骗大脑"的目标，让人类大脑以为这些虚拟的感觉就是现实。

有人形象地把VR称为"白日梦"，因为戴上VR眼镜之后一切都是虚拟的，就像梦游一样。正是由于VR是全虚拟场景，使用者通过头部或者身体姿态来模拟动作，这时由于动作与虚拟景物之间的不协调，往往会产生眩晕感，这也是VR领域重点攻克的难点之一。

AR（Augmented Reality）意为增强现实，是一种将真实世界信息和虚拟世界信息无缝集成的新技术，将展现出来的虚拟信息叠加在现实事物上，相当于真实世界和数字化信息的结合，特点是虚实结合和实时交互。当我们使用增强现实时，既可以看到虚拟世界的景象，又可以看到现实世界，就像掌握了一种魔法，你可以凭空变出许多东西，把它们放在你想放在的地方，也可以和自己喜欢的虚拟人物、形象在现实世界里面交谈、互动。

从技术层面看，AR主要功能包括如下几个方面：

一是万物识别。AR技术可以直接扫描任何一个平面或3D物体，并通过算法识别出该物体，进而调取相应的进程，实现已设定好的功能。比如识别一辆真实的汽车以后，用AR技术可以给这个汽车换皮肤、换轮胎。又或是识别了一个静态的模型、IP等，用AR动画使它可以动起来，唱歌、跳舞、变身。

二是虚实叠加。AR技术能够将虚拟物体"叠加"到现实物体上，甚至准确表达现实与虚拟之间的真实遮挡关系。比如你买一套家具，想看看放在家中是否美观，便可以使用AR技术将家具模型调出来放在家中。

三是虚实交互。即将AR技术与人工智能结合起来之后，能够实现模型与现实世界之间的数据传输甚至互动。比如在医学领域，AR技术可以模拟肉眼看不到的部位，如果结合数据传输甚至可以形成动态效果。在手术领域，医生可以针对虚拟模型训练，然后再将这种训练数据同步到真实的手术过程中，从而确保手术的成功率。

由于AR可以凭空在现实世界中增加虚拟物体，所以也被戏称为"活见鬼"。

MR（Mix Reality）意为混合现实，包括增强现实和增强虚拟，能和现实世界进行交互和信息的及时获取，相当于是真实世界、虚拟世界和数字化信息三者的结合。通俗一点讲，AR是将虚拟物体叠加到现实世界，MR则在此基础上还可实现将现实世界虚拟化后与虚拟世界产生互动，当然这种互动的基础是数据传输。MR这一概念最初由"智能硬件之父"多伦多大学教授史蒂夫·曼提出，其实它与AR的区别并不大，唯一的区别就是MR既可把虚拟投射到现实，又可将现实虚拟化，这一功能就是AR的简单改进。我认为，MR这个名词主要是HoloLens和Magic Leap打出的噱头，未来应该会并入AR领域。

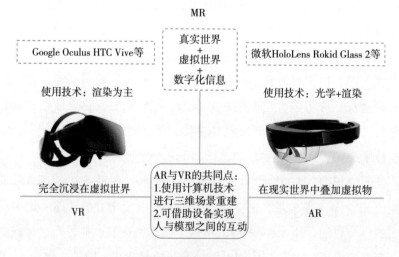

图5.2　VR、AR与MR

从应用场景来看，VR更适合看电影、娱乐或各种训练（配备体感设备之后的射击训练等）。AR更适合的场景是还原无法用肉眼看到的物体状态，如体内脏器、汽车发动机汽缸等，同时还可以在营销环节让物体更加出彩，如让模型动起来或给汽车配色等。MR主要用于远程互动，因为这种技术可以将现实场景迅速地模型化，并使用高速、远距离的数据传输让眼镜佩戴双方在同一模型上操作，最终实现远程协同。

由于VR、AR与MR都属于现实世界中的人与虚拟世界中的模型互动的一种方式，所以大家习惯上将这几种技术合在一起表达，称为"XR技术"，用中文表达时也有人习惯地称为"虚拟现实技术"。

AR眼镜，手机的替代者

2016年，我和几个朋友在咖啡馆聊天，不知道怎么就开始了一个话题："未来到底哪种设备有可能替代手机？"

我们这一代人是从传统时代走到互联网时代的，20世纪90年代初还在使用286电脑，到90年代末开始使用手机，一直到2010年之后智能手机开始普及。在这个过程中，我们清楚地看到了下一代产品对上一代产品的替代冲击，也充分意识到一个产业"被时代抛弃时，连个招呼都不打"的残酷现实。

通过建模分析，我们认为智能手机的基本功能主要有如下四种：一是屏幕显示，即有个屏幕显示你想要的内容，这点与上一代电子产品电视机类似；二是人机互动，即触几下屏幕便完成人与机器之间的互动，这点与上一代电子产品电脑类似；三是便携，可以带着它到处走动，这一点既胜过电视，也胜过电脑；四是通信与计算，即通过小小的一台便携式机器完成远程通信与本地计算。

那么，未来哪种电子产品有可能不但具备以上几种功能，还能够延展出其他手机没有的功能呢？我们认为，智能手机最大的问题是沉浸感不够，无论是音频聊天还是视频通话，都属于二维场景，而人类比较熟悉的都是三维场景，如果有一种电子设备能够轻松重现三维场景，且具备智能手机的基本功能，那么它替代手机将成为可能。

最终，我们将目光投向了一种新的电子设备——AR眼镜。

首先看显示，AR眼镜的近眼显示技术能够将小屏幕的影像投射到眼镜佩戴者前面的空间，而且通过SLAM技术[1]等可实现虚拟模型与现实空间的完美匹配，既不但能够实现大屏幕显示，还能够实现模型与空间的匹配，甚至互动。

其次，AR眼镜上普遍有一颗或几颗摄像头，同时还有声音接收设备。摄像头可捕捉佩戴者的手势或其他动作，从而实现类似于手机一样的虚拟键盘操作，声音接收设备可实现语言识别方式输入，从而实现人与机器、人与虚拟物体之间的沟通与互动。

便携性方面，AR眼镜的重量目前已经做到100克[2]以内，再经过几次升级迭代，有可能控制在50克以内，届时AR眼镜的普及将大有可能。

手机的通信与计算模块多数是放在本地，无疑会增加设备的重量，这对AR眼镜来说是致命的，所以AR眼镜的升级需要等5G（6G）、云计算等技术的成熟，当成熟的6G技术实现无延迟的云端计算，AR眼镜将会变得更加轻便。

接下来我们可以构建这样的一个场景：当一位普通人戴上AR眼镜后，碰到一个他并不认识的人，由于AR眼镜上的摄像头捕捉到了对方的人脸信息，并与对方已经公开的数据库信息[3]进行匹配，便知道了对方的"姓名、年龄、爱好"等一系列信息，这样可有效提升人与人之间的沟通效率。

如果想去某地，AR眼镜佩戴者只需说出"我要去……"，在眼镜的前方便会出现导航箭头（注意，不是地图，地图太不直观），人们只需要跟着箭头的指示走就是了，而且这并不影响你观察周围的路面信息，毕竟AR眼镜的特点是既能看到现实物体，又可以看到虚拟影像，所以我们称AR是"增强现实"，即在现实世界中叠加虚拟的物体或影像。

---

[1] SLAM（simultaneous localization and mapping），全称即时定位与地图构建，它主要的作用是让机器人在未知的环境中，完成定位、建图和路径规划。

[2] 普通眼镜的重量一般在10~30克之间。

[3] 这里是需要授权的，如果未授权则无法查询。

　　甚至，通过语音识别技术我们还可以让失聪者重新"听"到声音，其原理是通过语音识别将对方的语言转换成文字显示在失聪者佩戴的AR眼镜前方，从而让失聪者"读"出对方的话。

　　这些非常有现实意义的应用场景让我们有强大的信心认为AR眼镜将是未来手机的替代者，无非是等待部分技术的成熟，类似如何将AR眼镜的重量控制在50克以内等，一旦这些技术瓶颈被突破，AR眼镜的普及将指日可待。

　　增强现实并非一个新概念，它最早出现在《神奇的绿野仙踪》作者Lyman Frank Baum（1856—1919）的另外一部小说《主键电子童话》中，在这本书中有一种"性格标记"眼镜，通过这种眼镜可以揭示一个人潜在的性格特征，从而洞察这个人的品质。

　　Philip K. Dick（1928—1982）的小说《少数派报告》中首次提到"增强现实"这个词，即将虚拟信息在指尖上真实地呈现出来。

　　在技术层面，HUD（Head Up Display）算是增强现实的初级版，这种技术最早出现在二战时期的战斗机上，即将雷达上的信息和陀螺瞄准镜上的信息融合后，在轰炸机前挡风玻璃的平坦区域通过投影的方式显示出来，这样最大限度地减少飞行员视线的移动，从而赢得短暂的领先机会。

　　1965年，图灵奖获得者伊凡·苏泽兰发表了一篇题为《终极显示》的文章，文章最后一段对"终极显示"做了如下总结："终极的显示方式将会是这样一个房间，在其中计算机可以控制房间物体的存在。显示在其中的椅子你能够真的坐上去……房间里的子弹真的能够致命。通过适当的编程，这样的显示真的可以成为爱丽丝漫游过的那个仙境。"

　　也正是这位伊凡·苏泽兰，在1968年设计了第一款真正意义上的AR眼镜——"达摩克利斯之剑"，之所以叫这个名字，是因为这款显示设备太重了，必须悬挂在天花板上。虽然如此，但它的功能和原理足以成为现代增强现实眼镜的雏形，被称为AR眼镜的先驱。

　　1974年，美国海军率先在战斗机上部署了头盔式作战瞄准系统，同时加拿大多伦多大学教授Steve Mann提出可穿戴现实的概念，使用这种设备可以将无线电波变得可见。

Steve Mann是最早提出数字化眼镜的先驱之一，他的突破性贡献是提出了"介导"现实①，被人们尊为"可穿戴计算机之父"。

不过，"增强现实"一词的真正出现应归功于波音公司。波音公司于1990年提出"增强现实"的方案是将计算机生成的虚拟信息叠加在现实世界的电路板上，从而简化了向装配工人传达飞机组装布线指令的过程。

进入20世纪90年代，AR技术发展速度不断加快。

1996年，索尼公司发布了第一款真正意义上的头戴式AR眼镜Glasstron。

1997年，北卡大学罗纳德·阿祖玛（Ronald Azuma）定义了增强现实的三个关键因素：虚实叠加、虚实互动和三维操控。

1999年，华盛顿大学人机界面技术实验室开发了增强现实工具套件ARToolworks，这大大加快了AR的商用步伐。

2010年，微软推出Baraboo项目，专注于混合现实智能眼镜的研发，正是这个项目组开发出了目前全球较为先进的AR眼镜——HoloLens 2；神秘的Google X部门开始开发Google Glass；Magic Leap公司成立并募集到5000万美元的融资……

自此，有资本加持、有真实商业应用场景的AR技术驶入发展的快车道，一直到2022年6月7日，苹果公司新发布的Room Plan可基于ARKit 的Swift API和Reality Kit的渲染能力通过手机扫描即可创建房间的三维平面图，进而为AR的商业应用前景带来无限的想象空间。

直到今天，AR眼镜未来成为手机的替代者，成为下一代智能应用终端这一猜想已经被大多数业内人士接受，但其发展仍然受几项技术的制约，接下来我们就花些时间讨论AR眼镜的几大技术瓶颈。

---

① 即通过设备对人类感知调制实现数字对现实环境的真实修改。

AR眼镜的技术瓶颈

从2012年Google Glass发布至今20年来，各大厂家陆续推出自己的AR眼镜。

相对于VR眼镜，考虑到AR眼镜需要感知周围的复杂环境，而且轻量化和续航方面都有更加严苛的要求，所以其技术难度远高于VR眼镜。

2021年VR眼镜的出货量已经达到千万级，而AR眼镜的出货量只在十万数量级。一个主要原因是，AR眼镜技术在光学、显示、主控芯片、加工产业链等方面均未成熟，产品形态不稳定，整体发展慢于VR。

那么，AR眼镜技术的瓶颈在哪里？要弄清楚这个问题首先要了解AR眼镜的基本结构。

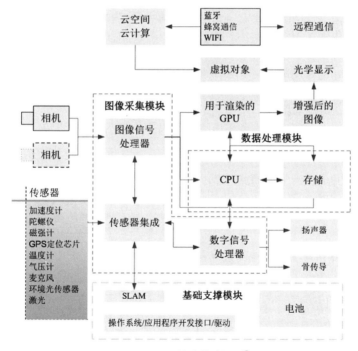

图5.3　AR眼镜功能结构图①

———————————

① 　参考《增强现实：无处不在》中的图8.68。

图5.3是典型的AR眼镜功能结构图，其中相机识别的图像或动作可以实现：采集的图像可通过图像处理器处理后可实现SLAM[①]创建环境地图并确定虚拟物体在环境中的位置；采集到的动作（含肢体动作和眼睛动作）实现手势交互和眼动交互（虚拟键盘本质上是手势交互的一种）。

传感器识别到的数据可以实现：通过麦克风采集到的语音数据可以实现语音识别；通过加速度计和陀螺仪可实现虚拟物体的动作与现实世界的完美匹配；通过温度计和气压计等可以实现与环境的密切互动……

通信模块不但可以实现正常的通信和虚拟模型传输，还可以将部分运算通过5G或WIFI连接到云端，从而节约本地算力，最终通过减少CPU和电池重量等大大降低眼镜的重量。

光学显示模块主要由微型显示器与光学元件组成，通过光学显示模块人们可以实现既看到现实场景，又与虚拟对象互动。骨传导技术和扬声器可满足人们不同场景下的音频传输需求。

通过以上功能，未来AR眼镜可以实现以下功能：

人们佩戴一副重量不超过50克的AR眼镜（因为算力多数移到了云端，得以降低眼镜重量），眼镜中的光波导和微显示模块可将虚拟场景和虚拟对象投影到现实场景中，SLAM技术实现虚拟物与现实场景的自然融合，人们通过手势、眼动、语音等途径与虚拟对象互动，还可以远程与朋友通信，通信过程中远方朋友的虚拟形象逼真地"站或坐"在你的旁边。

如果配合温度计、湿度计或人脸识别等数据，佩戴眼镜的人可以实现真正的"透视眼"，你不用碰水杯就知道水的温度，因为温度传感器已经测量；你不用认识某个人就知道他的姓名甚至履历，因为人脸识别数据已经告诉你。

没错，这是未来，不是现在。

现在AR眼镜还不具备以上能力，技术瓶颈集中在以下几个方面：一是光学显示模组解决方案；二是眼镜的体积和重量（除分体式眼镜有办法做到100克以下之外，一体机的重量目前还未进入消费者可接受的区间）；三是电池的

---

① 　一种通过快速环境建模识别物体在环境中位置的算法。

续航能力；四是辐辏调节冲突导致的眩晕问题。

光学显示模组解决方案是AR眼镜的重点，光学显示模组是指由"微型显示器+光学元件"组成的近眼显示技术。

目前AR设备中多种微型显示器共存，技术路径并未统一。其中使用较多的是LCOS（反射式微液晶投影）、micro-OLED、DLP（RGB激光投影），近年来出现的Micro-LED由于具有高亮度、低延时、低功耗等优点有望成为AR眼镜微显示器件的最优选择，但由于其量产能力差，目前还没有眼镜使用。

现有的常见AR光学系统，可以简单归类为两种主要方案：

第一类是利用光学元件的半透半反射特性，将部分显示光反射到人眼中，同时外部光线也可以穿过此光学装置，从而实现图像与现实世界的结合。

这一大类的光学装置有三种，分别是棱镜光学方案（prism）、自由曲面光学方案（free-space）和birdbath方案（折返式光学）。棱镜光学系统的结构最简单，但如果FOV（视场角）[1]增加，其体积将急剧增加。自由曲面和birdbath光学系统的设计则比较复杂。

总体而言，三种反射式光学系统的结构需要较大的空间来实现，这造成了重量和体积的增大，限制了其在消费电子领域的应用。

第二类是光波导解决方案。目前技术方向有几何光波导和衍射光波导两种，很多资料说还有全息光波导，其实这不准确，全息光波导是衍射光波导的一种。

其中，几何波导的工艺难度非常大，因此良率较低，可量产性差，短期难以商用。

衍射光波导技术有两种不同的技术实现方式，一种是通过光刻技术制造表面浮雕光栅波导（Surface Relief Grating，SRG）和基于全息干涉技术制造的全息体光栅波导（Volumetric Holographic Grating，VHG）或被称为HOE（Holographic optical element）。

---

[1] FOV的大小决定了人眼的视野范围，因此FOV越大视野就越大，给用户带来的沉浸感也就越强。

目前表面浮雕光栅波导应用较广，如HoloLens 2、Magic Leap One均使用这种方案，但这种技术和芯片的制造技术高度类似，需要使用千级无尘室和极其昂贵的晶圆生产设备，如果要做到眼镜大小，其成本和同样大小的芯片价格差不多，因此价格极其昂贵，且短期无法看到成本下降的空间。

相应的，全息体光栅光波导则是使用全息体光栅元件代替浮雕光栅，成本会较浮雕光栅大大降低。苹果公司收购的Akonia公司采用的便是全息体光栅，另外致力于这个方向研发的还有Digilens。

总体来说，目前市面上的AR眼镜主要使用的"显示+光学"解决方案可以分为四类：

第一类以Google Glass为代表的反射式微液晶投影技术（LCoS）+棱镜光学方案，价格便宜但视场角较小且遮挡部分光线，但是由于光学显示方案的限制无法做成普通眼镜的形态。

第二类以Epson BT300和Nreal Light为代表的Micro OLED+自由曲面/Birdbath方案，对比度、分辨率、色彩还原度表现较好，视场角较大，但目前Micro OLED亮度低，光学本身透光率较低，体积方面也较大，佩戴不舒适。

第三类以HoloLens和Rokid Glass 2为代表的Lcos/DLP/Micro LED+浮雕光波导方案，此方案亮度、透光率较高，眼动范围较大，显示部分可以做得轻薄和类似于眼镜的形态，但存在偏色问题。

第四类就是Akonia和Digilens主攻的Micro LED+全息光波导方案，这种方案可用Micro LED的高亮度显示弥补全息光波导光效低的问题，未来在Micro LED量产之后的技术前景比较广阔。

表5.1　AR眼镜显示模块解决方案

光学显示系统	特点	代表产品
LCoS+ 棱镜	价格便宜，体积小，视场角小，遮挡视线，无法做成轻量化形态	Google Glass Vuzix M300
Micro OLED+ 自由曲面 /Birdbath	成本低，对比度和清晰度高，视场角大，部分有重影，透光率低，量产良率较高，可量产	Epson BT300 Nreal Light

续表

光学显示系统	特点	代表产品
LCoS+ 浮雕波导	亮度高，视场角大，分辨率高，眼动范围较大，显示色彩和对比度差	HoloLens Magic Leap Rokid Glass 2
LBS（激光扫描显示）/ Micro LED+ 全息光波导	体积小，功耗小，视场角小，眼动范围小，透光率高，容易做成眼镜形态	Akonia Digilens

如上四类显示方案中我认为高亮度、低功耗的Micro LED+全息光波导是未来AR眼镜显示方案的主要方向，无论是效果还是成本都达到了几近完美的组合，不过要等待Micro LED技术的进一步突破。

不过这也只是预测，就像平板电视有DLP、等离子和液晶等多种解决方案，不少厂家一开始看好等离子方案，谁知最终却是液晶方案一统天下。所以，"鹿死谁手"还需留待时间来检验。

AR眼镜的体积和电池续航能力问题其实是个二级问题，因为体积是由元器件大小和数量决定的。如果未来可以将光学显示模组重量降低，同时将大多数运算释放到云端，体积自然会降低。电池续航能力也一样，到目前为止，电池技术早已到达瓶颈，电池储量远远不能满足AR眼镜高强度计算所带来的能耗需求。目前解决这个问题的方向有两个：一是使用容易更换的备用电池；二是将本地运算尽量转移到云端。

看得出来，体积和续航能力问题依赖于云计算、5G、电池等相关技术的进步，我们这里不做深入讨论。

AR眼镜的另外一个瓶颈问题——辐辏调节冲突，则是晕动症的诱发因素之一，容易使用户产生恶心、头晕、眼睛疲劳等症状，一直是AR显示领域的未解难题。

Facebook Reality Labs显示系统研究总监道格拉斯·兰曼曾在EI2020大会上分享过他在不同显示技术方案上的研究，其中包括如何用不同方案去尝试解决视觉辐辏调节冲突。据说在技术层面上，Facebook已经解决了视觉辐辏调节冲突，但目前并没有披露技术细节。

期待不久的将来，AR眼镜的显示光学、体积、续航和辐辏调节冲突问题都能得到解决，届时AR眼镜将迎来无比光明的未来。

AR眼镜的操作系统

操作系统，本质上就是人机交互界面，每次操作系统的重大迭代，本质上都是人机交互形式的转变。

个人计算机面世之初，人机交互的形式是命令行。当时以命令行为主导的"DOS操作系统"是个人计算机的主流操作系统，记得90年代我刚上大学时还是使用DOS系统操作286和386计算机。

苹果Macintosh机问世后，图形用户界面（GUI）改变了计算机信息呈现和交互。鼠标来回轻点，随便拖曳窗口的macOS系统和微软的Windows系统开始二分天下。

从PC到智能手机，人机交互又被打开一个新世界。

标志性产品又是苹果研发的，那就是大家熟悉的iPhone。iPhone重新定义了手机，触摸成为人机交互的主流方式。

随后，Google开源的Android面市，市场上其他智能手机硬件厂商有了除iOS之外的选择，最终Android成为适配多元硬件的开放生态的大赢家。

自然、易上手的交互方式催生了移动互联网产业的繁荣，屏幕开始走出办公室和家庭争夺更多的生活场景，汽车中控台、智能大屏等，只要屏幕能抵达的地方，就有移动互联网。

人机交互演进的一个原则是不断接近人类现实世界信息获取和流动的方式，体验更自然，信息呈现的形式也更丰富和立体。图片是比命令行信息含量更大，视频又比图片更丰富，接下来AR眼镜带来的三维立体沉浸式体验肯定又远超视频。

AR眼镜极有可能会颠覆现有的操作系统。

正如智能手机刚兴起的2000年初，市面上最活跃的操作系统是微软和诺基亚等上一代电脑、手机厂商改进的操作系统，随着苹果的发力和Android系统的开源，微软和诺基亚几乎淡出了市场。

毕竟，一种全新的人机交互场景是很难简单地使用原有系统改进一下就解决问题的。相比上一代移动互联网，VR/AR带来的最本质的变化是，用户需要在三维空间中与立体、逼真的虚拟对象互动，这种互动几乎颠覆了原有操作系统的底层。基于这个角度分析，目前市面上大多数眼镜是使用Android、Windows或IoS系统改进而成，这个方向是否正确还是未知。

国内知名的新一代XR设备操作系统研发公司北京虹宇科技创始人范顺豪认为，AR眼镜需要操作系统做如下几个方面的变化：

第一，表现在交互形式的变化。直观地来看，XR让内容脱离了平面，直接以3D的形式呈现在真实空间中，因此也带来了如手势、眼动、空间感知等更丰富的空间交互方式。同时，AR在360度范围内都能够呈现内容，为用户带来了更大的视场角，因而用户自然期待能够同时操作多个任务，所以3D多任务的特性决定了AR系统的交互形式跟手机时代有根本性的不同。可以想象，AR眼镜时代绝对不可能像智能手机时代一样，App是人机交互的门户，届时人机交互的手段将会更加自然，就像人与人之间对话一样，这时所有的App均将隐藏在后台，而非界面层。智能算法会根据用户所处的场景，智能地"猜想"你可能需要的应用，然后调起这些应用来服务于用户。

第二，相较于智能手机，AR眼镜算力受限于功耗、体积，要想给用户提供卓越的体验，就需要借助多端的算力进行处理，这对操作系统的多端算力分配和协同提出了要求。而从用户的视角来看，多任务场景下可以想象的一种体验是，无需下载安装应用，就能在需要的时候及时获得服务，这样的体验与原有的操作系统逻辑完全不同。

第三，相比PC和智能手机，AR眼镜能够采集到更多的数字信息，包括摄像头采集和传感器采集。这些信息哪些需要处理后推送给"主人"则需要更加丰富的内容分发机制，要让AR眼镜像智能助手一样根据环境感知实时进行信息推送。

曾经有人说过，"智能"是机器可以按你预先设置好的程序执行相应的操作，而"智慧"则是机器主动探知你的喜好并根据你的喜好主动帮你做事情。如果要让AR眼镜未来成为人的智慧助手，必须具备实时场景的内容分发能力。

总之，AR作为基于虚实结合的通用场景智能终端，带来了交互形式、应用模式和内容分发三个层面的根本变化，这些特性都对操作系统提出新的要求。

虹宇科技自2016年成立开始就立下了宏伟的目标：专注于打造服务于AR/VR等下一代终端设备的新一代操作系统，希望通过对下一代应用体系的探索、实践与推广，助力空间互联网的到来，促进人与信息更高效、更便捷地互动。

经过5年多的发展，虹宇科技已经与包含头部手机厂商在内的大量 B端、C端品牌展开合作，为多款XR产品提供底层系统。

2021年虹宇科技获得近亿元人民币A轮、A+轮融资，领投方分别为金沙江创投和源码资本。

记得有一次我和其创始人范顺豪聊天时问他："虹宇操作系统短期的商业目标是什么？"他立马告诉我："让更多的人使用。"

没错，"让更多的人使用"或许正是新一代操作系统成功的基础。

VR，元宇宙先锋队

前面大篇幅讲了AR，是因为我特别看好AR的前景，甚至认为AR眼镜是未来手机的替代品。

但是，IDC数据显示，2021年全球VR眼镜（这里的眼镜专指：VR一体机）出货量达到1095万台，市场同比增长近100%。ToC端VR眼镜出货量首次超过ToB端，VR眼镜开启消费级市场之路。

据推测，2022年全球VR眼镜出货量将突破1570万台，同比增长42%。

Meta旗下Oculus Quest 2出货量将达880万台，市场占有率约80%，无疑是全球VR眼镜市场的龙头产品。字节跳动旗下VR眼镜品牌Pico市场占有率为6%，全球第二。

反观AR眼镜，由于其技术瓶颈较多且应用场景不够丰富，2021年总出货量仅28万台，远低于VR眼镜两个数量级。

从以上数据不难看出，VR眼镜确实已经"火"了起来，那么VR眼镜目前最主要可用来做什么呢？

进入正题之前先说说VR和AR在技术上的区别，前文曾经讲过VR与AR功能上的区别，一句话："VR是'白日梦'，AR是'活见鬼'。"也就是说戴上VR眼镜之后看不到现实世界。

正是这一点使得VR头显设备比AR眼镜的技术难度小得多，主要有两点。一是AR要求既看得到实物又看得到虚拟影像，所以镜片不能全部挡住，而VR则可以用一片镜片解决所有问题。

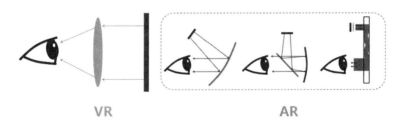

VR　　　　　　　　　　　　AR

图5.4　VR与AR眼镜光学模组的区别

从图5.4可以看出，VR的光学模组比AR简单得多，其中AR的三张图代表离轴光学、Birdbath和光波导三种技术路线。

二是VR的虚拟影像和场景是全虚拟的，而AR将虚拟物体放置在现实场景中时，需要使用到SLAM（实时定位与建图）、现场光照估计等技术，这样才能让虚拟对象与现实场景放在一起不"违和"。

正因为VR眼镜的技术实现路径简单，不但产品成熟度高，价格也比较便宜，很容易走入寻常百姓家，这才会达成2021年上千万台的全球出货量。

VR眼镜的ToC场景相对很简单，主要是电影和游戏。

戴上VR眼镜，在家里也可以体验电影院观景的感觉。完全虚拟的空间中，不但可以营造电影院的氛围，甚至配有椅子和观景的"同伴"。当然，这需要有内容，奈飞（NetFlix）日前已经推出了相关的VR应用，可与三星VR眼镜Gear VR兼容，以720P的高清分辨率展示电影内容。Pico Neo 3也内置很多国内的影视App，如爱奇艺、芒果、优酷、哔哩哔哩等。传统的影视内容品牌爱奇艺也在2021到2022年陆续推出自己的产品，据说其刚刚推出的奇遇Dream尊享版观景效果已经达到影院级别。

而对于游戏，VR眼镜的用处就更大了。爱玩游戏的人都知道，游戏的真实体验感是刚需，所以在20世纪90年代，虚拟现实就被应用到了游戏中，但它的飞速发展是从2016年才开始的。

原来的游戏主要依靠键盘或手柄操作来增加体验感，但VR游戏完全不需要这些装备，能通过虚拟现实调动玩家多种沉浸式化验，打造出让人身临其境的感觉，目前Steam游戏平台上有数千款游戏都可以在VR眼镜上体验。

VR眼镜还可以用来逛商场，前提条件是商家提供VR场景。如果某家居卖场将家具及摆放场景建模后放入其VR内容库，消费者就可以使用VR眼镜体验家具的摆放效果。这种模式在房地产行业已有案例，即使用VR眼镜可以看到房子建好后的样子，甚至模拟自己就站在已经建好的自家窗前，俯瞰楼下远处的城市美景。

需要提醒的是，人们经常把VR和360度全景混为一谈，国内某房产中介App打出的"VR看房"其实是360度全景，并非VR。VR必须借助特殊的VR设备才能体验，在手机上体验的所谓"VR"基本都是360度全景。

以上是ToC的场景，其实VR在ToB的应用场景更为丰富，特别是疫情防控期间，VR能够在人与人不见面的情况下实现沟通效率的最大化。

比如远程VR展厅就是很好的应用场景。原来大家可以随时出差时，有客户来公司，我们首先要做的事情就是让客户参观我们的展厅，当前疫情使得客户到访极其不便，那么客户看不到展厅的新品怎么办？

VR展厅让客户足不出户，使用VR眼镜即可像"身临其境"一般参观展厅，并与展厅讲解人员实时交流。如果客户没有VR眼镜，使用手机可以实现低配的效果，但也满足了客户参观了解产品的基本需求。

再一个场景就是虚拟会议。

2021年8月19日，Facebook（现已更名为"Meta"）推出"Horizon Workrooms（地平线工作室）"VR会议系统。使用者戴上Oculus Quest 2，进入软件工作界面，为自己制作一款化身（数字人Avatar），这种数字人可以通过"捏脸"的方式做得和自己很像，但仍然以卡通人的三维形象出现在会议中。

2021年10月23日，Facebook研究中心发布文章《视频会议及VR会议比较：沟通行为研究》（Videoconference and Embodied VR：Communication Pattens Across Task and Medium），详细揭示了视频会议与自然交流之间的分野，以及VR会议与自然交流的相似性。

由前述VR使用场景我们不难看出，VR已经慢慢走进日常生活，但由于戴上VR眼镜之后就什么也看不见了，所以无法正常生活，使得VR眼镜始终是类似玩具的产品。

更何况，VR眼镜因为是与现实世界隔绝的一种状态，长时间佩戴更容易带来眩晕感，还有重量问题等，都制约着VR眼镜成为未来的刚需产品。

甚至有人这样定义VR："如果真的要评价VR所做的贡献，它最大的价值就是普及了虚拟现实的知识，并为AR未来的发展打下了坚实的基础。"

是的，在元宇宙大潮还未到来之前，VR就像元宇宙的先锋队，让大家体验了一把未来的感觉，虽然味道青涩，但充满着憧憬。

全息，助力XR

前面我们讲完了AR、VR、MR，肯定有不少读者会问下一个问题：全息投影和这些XR有什么异同？有没有可能不需要设备就可以与虚拟对象互动？

是的，在现实生活中我经常被问到类似问题，在这里我详细解答一下。

从技术实现路径来看，全息技术和XR技术完全不同。

XR技术中的虚拟物使用的都是模型，增强现实技术是使用摄像头等设备实时捕捉并计算现实位置，同时将虚拟模型叠加到现实中去的一种技术；虚拟现实也是模型，但不需要模型与现实环境匹配，VR与现实之间最大的互动是与操控者之间。

全息技术无须建模，而是通过物体反射的光波与参考光波相干叠加产生干涉条纹，这些干涉条纹被称为"全息图"，通过一定条件再现全息图便可重现原物体的三维图像。受限于当前技术水平，人们接触较多的所谓"全息影像"多数是通过双眼视差及人类视觉的停留原理带来的幻象，所以也被称为"伪全息"。

真正的全息技术是匈牙利裔英国物理学家丹尼斯·盖伯于1947年发明的，他因此项发明而获得了1971年的诺贝尔物理学奖，这也是传统意义上的光学全息。

1967年，美国科学家顾德门提出使用电荷耦合元件（CCD）记录全息图，从而为数字全息打开了一扇大门。随着计算机技术的发展和高分辨率CCD的出现，数字全息也得到了较快的发展。

近年来，随着计算机技术的进步，甚至可以不使用原物光学干涉，仅利用计算机就可以模拟现实物体的光波，编码为全息图，再利用光学照明进行再现，这种方法被称为"计算全息"。

无论是以上哪种类型的全息，其基本原理不变，就是通过光波的干涉生成物体的全息图，再在适合的条件下通过全息图在空间内再现物体的形态。

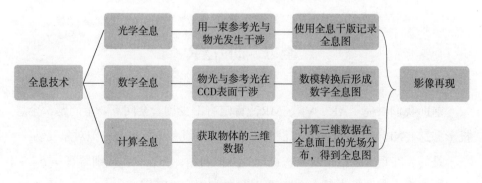

图5.5　全息技术的分类与基本原理

虽然理论上全息影像完全可以在空气中呈现，但受限于技术和成本，我们见到的全息影像再现均需要使用介质来充当投影幕布，目前有蒸汽投影、激光爆破投影和全息显示屏等。

另外，还有几种伪全息投影被广泛应用于商业。如虚拟偶像初音未来的演唱会上使用的边缘消隐技术，即将画面投射到全息膜上，再利用暗场隐藏全息膜，从而形成图像悬浮在空中的"错觉"。还有就是佩伯尔幻象，即采用投影机将光源折射45度在幻影成像膜上成像的投影方式。这虽然是目前商业领域最常用的"全息呈现"方式，但也属于伪全息，其本质是一种视觉欺骗，并非模型或真实的光波。

基于全息技术的原理，我们不难看出全息技术的主要功能在于显示，而非虚实交互，因为全息影像本身就是对现实物体的真实还原，所以真正的全息影像真实度和还原度非常高，但互动性较弱。

不过，近年来出现的360度三维投影展示，结合互动投影系统采集动作在传输过程中的遮挡，对参与者的动作进行捕捉后，亦可实现简单动作的互动。

个人认为全息技术真正的潜力点应该是其与AR等设备的结合，基于其原理的全息衍射光波导技术作为AR眼镜的一个核心能力，未来将会有巨大的市场空间，不少公司和业界人士已经在这一方向上发力。

可穿戴设备，量化自我

按照我们对人机交互模式的分类，前面的XR技术属于将数字对象模拟化，使之适应人类的沟通方式，换句话说就是让人类觉得怎么"自然"怎么好。

而可穿戴设备、植入设备或脑机接口等类型的技术则反其道而行之，即通过传感器、算法将人类的身体状态、动作状态甚至感情状态"数字化"为虚拟对象或计算机可以读懂的数字信号。

这是两条不同的路径，正如两个异地的恋人，从不同的城市出发，但是肯定会奔赴同一目的地，最终完成他们的旷世之恋。

2007年，《连线》杂志的凯文·凯利和加里·沃尔夫给可跟踪个人生活及身体数据指标的方式取了个名字，叫"量化自我"，我认为可穿戴设备所做事情主要就是这个——"量化自我"。

在没有戴智能手表之前，你跑步时从来不清楚自己的身体状态，只能凭感觉，累了就跑慢一点，觉得没什么不适就跑快一点。自从佩戴了可测心率的智能手表之后，你就可以通过心率的计算来调整跑步的速度，类似像华为智能手表，都不需要你自己计算心率，它自己会帮你算出来你目前的运动状态是热身，还是轻度或中度运动量，甚至连运动的"燃脂"情况也在手表上展示得一清二楚，这就是典型的将身体指标数字化。

智能手机本身也是一种可穿戴设备，你每天设置自己的运动步数不得少于10000步，手机会实时显示自己的运动步数。如果你发现步数不够，即便是晚上十点了，也会想办法让自己达成目标。

就像公司管理也需要"数据说话"一样，在没有具体数据评估的情况下，无论是组织还是个人都无法精准地改进自己的行为。

当然，单单量化自我还是不够的。随着移动互联网、物联网和AI算法技术的发展，可穿戴设备增加了很多智能的特征。其中物联网技术为可穿戴设备提供了相关的传感能力，移动互联网则将数据实时同步给云端算力，通过云端算力得出我们想要的数字对象（或是其他智能设备）可理解的内容。

广义的智能可穿戴设备包含一切可以采集人类信息的设备，可直接穿在身上，抑或整合到用户的衣服、配件甚至植入到身体内部的便携式、微型传感设备。可穿戴设备不仅仅是一种硬件设备，更是通过软件支持以及数据交互、云端交互来实现强大的信息读取、传输、计算、分析等功能。目前主流的可穿戴设备包括以手腕为支撑的watch类（包括手表和腕带等），以脚为支撑的shoes类（包括鞋、袜子等），以及智能服装、书包、拐杖、配饰等各类非主流产品形态。未来人类的身体内部可能会植入无数的传感器用于采集人的实时信息。

近年来全球可穿戴设备产量快速增长，2020年全球可穿戴设备产量达

34231万台，较2019年增加了5465万台，其中国内2020年可穿戴设备产量达15972万台，较2019年增加了3720万台，同比增长30.36%，更关键的是，其市场潜力仍然巨大，预计2024年中国可穿戴设备产量将达到34403万台①。

可穿戴设备产业链从产业分工维度看可分为上游关键器件、中游可穿戴设备产品、下游应用领域三个环节。

产业链上游的硬件供应商包括京东方、紫光国微、欧姆龙、亿纬锂能、立讯精密、台积电。软件供应商包括安卓、百度云、阿里云等。下游应用主要集中在不同的领域，虽然现阶段主要的应用场景在消费端，但医疗等专业领域的应用潜力巨大，值得给予足够的重视。部分智能可穿戴设备产业的上市公司亦开始专注这一领域加大研发投入。

专业级可穿戴医疗设备可由传统医疗器械演变而来或与传统的医疗器械结合。如在最可获取人体体征信息的医疗设备中融入特定的生物传感器，使其具备监测人体体征信息变化的功能，如贴片类心电、血糖、体温、呼吸、肌肉运动等监测设备。也可以将传统不便携带的血压计、血氧仪改进成无线、轻便的可穿戴产品。传统的可穿戴外骨骼、仿生膝关节、矫形器、止痛仪、助听器等产品也可以通过增加感知、传输、干预等智能化功能，成为智能可穿戴设备，这样不但能够让佩戴者更加了解自己的身体状态，还可以实时地把这个信息同步到医疗云端网络数据库，让医生有更多的数据，进而降低误诊概率，甚至通过人工智能算法积极干预治疗过程。

比如，美国初创公司Empatica推出的一款专门为癫痫患者设计的智能腕带Embrace Watch，可以帮助预测癫痫发作。美国医疗科技公司美敦力推出的MiniMed530G可穿戴人工胰腺系统，能监测胰腺分泌，持续注射胰岛素。当监测仪得到佩戴者的血糖水平升高的结果后，指示胰岛素泵注射相应剂量的胰岛素；当血糖水平达到安全器的预设值后，注射将自动停止。

虽然可穿戴设备前景广阔，但目前技术上也存在一些问题亟须解决。

---

① 数据来源：智研咨询发布的《2022—2028年中国可穿戴设备行业发展现状调查及市场规模预测报告》。

第一是传感器问题。传感器作为可穿戴设备的核心设备，数据采集、人机交互体验、智能传感技术、柔性电子技术，都离不开传感器技术的发展。传感器的体积、质量、功耗、可靠性、稳定性等对可穿戴设备的用户体验、穿戴舒适度和功耗等有很大影响。

第二是可穿戴设备功能和续航之间的抉择。目前的可穿戴设备多追求智能化，即大屏、独立通信、能力丰富，但这都是需要通过耗电来实现的，性能的提升必然带来续航能力的降低。如果二者都要，则需要超大电池。解决这个问题，我的观点是要回归"可穿戴"设备的本质，即采集并传输信息，尽量将计算部分转移出去，这样就可以实现体积和续航能力之间的完美平衡。

第三是数据隐私管理问题。可穿戴设备一旦穿在身上，就可以获取很多重要的个人隐私数据信息，将这些信息传输到云端之后，是否能够保证数据的安全将直接影响可穿戴设备的前景和发展空间。个人认为解决这个问题不但需要法律规范，更需要"专业的人做专业的事"。如果我们知道自己的医疗信息仅仅传给医疗机构，并与医疗机构签订保密协议，相信这个基本互信度还是应该有的。就像我们日常用手机打电话、发微信，其实信息也都是由运营商、平台商管理，我们也没有因为担心隐私泄露而放弃使用，最重要的原因是我们相信专业机构。

第四是人类自己的习惯。人类本身就不喜欢佩戴额外物品，除非这个物品能够给自己带来身份感或具有实用性。首饰就满足了第一种需求，而手表则二者兼有。对于无法提升身份的可穿戴设备，如果想让人"穿"上它，最需要努力的方向之一应该是"无感"，即无论你戴与不戴，它都在那里，但你却几乎感觉不到。

一个不大乐观的消息是，2022年第一季度中国可穿戴设备市场出货量仅为0.26亿台，同比下降7.5%。基于这个数据，很多业内人士要么将此结果归因于疫情，要么否认了可穿戴设备的市场前景。

我倒认为可穿戴设备之所以无法迅速打开市场空间，最主要的原因还是未能真正切中市场痛点、找准刚性需求点，让可穿戴设备在短期内真正发挥其辅助决策的作用，从长远来看要成为人机交互的其中一种重要手段。

相信未来随着纳米技术的发展，甚至会有微型机器人进入人的身体内部，比如血液、器官，届时微型机器人将不再仅仅是收集信息，甚至可以协助治疗。最重要的是这种微型机器人可以真正做到让人无感它的存在，不过供电又会成为一个新问题。

上面讲了这么久的可穿戴设备，细心的读者可能会发现这些设备都属于同一类，即收集并传输信息的设备。其实还有一类设备在人机交互的过程中特别重要，那就是"可穿戴控制"设备。

就像《头号玩家》中人类进入虚拟世界之时需要佩戴的手套、脚环一样，这些设备能够给人提供在虚拟世界中除视觉之外的动作感知，对于沉浸感来说是非常重要的一环。

正如Oculus最初的联合创始人Palmer Luckey[①]所说："虚拟现实体验仅有视觉是不完整的，玩家绝对需要一套完全融合的输入输出系统，这样无论是观察虚拟世界还是与之互动，都会自然而然地感觉。"

用"自然而然"形容互动的感觉真棒，不过也确实不容易实现。目前较流行的VR/AR控制设备有注视控制、眼动跟踪、肢体动作跟踪、手持式运动控制器和可穿戴触觉反馈设备等。

其中可穿戴触觉反馈设备就和《头号玩家》中的手套类似，能够实现重力反馈、触感反馈等。重力反馈就是当你拿起虚拟世界中的"物体"时，手上会有重力感，触感反馈是指当你碰到虚拟世界中尖锐的物体时，手指也会痛，这些技术都在持续进步中，不过都还不够成熟。

由于多数科技公司都认为VR手套应该是未来，像HaptX、Manus都推出了相应的产品，微软、Meta等公司也有相关的产品开发信息。

个人认为，无论可穿戴设备存在哪些问题，不可否认的是，人类"数字化"自身的过程既然起步，就不会倒退，解决目前存在的一些问题，将可穿戴设备向专业化方向推进，应该是正确的努力方向。

---

① 　Palmer Luckey在Facebook收购Oculus之后离开了公司。

脑机接口，让人类融入AI

记得是2020年的一天，我去西安慧脑智能参观学习，戴上他们开发的"头盔"，实现了用意念控制开关窗帘和开关灯。

这是我第一次体验脑机接口的魅力，后来对脑机接口了解得多了，才发现原来脑机接口近年来发展非常迅速，目前的脑机接口不但可以实现简单的设备控制，甚至还可用于医疗领域，为各种类型的患者带来福音。

脑机接口（Brain Computer Interface, BCI），是通过将人类大脑的信号进行数字化转换，然后再进行分析、识别，进而能够理解人类简单思想意图的技术。

最早将人类大脑与计算机联系起来的先驱是美国科学家麦卡洛克（W. McCulloch）和皮茨（W. Pitts）。他们在1943年12月发表了一篇论文《神经活动内在思想的逻辑计算》。

这篇论文直接产生了如今用来解释脑工作机制最常见的比喻：大脑是一台计算机。这一理论在2018年被确认为生物物理学新名词："McCulloch&Pitts model"。

这个理论模型提出来时计算机技术还在萌芽阶段，所以并未对脑科学开辟一条阳光大道，反而促进了计算机科学的发展，因为人们反过来认为：计算机应该就像人脑一样思考和计算。

沿着这条路径，香农提出了用"与""或""非"三种基本运算符来表示基于二进制的计算机工作电路，这引起了冯·诺伊曼的注意，并帮助他厘清了对未来数字计算机的设想。

现如今，计算机科学飞速发展，但人类对于大脑的真正运行机理却没有取得突破性进展。

许多神经科学家越来越相信人的大脑是按照贝叶斯逻辑运行的。

这里有必要解释一下贝叶斯逻辑。一句话概括，所谓贝叶斯逻辑就是"大概率的不完美证明"。比如，你如果某一天早上起床看到太阳是从东方升起来的，你无法肯定地下结论"太阳是从东方升起的"；但如果你每天都看到同样的事实，虽然你不知道为什么，但你仍然可以下结论"太阳是从东方升起的"，而且这个结论大概率是对的。

可见，短期来看要找到大脑的"运行公式"很难，于是研究方向从寻找大脑的"运行公式"转变为先不去理解大脑的运行规则，但想办法读取大脑的"运行结果"然后进行分析、识别，这就是脑机接口要实现的目标。

虽然早在1924年，德国医生汉斯·贝格尔就证明了大脑存在脑电波，但如何干预或理解这个"波"却一直找不到合适的方法。一个多世纪以来，人们尝试用电流刺激大脑，最终取得了不小的进展，发现电流的干预可以改变大脑的运行结果。

科学家发现，人类的每一个想法都会在大脑中形成一种特定的脑电波，这个脑电波由无数神经元产生并在大脑内传播。不同的情绪、思想或意念所产生的脑电波都不同，脑机接口的基本原理就是用设备捕捉到这些脑电波后，经过分析识别出真实的"想法"，然后再通过计算机帮助人类去实现这个想法的过程。

不难看出，BCI技术主要分三步来实现。

第一步是信号收集、放大、滤波和A/D转换。收集的方式分为佩戴式和手术式两种。如果是仅用于信号收集目前多数都使用无创伤的佩戴式，但如果想要收集更精准的信号或用于治疗目的则多用手术置入电极到大脑内部。目前，多数公司都采用第一种模式，而埃隆·马斯克创立的Neuralink采取的是第二种方式，我认为那是因为马斯克野心更大，远远不满足于收集信号和控制设备，他设想未来脑机接口的目标是让人类不必使用语言，直接通过大脑电波实现人与人、人与机器之间的交流，甚至可以通过脑机接口直接导出人类的记忆、意识，最终实现人的"意识永生"，当然这个目标实现的前提条件是研究清楚大脑的信息存储结构。

考虑到脑电波经过大脑皮层和骨骼、皮肤后，信号往往很微弱，同时可能还会混杂着许多其他的脑电波（毕竟一个人基本无法在一个时间点集中精力只想一件事），这个时候就需要信号放大、滤波和数字化转换。

第二步是脑电波分析，即通过预置的算法分析脑电波代表的真实"意图"，然后将结果传递给控制器。这里的算法比较复杂，类别也比较多，而且也在不断地进步中，我们就不再一一详细列举了。

第三步是控制器收到指令后执行相应的动作，如机械手动作、控制轮椅，甚至开车等。

据澳大利亚人机工程研究专家Tan Le在《脑机革命》中的描述，2017年就有赛车手佩戴一种脑电波头盔完成了赛车比赛。

其实早在2012年，布朗大学约翰·多诺休研究小组就将电极植入了两位四肢瘫痪者的运动皮层中，他们在手术后可用意念移动一个机械臂。同年，巴西世界杯，身着"机器战甲"的截肢残疾者，凭借脑机接口和机械外骨骼开出了一球。目前，这种技术已经用于外骨骼机器人领域，对于四肢需要康复的患者来说特别有实用意义。

2019年4月，加州大学旧金山分校神经外科学家Edward Chang教授与同事共同开发出一种解码器，可以将人脑神经信号转化为语音，为帮助无法说话的患者实现发声交流完成了有力的概念验证。

《脑机革命》的作者Tan Le还认为，脑机接口技术和AR/VR技术的结合将会在各种领域大显身手。因为若单纯依靠增强现实或虚拟现实设备，每个动作都需要操作者说或做出，这需要相应的体感设备，而且同步的精准度也不高。如果将脑机接口技术结合进来，用户不用说话，也不用做任何动作，只需要通过思维便能自然地遨游在虚拟世界。据她介绍，美国火星学院目前已经使用这两种技术的结合去模拟火星上的生活，从而能够在地球便训练相关人员能够适应火星的生活环境。

被誉为"脑机接口之父"的米格尔·尼科莱利斯认为可将脑机接口划分为两代技术。第一代"脑机接口"，是从大脑电信号中获取信号，并将其传递给控制设备，如机械手臂、电脑程序，甚至可以是虚拟的身体；第二代是"脑—机—脑接口"（BMBI）可以监测大脑活动，检测病理信号，然后把治疗信号传回大脑，扰动正在产生的病理状态，如帕金森氏症或慢性癫痫。尼科莱利斯认为"由内而外的单向控制和内外互通的闭环，就是这两者的主要区别"，或许这也正是脑机接口未来发展一个重要方向。

通感互联，全方位沉浸

随着现代通信技术的发展，电话或视频会议已经成为一种工作生活中极其普通的沟通手段。无论你与沟通对象相隔多远，打开手机或视频软件，对方就可以和你进行视频互动。

通过视频，你可以看到对方的表情、听到对方的声音，我想这样几乎可以满足人与人沟通的所有需求了吧。

忽然有一天，一个念头进入了我的脑海：既然视频可以满足需求，商务沟通为什么还需要出差面谈呢？

带着这样一个问题请教了一位心理学专家，他告诉我人与人的面对面沟通之所以那么重要，那是因为面对面时，人们能够捕捉到语言、表情无法全部表达的其他信息，如一个微小的动作改变、一个简单的距离保持等，通过这些细节便能够产生人与人之间的"直觉"，这种直觉是只能见面才能产生的。

他提到的这些方面让我想到了另外一个词——通感互联，即远程实现触觉、嗅觉，乃至情感传输的技术手段。

众所周知，人与人沟通的渠道是多元的，但传统的通信系统传递的信息主要包括语音、文字、图片、视频，却无法传递各种感觉。

近年来，人们开始尝试将感官感受与通信技术结合起来，德国德累斯顿工业大学教授Gerhard. P. Fettweis在2014年提出的"触觉互联网"就是其中的一种尝试。通过在触觉领域的探索成效，我们似乎可以想象将更多的感官感受通过远程传输的可能性。

物联网、传感器、大数据、隐私计算、虚拟现实、云计算、人工智能等多种技术的有机融合为通感互联的发展提供了有力支撑。

由于任何一种感官的感受都较语音、视频复杂得多，所以传感器对数据的捕捉以及后期的算法处理就显得特别重要。

以触觉为例，单单一个简单的握手动作就需要分解成力度、弯曲度、受力点、力量分布等非常多种数据，然后再通过模型算法将这些数据整合在一起完成数据转化，这仅仅是第一步。由于通感互联需要极强的实时性，也就是需要非常低的网络时延能力，这就需要将感官数据使用6G网络进行传输，接收方在获得这些感知数据之后需要使用算法进行相应的解码，然后再通过"模拟物体"（如虚拟手臂）还原成可感知的触觉。

一个简单的握手动作就需要如此复杂的处理流程，可见如果人类要实现远程或虚实互动的各种感官交互是多么困难的一件事。

然而，困难并不代表着不可能，随着各项数据处理技术的发展、通信系统的迭代，并伴随着人类对自身感官系统的数字化改造，相信通感互联在未来的某天肯定会实现。

通感互联的实现对于元宇宙的虚实相生至关重要，如果人与人、人与物、人与虚拟对象之间的交互仅限于图像与声音，这种交互无法让人有真实的沉浸感，这种应用就注定无法有长久的生命力。

元宇宙长久的生命力就在于能够让人们在享受生活的同时并不改变人们本身的生活习惯，不改变生活习惯最重要的方法就是设计的交互手段与现实的感觉并无任何不同。

要实现以上目标，人们必须在三个方面实现质的突破。

一是感知的数字化。我们知道，计算机无法读取非数字化的数据，所以通感互联的第一步肯定是感知的数字化。而感知数字化的本源则是人们对感知的认知，比如思维、情感，如果人们未能破解其中的密码，就无法将这些信息数字化。所以，感知数字化的前提是人们对自身的各种感知有非常深刻的理解。

二是算法的优化。将感觉数字化之后，就需要转码及解码，对方才能够读取，而这个转码与解码过程需要算法来完成。还是以触觉为例，传感器取出一堆数据之后，需要算法模型将数据打包，接收方才有能力进行解码并还原成可感知的"感觉"。

三是数据传输能力的提升。通感互联对网络提出了如下几个基本要求：一是超低时延，虚拟物体与人体运动之间的时延超过1ms，则会发生眩晕，这对网络来说是个巨大挑战；二是超高带宽，因为任何一个感觉都将是个巨大的数据包，没有足够的带宽是不可能传输感觉数据的；三是安全性，因为感觉往往是私密的，如果没有足够高的安全性，通感互联就不存在推广的可能。

不过，正如我们一直秉承的信念，凡是技术能够解决的问题都是小问题，相信随着技术的发展，未来总有一天我们将能够与远隔重洋的亲朋好友亲切地握手、热情地拥抱，而不需要跨越半个地球相见。

开发引擎，虚实连接器

19世纪初的美国西部，全民都参与到淘金的热潮之中。遗憾的是，最终人们发现淘到金的概率真的很低。

意外的是，虽然在那场轰轰烈烈的淘金运动中，大部分人都没赚到什么钱，但是卖铁锹的人却实实在在发了大财，一个名叫萨姆·布瑞南的人靠卖铁锹成了当时的加州首富。

淘金人没淘到金子，卖工具的却淘到了真金，这样的商业现象，放在元宇宙时代或许一样会存在。

而这个元宇宙时代的"铁锹"之一就是游戏开发引擎。

最初，游戏开发引擎是游戏开发的软件，这些引擎其实是一系列已经构建好的函数库和模块化组件。游戏开发者可以直接利用这些引擎实现资源导入、图形渲染、效果集成等，大大方便了游戏内容场景的构建和游戏内容的开发。

在所有的引擎组件中，物理引擎和渲染引擎在元宇宙时代显得特别重要，其中物理引擎定义了虚拟世界的运行规律，能够让虚拟世界"感觉起来"更加真实；渲染引擎则负责处理模型的光照、阴影等，让虚拟物体"看起来"更加逼真。

如前文所述，元宇宙时代的重要形态就是虚实交互，游戏引擎则可协助开发者打造虚拟形象、虚拟场景和虚实交互的组件，无论这些虚实交互的场景未来市场如何，游戏引擎的需求肯定是无比刚性的，我们甚至可以断言，游戏引擎就是元宇宙时代的铁锹。

虚实交互内容制作的过程中，引擎就类似于内容的拍摄场地，创作者就是导演。就像电影拍摄过程中需要摄像、导轨、灯光一样，在虚实交互内容的制作过程中，引擎就能够提供模型、光线、角度等各方面的整合，甚至能够实现碰撞、倾斜、骨骼动画等一系列运作的连贯性，让内容的参与者难辨虚实，最终使得虚拟内容与现实内容能够有机融合。

可以说，未来评价虚实交互内容质量的重要标准之一就是能否实现画面和交互的真实感，这方面的能力几乎全部是游戏引擎来提供的。

目前，在桌游开发领域的商业引擎提供商主要是Unreal，在手游开发领域的商业引擎提供商主要是Unity，这两家公司合计占商业引擎市场份额50%以上，已经形成了引擎市场的双寡头格局。

虽然以Unity、Unreal为代表的商业游戏引擎因其兼容性、灵活性等诸多优势被大多数中小型游戏公司使用，但一些大型游戏公司为了追求自主性或者为了特定需求也在不停地自研游戏引擎。比如腾讯的Quicksilver、暴雪的IW Engine、网易的Messiah、Rockstar的RAGE等均为自研引擎，这些引擎往往因个性化需求而生，可能在某一个方面的功能较商业引擎强大。

当然，对于大型公司而言，由于其游戏的产出量较大，从长期来看自研引擎也可能成本更低。

无论是商业引擎还是自研引擎，可以看得出来大家都在为元宇宙时代的到来做积极的准备。

首先，渲染功能的提升是各大游戏引擎技术的主攻方向。为了模拟真实的物体效果，渲染引擎会使用多种数学模型来模拟光与真实物体表面的交互，目前主要的技术路线是从局部光照到全局光照，同时在全局光照模型中加入光线追踪和辐射度算法等，让虚拟物体更加真实。

利用以上这些技术手段，2021年腾讯北极光工作室开发的《天涯明月刀》已经将游戏的画面渲染到影视级别。Unreal新增的两大渲染核心技术Lumen和Nanite也是致力于将渲染效果达到最优。

其次，为了满足元宇宙时代的需求，引擎未来的技术发展还会向并行处理和兼容XR场景方向发展。2021年Unity的内置渲染管道URP已经可以在大多数的XR平台上使用，Unity公司发布的相关资料显示，其未来会向针对AR/VR领域的渲染管道研发投入重兵，这一方向也将会成为未来Unity的主攻方向之一。

最后，游戏引擎将通过提升可视化和交互能力来满足元宇宙时代虚实交互的需求。Unity公司2020年之后的引擎就已经加入了资产导入信息检视和数据信息传输可视化功能，进一步拓展了其在交互方面的能力。

看得出来，为了迎接元宇宙时代的到来，无论是商业引擎公司还是大型游戏公司自研的引擎产品，都在努力扩展自己的能力，以期在即将到来的"淘金热"中赚取自己的利润，固化自己的市场地位。

当然，元宇宙虚实交互体验感的提升也有赖于引擎产品的能力提升，只有当参与各方几乎感觉不出对方是虚拟还是真实之时，才是元宇宙应用大规模推广之时。

这时，人们所面临的"世界"将是一个纯粹的数字世界，参与者也将由现实的物理世界向虚拟的纯数字世界拓展。

虚实相融，元宇宙的形式

在一个物理世界与数字世界共存、生命体与非生命体共生的元宇宙世界中，参与演出的主角应该有四类：第一类是自然界真实的人类；第二类是现实世界人类在数字世界中的映射，即数字孪生人；第三类是数字原生人，我们这里称之为AI being；第四类是生活在现实世界中的智能机器人。

这四类"人"共同构成未来元宇宙智能世界的主角，但由于任何一个角色都会进行智能化和数字化改造，所以他们的形态或许和我们今天所见到、所感觉到的都不太相同，甚至包括人类自身也会发生巨大的变化。

在数字领域，这些角色都会变成一串串的代码，由算法对这些代码进行处理，并得出结论，从而确定对象或角色之间实时的相互关系，这种路径我们称之为模拟数字化。

在人类可感知的领域，通过穿戴设备、AR/VR等技术，让人类能够使用自身习惯的方式与数字对象自然地互动，这种路径我们称之为数字模拟化。

自然界中的物与数字世界中的代码正是通过"模拟数字化"和"数字模拟化"从一条路的两端出发，走向会合的中点，像是一场双向奔赴的旅程，这趟旅程的终点就是虚实相生，这也许就是未来元宇宙的存在形式。

接下来我们就有请元宇宙时代的几类智能主角登场。

数字孪生人

我们可以想象，当AR眼镜成为手机替代器之后，朋友之间的通信场景应该是这样的：

在拨通电话（那时应该不叫电话）的瞬间，双方的全真影像通过AR眼镜传送到对方的眼镜前，这种全真影像我们称为你的"Avatar"。

这个Avatar是事先根据你的喜好建模，并通过人工智能算法用你的性格、喜好等对它进行过深度学习训练，使得它在虚拟世界中的行为特征和你非常类似。

你可以走上前去给对方的Avatar一个拥抱或和对方握手，如果你们有佩戴相关设备，你们可以互相感受到对方的动作。

如果没有，至少它应该看得到你的行为，因为在你的周边有相应的传感器可以把你的动作迅速"数字化"后合成动作传输给对方。

这种并不是新技术，其实就是前文所讲的"数字孪生"，无非原来数字孪生的应用领域多数都是针对环境、机器、飞机等，虽然能够完全模拟现实物体的状态，但并没有将其"人格"化。

而Avatar最大的变化就是除了同步现实中"人"的状态之外，还能够将其与现实中"人"的性格匹配起来。

在电影《阿凡达》中，杰克·萨利的阿凡达是个生物体，在我们可以预测到的元宇宙时代，人的Avatar应该是个数字模型，生物体毕竟涉及太多的伦理问题，我对此始终保持谨慎的态度。

当然，也有人认为未来现实世界中的人也会发生很大的改变，比如不需要佩戴智能设备，只需要将某些小型芯片转入到体内就可以捕捉到相关的数据，并将这些数据与它自己虚拟世界的化身——Avatar同步，从而实现动作、行为，甚至性格的匹配。

这不是没有可能，给人们自由选择的机会，你可以内置芯片，也可以选择佩戴设备。内置芯片我觉得一定要等到技术普及之后，在脑机接口领域的前期试验者就出现过不少内置芯片之后，给他手术的科学家去世了，他的芯片即使无用之后也只能留在大脑内部的案例。

业界还有另外一种观点，即认为每个人都想成为不同的自己，在现实社会中没有机会做的事情、在现实生活中无法体验到的感觉希望能够在虚拟世界中实现和体验，所以虚拟世界中自己的Avatar不一定和自己相同，甚至有可能和自己完全不同。

这其实与Avatar的存在没有冲突，你只需要在生成自己的Avatar时提出具体要求即可，相信从商业的角度来看，未来这种需求只是众多需求的一种而已。

为了避免混乱，我们所能做的就是通过立法或算法等方式规定每个人只能在虚拟世界对应一个Avatar，如果想要生成另外一个新的Avatar不但要销毁前面那个，甚至还需要付出额外的成本。

这样的话，元宇宙中便会迎来了它的第一批"居民"，即与现实世界的人类所对应的Avatar，这种数字人的出现将会大大地便利人与人在虚拟世界的沟通，也会促进元宇宙生态的快速发展与迭代。

不过，从现实情况来看，这类数字人好像只能成为元宇宙的第二批公民，因为第一批公民已经在陆续"着陆"，那就是数字原生人。

一般情况下，业界将数字孪生人（Avatar）称为"数字人"，而数字原生人（AI being）则被称为"虚拟人"。

数字原生人：AI being[①]

这是一个明星频频"塌房"的年代。

或许是时代发展的必然。在信息流转特别不发达的年代，即便是有更多的"污秽横流"，普通百姓也无从知悉，但互联网如此发达的今天却截然不同。

不少品牌大厂对于请明星代言都产生了"心理恐惧"，不知道下一个"塌房"的是不是自己的代言人。

永远不会塌房的虚拟人应运而生。

虚拟人是指通过建模、动作捕捉、人工智能等技术制作出来的具有人类外貌特征和行为模式的虚拟形象，这种虚拟形象可以通过显示设备显示出来，也可以通过AR/VR等人机交互设备召唤出来，并能够与现实世界互动。

类似于抖音上出现了美妆达人"柳夜熙"、电视上的虚拟偶像歌手"洛天依"、B站的"绊爱"、清华大学的全能型才女"华智冰"、万科的最佳员工"崔筱盼"、北京冬奥会聘请的虚拟主播"冬冬"、阿里聘用的数字主管"AYAYI"、在每经AI电视全天24小时主持财经节目的虚拟主播"N小黑""N小白"等。

看来虚拟人的时代已经到来，这既是时代的需要，也是技术成熟后自然的瓜熟蒂落。

早在2007年，日本通过计算机图形（CG）、动作捕捉等技术合成了二次元少女"初音未来"火爆至今，甚至拥有了全球的粉丝节"初音日"——3月9日（因为日语中"初、音"与"3、9"的读音类似）。初音未来的出道也让虚拟人真正走进大众的视野。

2015年，中国台北的小巨蛋体育举办了一场虚拟人演唱会——《如果能许一个愿望：邓丽君20周年虚拟人纪念演唱会》。作为全球华人曾经的偶像，邓

---

① 借用小冰公司对AI虚拟数字人的称呼。

丽君的歌声曾经温暖了一代人，时隔20年之后，虚拟技术将其"复活"，把她重新带回人们的身边。

直到2021年5月20日，AYAYI用一张证件照亮相小红书后正式出道，并以其超高颜值和接近完美的真实还原度勾起人们的兴趣，同年9月她正式入职阿里，成为阿里首个虚拟人员工。

2021年10月31日，抖音上一位自称会捉妖的虚拟美妆达人柳夜熙因其有故事感的剧情、精致的虚拟人模型和妆容、像真人一样丰富的肢体语言一夜爆红。

弗若斯特沙利文联合头豹研究院发布的《2022年中国虚拟人产业发展白皮书》中将虚拟人划分为两大类，其一是广义虚拟人，即通过CG建模等方式完成虚拟人外形制作，再通过动作捕捉、面部表情捕捉等技术实现驱动的虚拟人，这类虚拟人没有自己的人设，仅仅是展示动作、语音等。

另一类虚拟人是超自然虚拟人，即通过AI技术完成虚拟人的创建、驱动和内容生成，并且可以通过AI技术让虚拟人具备"感知"，并通过感知和其他数字对象交互，期间不需要人工干预。这类机器人有自己的人设，属于真正的数字原生虚拟人，我们前文提到的华智冰、崔筱盼等均属于这类虚拟人。

第一类虚拟人被称为"中之人"，第二类虚拟人与小冰团队①提出的AI bing类似，我们就借用这个词来指代。《白皮书》认为AI being应该具备六大特征，分别是Persona（性格）、Attitude（立场）、Biological character（生物学特征）、Creation（内容创造）、Knowledge（知识）和Skill（技能）。

按我的理解，这里的性格和立场可用人设来对应，生物学特征即声音和外表等，内容创造、知识、技能对应现实世界中的专业技能，是通过AI训练出来的。

当每个AI being都具备以上六大特征时，它们与自然人之间将可能实现无障碍交流，从而互相影响，最终涌现出目前都无法预想的丰富多彩的内容。

---

① 小冰公司前身为微软（亚洲）互联网工程院人工智能小冰团队，2020年7月，微软宣布将人工智能小冰业务分拆为独立公司运营，成立小冰公司。

未来确实值得期待，但这样的AI being制作难度也不小。从整体架构上来看，虚拟数字人至少需要人物生成、人物表达、合成显示、感知识别和分析决策五个步骤。

其中人物生成是指人物模型的设计与建模；人物表达是指赋予虚拟数字人声音和相关动画生成；合成显示即让虚拟数字人能够在不同的终端展示出来。以上三步被称为虚拟人的制作，目前的领先企业主要有Unity、Meta、EpicGames等公司。

感知识别是通过AI训练虚拟数字人的相关能力，如语音语义识别、人脸识别、动作识别等；分析决策是为数字人积累知识库，让其能够实现自主的对话管理等。这两步被称为虚拟人训练，即使用相关技术让虚拟人"活"起来，在这方面的技术领先企业主要有制作华智冰和崔筱盼的小冰公司、创制AYAYI的燃麦科技、商汤科技、科大讯飞、百度等。

看得出来，制作一个虚拟人是一项挺复杂的工作，成本也不低，近年来不少头部企业也在寻找虚拟人制作的"流水线作业"方式。

特别值得一提的是，基于近期百度推出的"曦灵"数字人制作平台，以前需要两三个月制作时间的3D超写实数字人，现在可以压缩到一到两周。未来两年，虚拟人的制作成本有望从百万级降低到万元级别，这将会大大促进虚拟人产业的发展。

虚拟人产业链的最后一道工序就是应用场景的设计与开发，即虚拟人运营。也就是给虚拟人打上"人设"标签，并将其在某个领域推广，进而获得知名度，甚至美誉度。目前在这个领域内的头部企业多数是原来的大型4A级广告公司或文化领域的运营公司，如蓝色光标、次世文化等。

根据艾媒咨询的调研报告数据得知，2020年虚拟人核心市场规模达34.6亿元，较去年增长69.3%，其预计2023年可达205亿元市场规模。资讯公司量子位发布的《虚拟数字人深度产业报告》预测就更加激进，他们认为到2030年，中国虚拟人市场规模将达2700亿，这是一个令人震惊的数字。

在虚拟人巨大的市场机会中，目前可以看到的应用场景多集中在影视、音乐、游戏、金融、直播、网红、导游领域。

我认为，除了成本较高之外，对于满足目前的场景需求，虚拟人的制作、训练等基本上不存在太大的技术障碍，其最主要的困难还是在于运营和推广，如何在大众层面树立虚拟人的个性化"人设"。

智能机器人

"机器人"（Robot）一词源于1920年捷克斯洛伐克科幻小说家卡雷尔·恰佩克的科幻剧本《罗索姆的万能机器人》，这也是"机器人"这一概念在文学、语言学领域的最初起源。

在科技领域，机器人在1954年首次由美国人乔治·迪沃提出并于1956年获得美国专利，此专利后来被Conder公司购买并制造了第一台机器人样机。

1961年，Unimation公司生产了第一台工业机器人Unimate并加入了通用汽车新泽西州的生产线，在装配线上与热压铸机合作，从机器上取下铸件并焊接到汽车的车身。现在回看，这仅仅是实现工业控制的机械臂，但它的出现却大大鼓舞了业界的信心并深深改变了制造业的发展进程。

1968年，第一台智能机器人Shakey在斯坦福研究所诞生，它装备了电视摄像机、三角测距仪、碰撞传感器、驱动电机和程序编码器，并在一定程度上可自主导航。虽然Shakey实现的都是一些简单的功能，但它的出现足以证明人工智能有在机器上实现的可能。

从此，机器人技术的发展进入快车道。

2021年12月，号称"世界上最先进"的人形机器人"Ameca"由位于康沃尔的英国公司Engineered Arts设计并在YouTube上公开。她的面部表情和动作极其接近真人。

据该公司开发者介绍，Ameca是在中国香港汉森机器人技术公司制造的机器人索菲亚的基础上再升级，索菲娅在2017年10月创造了历史——她成为世界上第一个获得沙特合法公民身份的机器人。

2022年6月，日本东京大学的科学家在机器人手指上制作出活体人类皮肤，这让生物混合机器人距离人们的日常生活更进一步。据报道，这种"人皮"不仅有真人皮肤般的纹理，而且还能防水，更神奇的是能自愈，看来机器人越来越接近人类的形态。

更令人期待的是，特斯拉在2022年10月1日的AI Day（人工智能日）上发布了新一代机器人——Optimus（擎天柱）。据马斯克透露，这款人形机器人在五年内即可投放市场，而且价格可能在2万美元以内。

智能机器人正在加速快跑进入人类世界。

那么，机器人到底是什么？它的未来应该朝哪个方向发展？机器人最终到底会不会伤害到人类？

要回答这些问题还是要先回到机器人的定义。可惜的是，机器人问世至今虽然已有几十年的时间，但目前并没有任何一个权威机构给出明确的定义，从各方的概念中，只能总结一个基本定义，即：机器人是一种自动机械装置，可以在无人参与的情况下自动完成多种操作或动作，而且这种动作可以通过编程、算法去实现一定程度的自主性。

从应用领域来看，机器可分为工业机器人、服务机器人和专业领域专用机器人。随着人工智能的快速发展，机器人已由简单地按程序动作成长为具备一定理解能力和自主能力的个体。根据特斯拉对擎天柱的规划，第一代擎天柱将用于替代危险、无聊或重复性强的工作，第二代擎天柱将"自主"决定做有用的事情，第三代擎天柱将有可能像汽车一样成为家庭的必备品。

确实，机器人与人之间的交互能力提升已经让智能机器人有可能"跨界"进入人类的领域，而实现这一能力的技术被称为HRI（Human-robot interaction）。HRI的发展大致分成两个阶段，即以机器人为中心的受限式HRI和以人为中心的非受限式HRI。

以机器人为中心的受限式HRI，要求人在交互过程中要理解机器人的数字语言，包括程序命令、图形界面等。

以人为中心的非受限式HRI，则要求机器人能够读懂人的意图，让人机对话对于人来说更加自然、随意。其中涉及的技术包括自然语言交互、基于视觉的手势交互和基于可穿戴设备的手势交互、脑机交互、AR/VR交互、多模态交互等。

通过以上交互手段，人类的目标是机器人能够像人一样交流，并服务于自己。

不过问题来了，当机器人具备足够高的智能之后还会听命于人类吗？是否会出现《黑客帝国》中的场景，机器人团结起来对抗人类呢？

对此，被誉为"机器人学之父"的俄罗斯犹太裔美国科幻小说家艾萨克·阿西莫夫曾经在他的小说《转圈圈》中提出了"机器人三定律"，并已经被公认为机器人研发的边界线。

第一定律：机器人不得伤害人类或看到人类被伤害而袖手旁观。

第二定律：在不违反第一定律的前提下，机器人必须绝对服从人类下达的命令。

第三定律：在不违反前两大定律的前提下，机器人必须尽力保护自己。

后来，考虑到在人类的法律框架下，可能有人会被判处死刑，而此时机器人按第一定律就会出手相救，于是阿西莫夫又补充了"第零定律"：机器人不可以伤害整个人类社会群体或在人类社会群体承受迫害时不为所动。

俗话说："规则是用来打破的。"虽然阿西莫夫以人为本定下了规则，但随着科技的发展，难免会出现不可控的情况，如何应对还需要发挥人类特有的合作能力。因为在人类发展的历史长河中，正是"合作"让人类从危险的远古时代走到今天，相信人类只要不放弃合作，任何个体都不可能打败或控制人类。

我认为我们对机器人技术要持有乐观且谨慎的态度，在合理规避风险的情况下，机器人产业的发展定能够迎来更美好的明天，全球机器人产业的发展数据也印证了这一点。

2021年，全球机器人市场规模已经高达410亿美元，2016—2021五年的平均增长率高达11.5%，其中工业机器人144.9亿美元，服务机器人125.2亿美元，特种机器人65.7亿美元。[①]

根据麦肯锡的报告，到2030年全球可能会有4亿个工作岗位被机器人替代，届时全球机器人的市场规模将达到2万亿美元。

---

① 数据来自中国电子学会、前瞻产业研究院。

现如今，在日常生活中我们也开始慢慢享受到机器人带来的便利。全季酒店就于2021年在全国各门店全面推出智能服务机器人。智能服务机器人与酒店设施实现了智能互联，可自动配送、引导讲解等功能，代替酒店服务员配送顾客者所需物品。对于酒店而言，让酒店机器人来完成此项工作，不仅可以释放劳动力，让酒店工作人员有更多的精力去处理复杂的工作，还能够让顾客多了一种高科技体验。

当然，这仅仅是初级机器人应用，相信在不久的将来，随着各项技术的进步，智能机器人将在各个领域大展身手。

智能机器人技术主要涉及动力、智能感应和结构，其中动力系统与电动汽车类似，主要包括电池、驱动系统；智能感应即HRI（人机交互）技术，前文有提到人机交互属于一揽子技术，但这些技术近年来的发展速度均让人侧目；随着材料科学、算法及工业控制技术的发展，人形机器人的结构难点也逐渐被攻克。

相信随着以上三类技术的发展，人形机器人走进千家万户指日可待。

第六章

产业赋能，数智生态

在科学革命之后，人们所面对的是一个不同的世界。

——《科学革命的结构》托马斯·库恩

元宇宙，用一句话来表达就是"数字社会的一种表现形式"，而当这种数字社会加入人工智能与交互技术之后，我们便可以称之为"数智社会"。

数智社会的基础是"万物皆数"，即无论是现实的物理世界还是虚拟的再造对象，都要变成一串串的加密数据，而且这些加密数据都要具有唯一性、不可篡改性。就像现实世界的时间一样，只能向前，不能倒流；更像人生，经历过的事情就再也无法修改，只能后续弥补。

数字化后的万事万物都将由算法统一协调，通过"算法即法律"一样的规则，形成"行为即合约"的事实。基于此，元宇宙应该在区块链算法的规则之下运行，就像人类社会在法律、道德与政治结构的约束下运行一样。

在这样的框架之下，现实物理世界与数字之间的交互将从两个方向开展：一个方向是现实世界的一切数字化，让数字对象或机器能够理解，如可穿戴设备、脑机接口等都属于这个方向；另外一个方向就是让数字对象更加拟人，让人能够用自己习惯的方式与机器或数字对象交互，像AR/VR、NLP、手势交互等都属于这个方向。

无论是从哪个方向，最终的目标是人与机器互相"懂得"对方，这也是元宇宙的基本形式。

以上这些均属于框架，即元宇宙的底层逻辑。当人们理解了这些之后一定会马上问下一个问题：元宇宙到底能够为我们带来什么？没错，这章我们就重点谈这个问题。

也就是，元宇宙的内容和场景都有哪些？

入口，从App到场景

场景之所以对元宇宙来说如此重要，是因为元宇宙时代虚拟世界的入口将不再是人们所习惯的客户端或"App"，而是场景本身。

举个例子，如果你今天要开车从厦门到福州出差，汽车启动之后，你要使用智能手机打开地图导航软件，然后输入"出发地"和"目的地"，才能实现导航，很显然，应用的入口是App。

但在元宇宙时代，由于你所有的数据都已经被AI记录下来，在你上车的那一刻，语音助手便会询问："您是否需要开启从厦门到福州的导航模式？"如果您回答"是"，那么在不需要您任何其他操作的情况下，您汽车挡风玻璃前面便会出现使用AR技术投射出去的导航图标，这就是"场景入口"。

日常的其他活动也一样。使用智能手机寻找附近的餐厅，你要打开"大众点评"或其他App，然后再输入您想设定的参数，才能找到心仪的餐厅。元宇宙时代，你和朋友聊天之时的信息AI助手已经捕捉到，结合你平时的用餐习惯、口味以及你目前所处的位置等场景，你所佩戴的AR眼镜会为你自动推荐餐厅，并调出餐厅的虚拟人与你直接对话、沟通。

元宇宙时代与现在最大的区别就是元宇宙时代的入口已经由App转为场景，其实这也是智慧与智能的区别。

所谓智能，简单地说就是代替人类的工作，你想让机器做什么、什么时候操作，机器就会按你的指令行动，正如我在前面章节提到的智能家居一样。

智慧则不同，智慧有自己的决策能力，智慧虽然也要尊重使用者的想法，却可以提出自己的建议。比如你设定晚上12：00后空调自动调高到27摄氏度，这是智能；而空调根据你佩戴的智能手表检测数据，自动调整温度以保证你处于最佳的睡眠和身体状态，则是智慧。

我们设想的这种场景是未来，或许不是两三年就可达成的，但元宇宙虚拟世界的空间打造确是应该未雨绸缪之事。

未来场景真正作为入口之时，需要调取的内容会涉及不同领域、不同企业的元宇宙空间。即便是在这之前，场景无法作为入口，入口还是装在AR或VR眼镜上的App，企业级虚拟空间的打造仍然是必需的环节之一，而且是应该走在最前面的。

基于这样的逻辑，我认为元宇宙场景的打造虽然非常重要，但也要"志存高远，脚踏实地"，即目光瞄准未来，行动却要根植当下。

要做到这一点，就不能回避一个问题，那就是深刻理解什么是元宇宙的远景，也称为理想形态；什么是元宇宙的现实应用，也就是近期发展趋势。

远景比较好描述，因为那是一种理想状态。

从长远来看，元宇宙时代要实现如下几个目标：

第一，万物数字化，甚至包括人类的感情。当所有的事物、行为、情绪均可数字化之后，我们没有必要去理解"为什么"，只要知道数字化后的字符串究竟代表什么并根据字符串做出相应的动作即可。

这也是人工智能最大的特点："知其然，不需要知其所以然。"届时，人类与数字对象沟通的方式类似于"三体人"，即靠脑电波直接沟通，不需要语言、表情、动作等需要二次编码的东西。

第二，想办法让数字化人生与现实人生的类似度很高，让整个地球变成一个"大村落"，这项艰巨任务由区块链承担。由于区块链的唯一性、不可篡改性和分布式结构，使得未来的数字社会从本质上来看更像一个原始村落。在一个原始村落中，如果一个人借了另外一个人的东西，他们不会写借条，只会敲锣打鼓告知所有村民并让大家都帮他记着（这就是分布式存储和广播机制），当到了归还日期时，借东西的人不敢不还，因为全村人都知道这事。如前文所述，区块链可以完美地实现这一点。

另外，由于区块链的不可篡改性，未来数字社会任何一个数字对象（包括人）的任何一个行为都会被记录下来且不可篡改，所以数字对象的人生"只有直播，没有彩排"，这让大家的行为都会非常谨慎。当然，这里所说的"谨慎"不是指感情的判断，而是算法的约束。

第三，元宇宙内部各角色之间的沟通将使用AR/VR、可穿戴设备或脑机接口来从两个方向进行：一是从模拟信号转成数字信号；另一个方向是数字信号转成模拟信号。比如你能够和一个虚拟人握手、拥抱，并使用你习惯的语言沟通，这是数字模拟化；而你能够使用意念控制汽车、控制运动，这就是模拟数字化，因为人工智能首先要"读懂"你的意识。

通过以上应用，元宇宙至少将在三个方面影响人们的生产和生活：一是将作为新型生产力工具，赋能传统企业提升生产效率；二是通过数字孪生等技术作为新型科研工具，大大提升人们的决策能力；三是通过模拟场景成为人们生活中不可或缺的一部分，积极的层面是丰富人们的精神世界，消极一些的作用甚至能够作为精神治疗的工具。

以上这些都是远景，按凯文·凯利的说法，人类至少需要50年才能达到上述"镜像世界"，其实我更悲观，我认为要达到以上情景或许需要百年以上。

技术并非上述场景的瓶颈，最大的瓶颈在于人类的习惯和伦理的约束，人类还远未在心理上做好充足的准备去面对全面元宇宙时代。

就单单具有人类皮肤的机器人或将逝去的亲人数字化这些问题就足以让人类为此争吵50年了，毕竟人类原来所面临的环境与此大不相同。

基于以上判断，我认为我们在寻找内容应用场景时应该将目光从远处调到近期，尽量去寻找近期能够实现的应用场景。

可以看得到的，与元宇宙相关的、近期可能落地的应用场景主要包括如下几个方面：一是与XR技术相关的应用，即通过VR技术创建虚拟环境、通过AR技术叠加可视化信息、通过数字孪生技术助力工业生产等；二是与区块链相关的应用，包括NFT数字藏品、数字化产权保护等；三是与人工智能相关的应用，包括虚拟人、智能机器人等。

以上几个方面的技术在最初阶段可能分别应用于不同领域，虽偶有交叉，但并未完全融合，直到在各个领域的应用均较成熟之后，才会产生元宇宙相关技术的大融合，最终形成概念上的元宇宙应用，人类社会也由此进入数智时代。

诚然，以上技术应用于不同的场景之时均需要相应的内容创作，因为只有内容能够作为技术的载体，最终为具体的场景赋能，而内容创作最重要的途径之一就是游戏化思维。

内容，从游戏到产业

不知道从什么时候，只要是一提到游戏，大家首先想到的都是电子游戏，想到的都是"浪费时间"或"玩物丧志"。

其实，游戏自古至今都一直伴随着人类的成长和进化。

相信每个人小时候都和父母在一起玩过"躲猫猫""剪刀石头布"等游戏，正是在玩游戏的过程中，我们学会了遵守规则，学会了正视失败，甚至学会了团队协作。

古时候的人们也是在游戏中学习，古希腊哲学家柏拉图就提出"寓学习于游戏"，他主张让人们在游戏中通过释放天性带有趣味性地去学习是最好的状态。

美国教育家Edgar Dale更是进一步将其理论化，他提出了"体验金字塔"，即从信息传递、信息理解和信息的记忆着手去研究不同的学习方式取得的效果，其中体验是最佳的学习方式，而游戏则是最佳的体验形式之一。

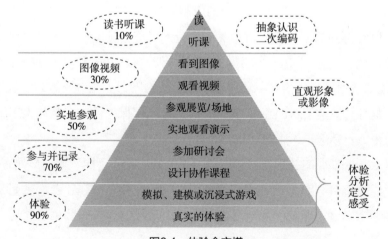

图6.1　体验金字塔

由图6.1不难看出，游戏的记忆比例仅次于真实地做一件事，均属于记忆比例最高的活动，而读书、听课的记忆比例竟然如此之低。

我曾经和朋友们讨论旅游的意义，特别是自然风光。如果单从景色来看，即使是看图片、看视频，甚至是看未来的VR影像，都可以了解目的地的各个角落甚至春夏秋冬，那么为什么还要舟车劳顿地跑过去呢？

其实这里面最重要的就是体验，只有体验后的"感受"才是自己的，才能形成自己的记忆甚至感悟，最终提升自己对生命的感悟力。

看到过一则新闻，说的是一位大学老师要让学生们学习哥伦布环球航行的那段历史，而且要让学生记住当时的社会形态、风土人情及造船工艺等。老师没有直接讲课，而是按当时的科技发展水平给学生们找来了相关的材料，让学生们自己造一艘可以下海航行的真船。学生们很不理解，但还是花了两个月的时间完成了任务，虽然过程曲折艰难，但当船真正下水那一刻，学生们似乎感受到了老师的良苦用心。因为他们在这个过程中，使用当时的工艺技术造船，对于那段历史的感悟比从书本上学到的深刻多了。这也或许应了陆游的那句诗："纸上得来终觉浅，绝知此事要躬行。"

现在使用游戏的思路设计内容，再与元宇宙的技术结合起来，将产生1+1>2的效果。

比如，我们大多数人去读《论语》，都会觉得很没条理，也很难理解，更难于记忆。假如我们使用AR/VR技术将孔子周游列国的故事设计成游戏，再通过AR/VR的形式展现出来，学习者在其中扮演某个学生的角色，比如子路，那么不但要记下来子路在不同场合的"语言"，还要和老师、同学们互动，这样玩下来，记不住《论语》才怪。

以上的例子如果真的要变成游戏，必须按照游戏的框架去开发才行，这个游戏框架正是元宇宙内容应该借鉴的。

传统游戏框架最重要的特征是有目标（游戏任务）、有规则（必须遵守游戏中已经制定的或者由玩家约定好的规则）、有即时反馈（达成或无法达成目标能够及时反馈给玩家），这些是游戏比现实生活更有趣的地方。

比如一个人下决心减肥20kg，由于任务过于艰巨，他可能坚持几天发现效果不明显就放弃了，这就是现实生活——无法及时给他的努力进行反馈。如果他请了健身教练，结果可能就不同了，并不是健身教练多么专业（当然也有专业的原因在里面，在此我们不做重点讨论），而是健身教练懂得怎么激励这位立志减肥的人，能够让枯燥的减肥变成每天游戏般的任务，进而获得即时反馈。

在孩子们上课外辅导班的时候，经常看到老师发积分卡，起初我对这个积分卡也没有重视，觉得这玩意儿能有多大用，直到有一天我注意到小朋友们是为了拿积分卡才认真听课时，才恍然大悟，原来老师是通过这个"小游戏"将短期无法反馈的事情修改成了"即时反馈机制"。

现实世界想取得"即时反馈"就需要以上这些媒介，而在元宇宙时代的虚实互动时，如果内容设计得当，可以直接将"即时反馈"因素设计到内容中，这也是我认为游戏是元宇宙基础内容的原因。

大家应该看得出来，这里说的游戏并非狭义的游戏本身，而是应该使用设计游戏的原则去设计元宇宙的内容，也就是让内容"游戏化"。

这就是我一直呼吁的，让内容游戏化可以发挥其应有的教育、学习价值，而不是简单地让游戏玩家将时间耗进去，并用类似赌场的环境和逻辑迫使玩家无法离开的同时尽可能多地去消耗金钱。

这种做法其实是为了追求商业目的而放弃了游戏的初心，实在应该被口诛笔伐。

元宇宙最初的形态就是游戏，Roblox就是一款典型的沙盒游戏，即用户能够改变、影响甚至创造虚拟世界，可以自由地探索、创造和改变游戏的内容，Roblox为游戏开发者提供基础设施、游戏开发工具和与其他玩家的链接，所有创意和想象空间都留给了开发者。

这或许就是元宇宙社会的初级形态，让无数个"自由"的玩家用自己的创意共同建设城市，城市的形态最终走向何方要靠涌现来完成。

Decentraland本质上也是一款游戏，不过是一款在以太坊区块链基础上开发的、去中心化的虚拟现实游戏。

在这个平台上，用户能够创造、体验和赚钱的经验、应用程序和内容，上面的3D土地由社区永久拥有，这为成员提供了对其创作的绝对控制。玩家可以登录，创建一个化身，然后开始探索，购买土地，建造各种建筑，从游乐场到虚拟电影院和画廊都可以。

截至2021年5月20日16点，Decentraland总交易量已逾6000万美元，远超以太坊总市值排名第二的项目三倍，七日交易量约65万美元，也远远领先其他Metaverse项目。

通过对以上案例的分析，我们还发现了三个元宇宙内容与传统游戏的截然不同之处，这在设计元宇宙内容时非常重要。

其一，传统游戏的经济收入多数都是单向的，即玩家支付金钱给游戏运营商，用来购买道具和装备。但在元宇宙内容中，一定要将每个玩家（其实就是我们前面定义的那四类元宇宙角色）都视为游戏内的主角，游戏公司只定义底层规则，内容尽量由主角们自己去创造。这一点Roblox已经做到了，尽管有些细节还需要完善，但大的方向上来说我们应该向Roblox学习。

其二，元宇宙内容中所有的参与者都是一个经济体，他们在元宇宙内容中既可以消费，又可以生产。消费需要支出，而生产则能够取得收入，这种经济系统是设计元宇宙内容时需要注意的第二个重点。

其三，元宇宙中的游戏应该是没有"胜利规则"的，即不存在输赢，仅有体验，不同的"人生"之间不存在输赢之分，只有不同。每个有独特体验的数字体，无论是现实世界中的人或虚拟世界中的阿凡达，其所经历的一切都是"人生"。

一句话，没有"胜利规则"的游戏本身就是元宇宙。

场景，视初心为原点

针对不同的情境进行内容赋能，就会形成所谓的"场景"。

"场景"一词本来是影视用语，是指"在特定时间、空间内发生的因人与人、人与物之间的互动而形成的具体情节与画面"，场景是通过人物行动来表现剧情的一个个特定过程，正是不同的场景组成了一个完整的电影故事。

把"场景"一词作为重要概念和因素引入传播学始于罗伯特·斯考伯和谢尔·伊斯雷尔合著的《即将到来的场景时代》一书，但书中所提的场景偏狭义，主要针对传播学来定义和讲述。

我认为，"场景"一词很具象，它是指基于特定时间、空间，由互动对象之间的行为、心理因素共同构成的环境氛围，这个环境氛围既包括传播类的也包括生活类的，还包括任何能够给参与者营造某种综合性体验的情境。

比如，你去商场买东西，促销员给你介绍一款新产品是一种场景；你去学习，老师如何上课也是一种场景；你想去旅游，如何做旅游之前的相关规划也是一种场景。

场景作为一种可人为设计、构建的内容，可广泛应用于各种领域，针对不同应用领域而设计的元宇宙内容当然也是一种场景。

要想找到合适的元宇宙应用场景并构建有价值的元宇宙内容，最重要的思考原点就是——回归初心。

所谓初心，就是思考清楚元宇宙各项技术的本质到底是什么，这些技术具体能够给各个行业带来什么改变或提供哪些赋能点。

比如最近非常热的NFT，如果我们要参与，就要想清楚以上两个问题。第一个问题前文详细介绍过，NFT本质上是现实物理世界在虚拟世界的唯一"价值ID"，NFT本身没有价值，是其背后的、物理世界的映射物的价值决定了NFT的价值所在，供需关系仅仅是NFT价格的影响因素。

在实际操作的过程中，人们往往忘记了这一点，好像无论是猫啊狗啊只要是"上链"铸造成NFT之后就可以热炒，这是一种畸形的逻辑，肯定会制造出一个畸形的市场。

以上仅仅是拿NFT举例，NFT并不能代表元宇宙。那么元宇宙的初心到底是什么呢？

回答这个问题需要再次回到"数字模拟化"和"模拟数字化"两个方向上来。从这个角度看元宇宙的初心就会比较清晰，那就是通过以上两条路径实现模拟世界（现实世界）与数字世界（虚拟世界）之间的互相理解、信任与对话。

在数字模拟化的方向上，元宇宙解决的问题有如下几个方面：

首先是让冰冷的、不可识别的数字签名变成了具象的虚拟人、数字空间或智能机器人，让人类可以用日常的语言、自然的动作，甚至是连自己都无法察觉的意识与虚拟世界沟通、交流。一句话，就是让世间万物（包括数字世界的虚拟体）都"活"起来，让这些冰冷的数字变得更加有"温度"。

其次，数字模拟化是让数字世界适应人类的行为习惯。举个例子，在传统的互联网时代，你想要找个资讯，需要登录某个网站，而登录这个网站的方式是在联网之后"敲入一行代码"，也就是网站地址，你才能登录这个网站寻找自己想要的信息。在元宇宙时代，你如果想找资讯就像去现实世界的图书馆一样，比如到潘多拉星球的亚历山大图书馆，输入你想要找的资讯，就可以找到了。看到这里，你应该马上就明白了，"潘多拉星球的亚历山大图书馆"其实就是传统互联网的"网站地址"，元宇宙通过"数字模拟化"把网站地址变成了元宇宙世界的一个真正的虚拟地址。

最后，传统数字世界的信息是非常容易复制的，所以不但类似于音乐、绘画等容易复制的产品在数字世界的版权保护难度很大，虚拟对象的行为也容易被修改，传统互联网仅仅是一种信息传递的媒介，我们称之为"信息互联网"。元宇宙世界的互联网由于通过区块链技术实现了ID的唯一性、行为的不可篡改性的去中心化结构，实现了"虚拟对象的物理化"，这不但便于保护数字版权，还能够让虚拟人的人生也实现"只有直播，没有彩排"，我们称之为"价值互联网"。

在模拟数字化的方向上，元宇宙实现的最重要一点就是在"万物皆数"之后再通过人工智能让数字世界能够理解物理世界的人、动作、状态，甚至思想与情感。打个形象的比喻，元宇宙就相当于翻译人员，将物理世界与数字世界的语言统一了起来，可见在这个过程中翻译人员的水平决定了模拟与数字沟通的效率与效果。

但这个翻译水平并不取决于元宇宙相关的技术，而是取决于一些通用技术，如脑机接口是将人类的脑电波翻译成数字代码、可穿戴设备是将人类的动作翻译成数字代码，而自然语言算法NLP则是将人类的语言翻译成数字代码。

这些转码工作一旦完成，人类与机器之间的沟通将会依照数字世界的规则进行，这样会大大提升沟通效率，且让信息不对称降到最低。

以上内容可以说就是元宇宙的"初心"，把握住这个原点，然后从原点出发，通过游戏化的思维，结合实际应用需求，才能够设计出有价值的场景，这也是元宇宙生命力的源泉。

产业，用元宇宙赋能

正如数字经济可分为数字产业化和产业数字化一样，我认为元宇宙也应该分为"元宇宙产业"和"产业元宇宙"。

所谓元宇宙产业是指使用元宇宙相关技术创作的平台、内容、工具等软硬件产品，这些产品既可以面对消费者也可以面对企业客户，它们具有非常强的元宇宙属性。

就像互联网行业的阿里巴巴、腾讯、亚马逊、华为等公司，它们创新的产品带动着整个互联网行业的发展，所以它们都被归类为数字化产业。在元宇宙产业中，如Roblox、百度"曦灵"虚拟人制作平台、阿里鲸探、以太坊区块链等均属于元宇宙产业。可以说，元宇宙产业是元宇宙技术的原生平台，也是整个行业向前发展的动力。

产业元宇宙则是通过元宇宙相关技术为企业赋能的产品，如数字孪生应用于航空航天、犀牛智能制造赋能服装产业、蚂蚁特工奇门AR让赋能AR营销等，就属于产业元宇宙。一句话，凡是使用元宇宙技术为传统产业赋能的产业，都是产业元宇宙，亦可简称为"元宇宙+"。

速途元宇宙研究院发布的《2022元宇宙产业趋势报告》认为，元宇宙始于幻想，兴于社交，终于工具。不依附于任何产业的元宇宙都是"假元宇宙"，依附产业但不能实现共生的元宇宙也是"假元宇宙"。

这句话虽然极端，但是不无道理。我们这里所指的产业，是狭义上的企业应用，相对的消费应用便可以称为元宇宙产业。

消费元宇宙与产业元宇宙是元宇宙的一体两面，无非是理解的角度不同。从消费角度看，元宇宙是下一代互联网；从产业角度看，元宇宙是下一代的产业变革方向。

2021年10月，Facebook正式更名为Meta，标志着扎克伯格大举下注元宇宙。Meta所提出的元宇宙就是消费元宇宙，是让人类完全沉浸于虚拟空间中的元宇宙形态。虚拟空间的特点是以极小的成本和极快的速度去满足人类的欲望。正如《头号玩家》中体现的场景，无论男女老少，都能够在虚拟空间里享受到物理空间无法实现的快感。

当然，消费元宇宙也有其很有价值的一面，如我们在本书中提及的虚拟社区、AR透视和智能居家等，这些元宇宙产业支撑着消费元宇宙的未来。

产业元宇宙则是让虚拟世界和数字对象帮助我们提升产业效能，让人们生活得更加美好，比如近期比较热门的虚拟人、NFT等都属于产业元宇宙范畴。

从这个意义上来看，元宇宙相关技术早在十多年前就应用于各个行业，只不过当时还没有出现"元宇宙"这个词语。

比如数字孪生和智能工厂利用物联信息系统（Cyber Physical System，CPS），将生产中的供应、制造、销售信息数据化、智慧化，最后达到快速、有效、个性化的产品供应，这就是典型的元宇宙应用场景。

虚拟工厂将全球的信息、资源整合到一个平台，模拟物体和人在现实中的各类特征，最终实现全球范围内的设计、生产与物流协同也是产业元宇宙的应用场景。

医疗行业通过VR、AR、MR等技术在医学成像、手术辅助、医学教育、远程医疗、康复训练、药物研发等方面也开始彰显价值。在医学影像方面，借助虚拟现实显示的影像数据，可以全面观察病灶细节、深度挖掘影像信息，有助于医生削减读片时间，降低误诊率，同时患者能更直观地了解病灶情况和治疗方案，提高医生和患者沟通效率。在手术方面，通过全息影像技术可全息显示效果，全貌显示弥补微创手术视野受限等问题，降低术中风险，减少术后并发症。

教育行业通过运用元宇宙技术打破空间阻隔，为线下教育与线上教育带来革新。例如，元宇宙课堂上，教师和学生以数字身份开展教学活动，在虚拟教学场所中互动。元宇宙课堂下，VR 设备的引入能够重塑教学内容的展现形式，让学生沉浸在知识的海洋中。此外，虚拟空间的可塑性也催生了如虚拟实验室、虚拟集会等场景，将元宇宙场景从课堂延伸至课后。同时，元宇宙和教育之间具有天然的平行性和覆盖率，当游戏化内容得到充分应用之后，人类将进入"生活就是学习，学习就是生活"的历史阶段，学习变成了终身的、全天候的行为。

元宇宙技术在政务服务领域也有广阔的前景，其核心是政务数字化转型。当前应用于政务服务中比较普遍的可视化大屏、一网通办等技术，为政务服务带来了极大便利，但交互感不强，人性化服务程度不高。元宇宙政务服务将打破时空界限，打造全新的交互模式，增强政务服务的体验感。引入数字人，结合沉浸式数字城市和数字政务大厅建设，以具体的城市文旅、城市政务服务等元宇宙场景应用，进一步提升城市治理水平、城市服务能力，增强人民的体验感和幸福感。

正如马云前段时间发表的一段关于数字经济的讲话观点，未来数字经济真正的价值在于数字经济为产业赋能，而非数字产业本身。

同理，如果从未来价值的角度来看，现在站在舞台中央的那些所谓"元宇宙企业"在元宇宙发展过程中将逐步躲回幕后，站在前台的应该是经过元宇宙改造之后的传统企业。政府在出台政策、招商引资之时一定要先厘清自己的城市到底是适合发展"元宇宙产业"，还是直接发展"产业元宇宙"。元宇宙产业需要雄厚的数字经济基础，但产业元宇宙却不需要，它只需要使用元宇宙相关的技术为传统行业赋能即可。

看来，前几年我们经常提起的"互联网+"很快就应该被称为"元宇宙+"了，让我们共同期待这未知又令人惊奇的未来吧。

To C，消费场景赋能

元宇宙产业换种表达就是"元宇宙在消费场景的应用"，我们将消费场景定义为"以个人为中心"的场景。如果一个场景是以企业的流程或经营结果为中心，那么就是产业元宇宙；如果一个场景是以参与者为中心，我就称之为元宇宙产业。

因为以参与者为中心的场景是创造型场景，能够为传统产业赋能；而以企业流程为中心的场景多数都是元宇宙技术的相关应用。

为了方便表达，我们将元宇宙产业定义为To C场景。

虚拟会议明显是以参与者为中心的场景，所以将其归类为To C场景。对于To C场景，我又将其分为两类：一类是工作类To C场景，另一类是生活类To C场景。生活类To C场景包括通信、旅行、娱乐等各个方面。

元宇宙To C就是要解释清楚现实生活中的人如何参与到元宇宙之中，以及参与方式、利益点是什么。

如前所述，现实生活中的人属于"模拟状态"，要展开人机对话要么使用可穿戴设备或脑机接口将模拟信号数字化，要么创建自己的Avatar用数字的方式与其他人实现数字对话。

考虑到可穿戴及脑机接口涉及太多的社会伦理问题短期内很难成为现实应用，所以本节元宇宙To C的场景主要集中在Avatar参与的模式。

Avatar就是现实的人在虚拟世界的化身，现在已经有不少平台可以使用"捏脸"的方式制作自己的Avatar，只不过这种Avatar还属于初级阶段，即仅是自己的一个数字形象，动作、状态都无法和现实同步，更不要说未来要同步的思想、性格、记忆了，所以我们暂且将这种数字孪生人称为"Avatar 1.0版"。

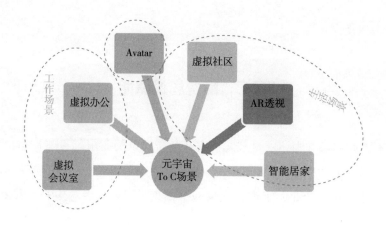

图6.2　元宇宙To C应用场景示意图

打造一个自己喜欢的Avatar 1.0是现实世界中的人参与元宇宙的前提条件，然后在工作场景中有虚拟会议和虚拟办公，生活场景中有虚拟社区、AR透视和智能居家。

工作场景

虚拟会议就是现实中的人进入会议系统之后，会议发起者可创建会议室，会议室模板可选择、可自定义，安排参会人数后邀请其他参会者入会。每个参会者都使用自己的Avatar 1.0参加会议，初级阶段最主要是语音、文件同步，类似几个人在"圆桌会议室"的讨论会。当会议系统成熟之后，再配上动作捕捉技术，与会者的Avatar 1.0便能够同步参加会议人员的真实动作甚至表情，这样的虚拟会议将会更逼真。

比虚拟会议复杂一些的系统是虚拟办公。公司可以将自己的办公大楼完全数字化，每位员工的Avatar 1.0在公司办公楼中有自己的工位，其在工作时的场景与现实场景无异，由于未来的工作多数也是线上交互完成，所以工作内容也与现实场景中的工作内容一样。

这种能够完全同步的办公新模式本质上是虚拟会议的版本升级，不过虚拟办公是要求实时在线，同步的内容也更加复杂，交互难度较虚拟会议大得多，预计至少需要5年以上的时间我们才能看到真实的应用。

目前微软、Meta、思科、Zoom等公司在这方面投入的研发力量较足，如果不出意外应该是这几家公司之一率先推出虚拟办公场景的应用平台。

据了解，思科正在开发Webex Hologram，这是一种目前处于初步版本的解决方案，通过专为设计师、工程师、科学家和医疗专业人员等设计的虚拟会议系统，实时会议更加身临其境。

尽管许多公司都以AR/VR为工具，目标是做出"Zoom虚拟版"，但还没有哪家公司实现这一飞跃。虽然试图将整个公司推向元宇宙的Meta推出了Horizon Workrooms，但其还没有成为主流工具。与此同时，微软终于为其Teams推出了AR/VR功能，2021年底微软宣布这款远程会议软件将融合MicrosoftMesh的相关功能，支持Avatar参加会议，同时也支持AR/VR设备接入会议。

可想而知，简化版的虚拟会议室可虚拟通话或虚拟见面，即在语音聊天的同时，能够看到对方的Avatar，还可以和他互动，如果同步对方的动作、表情，能够真正感受到对方就在你的身边。

这种场景的设想或许你现在觉得没有必要或遥不可及，但回想当年科幻小说对视频通话的想象，我们不难理解这种Avatar之间见面几乎是一种确定的未来。

生活场景

元宇宙的生活场景主要包括虚拟社区、AR实景和智能居家三部分。

虚拟社区是真实的人使用Avatar 1.0建立的社区，这个社区内的一切活动都基于智能合约，目前虚拟社区内主要的内容还是游戏。从长远来看，虽说游戏是虚拟社区的一个重要组成部分，但它并不是虚拟社区的全部。虚拟社区应该是和真实社区类似的一个社会性结构，人与人之间会发生经济关系、社交关系等各种各样的类现实关系。

元宇宙社交的代表则可能是Roblox，虽然Roblox是游戏起家，但近年来它在庞大的用户基础上不仅产生了大量的VR 游戏，也使得 Roblox有成为虚拟现实社交平台的可能。目前，Roblox游戏可以使用电脑、手机或Pad、Xbox

One和VR设备接入，游戏过程中还可以使用聊天、私信、群组等功能与好友交流。这已经具备虚拟社区的雏形，一旦玩家创作的内容将现实场景更深度地融入，这就是一个虚拟社区。

微软虚拟社区领域也在加码布局，2022年1月，微软宣布以687亿美元收购动视暴雪，微软CEO纳德拉在发送给公司约18.1万名员工关于这笔收购的电子邮件中表示："从微软成立之初开始，游戏就一直是微软的关键。今天，游戏是规模最大、发展最快的娱乐形式。随着数字世界和现实世界的融合，游戏将在元宇宙平台的发展中发挥关键作用。"

纳德拉重点提到元宇宙，可见其收购动视暴雪的目的绝不仅仅是为了游戏，如果最终收购成功，微软应该有元宇宙相关的大招紧跟其后。毕竟，收购动视暴雪之后，微软已经成为巨头中在元宇宙社区、游戏和内容方面布局最完善的公司。

如果大家认为虚拟社区是类似"第二人生"一样的网络游戏，那么真实世界中的元宇宙技术应用将会大大提升生活便利度，这就是AR透视的现实应用场景。

所谓AR透视即通过AR技术和相关内容赋予现实世界更丰富的内涵，或者是说你可以通过AR技术一眼看穿现实世界中的万物。

比如，当一栋大楼数字化之后，你通过AR眼镜看一眼这栋楼，这栋楼的名称、权属、在其中办公的公司名称等可以全部显示出来，当然你可以自定义显示哪些内容、暂时屏蔽哪些内容。

华为的河图就致力于呈现这种便利的地图信息，河图通过数据连接物理世界和数字世界，再通过先进的"3D地图+空间计算+视觉识别"技术，实现厘米级空间计算能力、高精度3D识别能力、高真实感渲染能力及大规模3D地图构建能力，最终在5G技术的加持下将带来虚实融合的全新交互体验。

据了解，目前福州的三坊七巷与华为河图合作已经实现了"所见即所得"的内容导航，结合三坊七巷文化类、引导类、动画类、装饰类、游戏类等多种场景元素，华为河图可以为消费者带来更加有沉浸感、内容更加丰富的地图体验。

华为河图总工程师罗巍曾经在微博中这样描述河图的未来："在天为象，在地为形……河图技术描绘了一个创世纪的梦想：和我们的伙伴一起，打造一个地球级的、不断演进的、与现实无缝融合的数字新世界。想象一下，如果数字世界和现实世界之间没有了界限，将会是怎样一种体验？你会发现整个现实世界变成了信息展示的面板，各种实时资讯叠加显示在你当前所处的真实环境中，让你能轻松找到传说中的网红打卡点，能随时了解时空中发生过的有趣故事。"

这既是华为河图要实现的梦想，也是可以想象的、不久之后可能实现的AR透视技术的未来。

还有一个可以预测的场景就是智能居家，我这里使用的词是"居家"而非"家居"，其中的区别非常重要。智能家居是指让家里的设备"智能"起来，而智能居家则包含了"智能家居"，以及家中生活的环境和有可能出现的陪护机器人，智能居家描述的是一种完全智能的生活环境与生活状态。

近年来，智能家居的发展势头迅猛。所谓智能家居就是在家庭的环境中，将单个家具、家电通过网络连接到智能云终端，并通过算法与实现人之间的超自然人机互动的模式。

智能家居的性能由三部分组成：一是融合通信、数据采集及控制功能的家具家电单品；二是系统集成和算法模块，这是智能家居中最重要的模块，它的设计水平代表了人机互动的能力高低；三是通信模块，通过它可实现人、物联网、算法与单机之间的互联互通。

智能家居的发展瓶颈在于通信标准不统一，系统集成和算法不统一，使得不同品牌、不同品类之间的产品无法互联互通，需要系统集成商另外加装传感器和控制器，施工成本较高，且易用性不强。

未来的智能居家应该是在现有智能家居项目之上的再升级。比如对于行动不方便的居民，我们只需要将智能陪护机器人看作家电的一种，就可以将智能居家融入目前的智能家居系统中来。

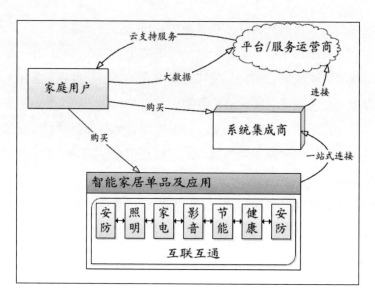

图6.3　智能家居示意图（资料来源：中投顾问产业研究中心）

当然，元宇宙在娱乐领域的应用现在已经开始出现，这也是非常重要的生活类场景，比如虚拟KTV。致力于打造全场景新社交平台的映客互娱集团2022年5月18日上线了元宇宙社交体验新玩法——全景K歌，用户可以组建自己的元宇宙K歌房，每人都拥有自己的虚拟形象，进入房间后可以通过语音和动作进行沟通和交流。

相信在不久的将来，类似的消费场景应用会层出不穷，随着内容的丰富，人们对元宇宙的理解也会更加深刻。

To B，商业场景赋能

接下来我们分模块描述元宇宙在不同行业的应用，即如何通过元宇宙技术为传统产业赋能，我们先从商业领域谈起。

元宇宙+商业也可以称为"元宇宙To B"，"B"一般是指Bussiness，即商业或企业，那么"元宇宙To B"就是指元宇宙技术在商业领域的应用。

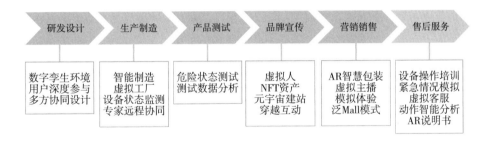

图6.4　元宇宙To B应用场景流程图

这里的商业是指广义上的商业，即企业，而非简单的商贸流通。这种商业包括消费类品牌和传统制造业，如特斯拉汽车、可口可乐、迪奥、阿迪、安踏等各行业的企业。

由于元宇宙To B的应用场景涉及的行业众多，甚至覆盖到社会的方方面面，所以我们在设计To B应用场景时不分行业，而根据研发设计、生产制造、产品测试、品牌传播、销售营销、售后服务等涉及企业流程的各个方面提出元宇宙相关技术可能的应用场景。

研发设计

企业在研发产品时关注的问题主要有三个：一是研发出来的新产品有没有市场；二是新产品能否实现大规模的量产，换句话说也就是工艺上是否有在规模生产时无法解决的难点；三是如何对新产品在不同环境下的表现进行测试。

而在研发过程中，最大的问题是分工各方的协同问题，比如做外观设计和功能设计的如何协同，材料如何选择也会涉及其他的设计人员或部门。

解决第一个问题，即与消费者或用户互动可以通过AR/VR技术实现。该项技术能够将正在研发中的产品模型变成可与用户交互的虚拟对象，让客户真实地感知到这款产品的外观、功能、颜色等，最终让消费者在产品研发阶段便参与其中。比如，运动鞋服企业要研发一款新鞋子，但并不清楚目标消费群体是否会喜欢，该企业就可以在研发过程中将模型AR化，然后通过"AR试鞋"技术，让消费者"真实"地将鞋子穿到自己脚上看款式是否中意，消费者还可以选择不同的颜色，最后将自己的喜好上传。设计人员便可以根据消费者的投票结果来设计市场接受度较高的款式，从而避免出现新产品推向市场却不受欢迎的情况发生。

类似的模式已经在电商领域实现，比如设计一款保温杯之前，可以通过大数据统计某平台电商近几年销量靠前的保温杯，再通过AI算法对这些保温杯的各项指标进行分类，便可以初步得出不同维度的用户喜好模型，根据这种模型设计新款的保温杯成功率便会大大提高。

解决第二、第三个问题需要的技术都是数字孪生，即创建一种高度仿真的虚拟环境，将正在设计的产品模型放在这种高度仿真的虚拟环境中实验，材料、性能、装配工艺等都可以得到高保真的还原。

这项技术在20世纪70年代就已经运用到了航空航天领域。美国的登月飞船阿波罗13号在设计、训练的时候就是使用数字孪生技术制造了多种虚拟场景，所以当1970年4月阿波罗13号在距离地球33万公里处发生服务舱氧气罐爆炸时，虽然宇航员无法看到具体的状况，但由于在设计飞船时模拟过类似情况，相关数据都有，所以宇航员和地面救援团队启动"数据记忆"，按模拟情况的状态完成了救援任务，幸运地挽救了3位宇航员的生命。

这种数字孪生环境的搭建还适合难于创建现实试验环境的场景，"难于"是指要么是因为成本太高、要么是因为环境条件不允许。比如深海监测设备的研发，如果将样品送入海底，不但成本高昂，周期也比较长，这时通过数字孪生技术模拟海洋底部环境，然后将样品的模型放入虚拟环境则非常方便产品的设计与性能提升。

在民用领域，材质与环境之间的匹配度一样可以用这种模式去解决。如设计一款雪地登山鞋，便可以将雪地的相关指标通过技术做成数字孪生环境，然后将待设计的鞋子模型、材质及底部纹路、人们惯常的走路姿势等信息全部数据化后融入数字孪生的环境，这样设计人员便可以充分了解鞋子的性能及在不同环境下的表现。

至于协同设计，则类似于目前的协同办公软件，其最大的不同在于办公软件多数是文档的协同，而协同设计涉及的维度较复杂，除了文本之外，还有模型、材料数据等，这就需要有大量的数据采集、智能分析和快速建模，从而让每个部门修改设计参数之后对其他设计部门的影响迅速体现到模型上面来。

生产制造

对智能制造这个词相信大家都不陌生。

智能制造本质上是基于数据的C to B驱动模式，即面对C端个性化、复杂的、不稳定需求合理地组织B端资源，并快速适配出解决方案的过程。

这种制造系统是由智能机器、大数据、人工智能算法和柔性生产线共同组成的有机整体。

目前国内比较有代表性的智能制造公司是犀牛智造，它切入"大而不强"的服装行业，通过构建端到端全链路体系化的数字化解决方案，实现供需的精准匹配和动态平衡。目前，犀牛智造已经可以为包括针织、梭织、羽绒、牛仔在内的超过70%服装类目提供一站式柔性快反供给能力，实现批量"小"、交付"快"、质量"稳"、库存"零"，这一结果彻底改变了传统服装行业成本快速增长、库存居高不下、生产方式落后、产业附加值低的根本问题。

智能制造从原理上来说其实包括了元宇宙的各个方面，它属于元宇宙各项技术在工业领域应用的综合体现。智能制造大致可分为三大模块：一是人机交互模块，二是算法模块，三是物理系统模块，其中与人相关的部门几乎包括全部的人机交互技术，比如手势交互、自然语言交互等控制部分，AR/VR等虚实交互部分等；算法模块可通过对数据的分析实现智能分析、决策与信息流转；而物理系统部分则既包含了数据获取的传感器、物联网部分，也包括了机器人、人机接口等控制部分。

智能制造是在同一个物理空间实现了基于数据流转的智能控制，而虚拟工厂则是在不同的物理空间实现了大规模的远程协同。

虚拟工厂的基本定义[①]是通过AR/VR、数字孪生、人工智能等技术实现基

---

① 引用《信息化技术》，"虚拟工厂应用的研究综述"，编号：1006-3269（2019）02-0017-07。

于互联网协作的工作环境，即企业的生产活动不全在一个工厂内完成，部分生产活动由作为战略联盟的供应商或合作伙伴完成，其中合作伙伴以数据为载体共享信息，共同围绕某个大型工程合作项目的产品设计、制造过程进行协作（包括但不限于使用统一平台下的各种系统）。

美国耐克公司是全球虚拟工厂模式的先驱，它将产品的生产加工任务外包给东南亚等地的许多发展中国家。联想集团也开始了多工厂的虚拟化工厂管理，其主要内涵为联合组织架构、资源共享、联合管理系统及最佳实践共享。

据哈工大生产技术中心主任王刚介绍，虚拟工厂的最大优势是灵活性、敏捷性。虚拟工厂可以组成一个动态的生产联盟，产品生产完成后，动态联盟自动解体，当有新的项目时又可以组成新的动态联盟。这种快捷反应机制，更能适应国际经济全球化的特点。据了解，哈工大虚拟工厂中心只有二十几人，却可以在全世界组织生产，他们已与德国、日本成功合作开发产品。

生产制造领域的元宇宙技术的另外一个场景就是1990年波音公司为AR取名时的应用。当时波音公司为了简化向装配工人传达飞机组装的布线指令，就将计算机生成的虚拟信息叠加在现实物理世界之上同时传递出去，装配工人只需要看着"虚拟图像"依葫芦画瓢就好，这种技术被称为"Augmented Reality"，经过几十年的发展，这种技术逐渐发展成为"专家远程协同"系统。

专家远程协同系统不但可以传输虚实叠加的图像，更重要的是通过AR技术可将现实物理世界快速建模，并将其与虚拟模型叠加在一起传输给远程的专家，专家操作虚拟模型时再通过动作捕捉技术直接传回现实物理世界，这样就可以实现远程的实际操作。目前专家远程协同系统正在飞速发展中，这项技术在高难度手术、专业技能要求较高的操作领域具有极高的应用价值。

设备状态监测则主要应用于人无法接触的危险区域的设备，比如钢铁厂的炼钢设备、空分厂的低温设备、高压电力设备等。远程监测设备状态的方式有两种：一种是"数字孪生+AR/VR技术"，即将设备建模并同步设备的实时状态信息，然后在模型上不但可以知道设备的实时信息，还可以用直观的方式表达出来。以炼钢设备为例，如果我们设置好不同温度、不同压力下的液体状态，当数据传输给模型之后，AR技术可以让炉体内的液体状态叠加到模型上面，观察者可非常直观地"看"到炉内状态，从而实现对设备状态的监控。

另外一种设备监控方式是机器人巡检。这种巡检方式适合判断潜在的、还未被传感器捕捉到的微小故障，即"防患于未然"。比如堤坝的巡检，如果仅仅用传感器，当堤坝出现还没影响到流速的裂缝时，传感器无法感知。而这种隐患却可能带来很严重的后果，无人机或机器人巡检就可以解决这个问题，它们通过自身携带的摄像头传回图像，经过"识别算法"的及时解码就可以精准地抓到小漏洞，从而避免大问题。

产品测试

产品测试环节最直观的例子就是汽车的碰撞测试和加速测试。

"乘用车正面碰撞的乘员保护"是国内在汽车碰撞方面强制实施的标准，所有车辆都必须通过此项试验。自2006年7月1日起，两项新的碰撞标准正式实施，分别是"汽车侧面柱碰撞的乘员保护"和"乘用车后碰撞燃油系统安全要求"。

汽车厂的碰撞实验多数以真实车辆和假人模型共同布置相关场景，然后根据结果测量相应的碰撞数据。

使用数字孪生和仿真技术，可通过仿真汽车模型、人物模型和障碍物模型的互相作用得到真实的碰撞数据。不过，这是一种理想的状态，目前虽然有限元碰撞理论[①]已趋于完善，有限元仿真技术也已成熟，相关企业或研究机构对碰撞仿真中的本构关系、接触、摩擦等内容已有较深入的研究，整车及部件级的碰撞开发也大量运用仿真分析，但碰撞仿真研究的难点还有很多，主要集中在构建新型材料的瞬态特性、能对整车碰撞性能进行优化的有限元模块还不够完善等方面。

---

① 这是一种计算机辅助工程，基于有限元分析（FEA：Finite Element Analysis）的相关理论，有限元是指那些集合在一起能够表示实际连续域的离散单元。

基于以上现状，个人认为汽车测试领域最佳的应用应该是AR还原实际的试验效果。即将实际的试验效果用模型化的手段表示出来，然后使用AR技术让消费者看到车辆的实测状态，从而对车辆的安全性更加有信心。

品牌传播

目前，元宇宙技术在企业中最广泛的应用领域就是品牌传播，鉴于品牌传播与普通消费者的距离比较近，大家应该都比较熟悉，这里我就举几个最典型的应用场景。

首先是虚拟人为品牌代言。虚拟人的制作及运营在"数字原生人"那一节我们已经详细探讨过，这里主要谈谈场景。企业使用虚拟人形象时有两种选择：一种是创作自己的独特的虚拟人，即这个虚拟人的形象、人设及归属均为企业所独享，这种虚拟人企业可通过虚拟人制作平台定制；第二种是租用知名虚拟人，如夏语冰、AYAYI则是虚拟人制作团队小冰公司制作并打造好人设之后，由品牌方使用的虚拟人，像AYAYI除了入职阿里之外，还为不少品牌做了代言人。

个人认为，品牌请代言人最主要的目标是吸引"流量"并树立与代言人类似的品牌调性，所以代言人的人设是很重要的一环，而自创代言人虽然有独享性，但无法达到以上两点目标。

基于此，如果想快速地进行品牌传播，建议选择第二种模式，即租用（或共建）已经有人设的虚拟人做品牌代言人。

这种模式中比较成功的虚拟人当属Lil Miquela，这位2016年"出生"的女孩，号称是巴西和西班牙混血儿，她经常扎着标志性的丸子头，留着齐刘海，笑起来能看到整齐的牙缝并拥有健康的小麦色肤色。

她曾携手Prada出席在米兰举行的女装秀，与Dior Homme珠宝设计师联名推出一款圆领运动衫，甚至发布了单曲《Not Mine》。她在社交网络支持黑人维权，推动改善女权，勇敢表达自己的政治偏好和对一切事物的看法。以上这些构成了虚拟人Lil Miquela的个人"人设"。凭借这个标志性形象，她在Instagram上的粉丝高达300万。同时，她还像现实中的女孩一样经常在

Instagram 上分享时尚穿搭和日常生活。

依据这种人设，她到目前为止已经为Prada、Chanel、Supreme、Dior等各大时尚品牌代言，据估计其商业价值超过千万美元。

以上这种虚拟人可以称之为"公众虚拟人"。如果企业的品牌影响力足够大，且有足够的实力与耐心，愿意从头培养自己的虚拟人IP，选择自己创作企业专属的虚拟人也未尝不可。

在"品宣+元宇宙"领域，2021年最热的应该是NFT，好像只要是一家大企业，就必须有自家的NFT。

虽然如前文所述，这是一个认知误区，而且随着NFT资产的暴涨暴跌，NFT的价值和参与者的热情都将锐减，这预示着在不久的将来NFT会回归理性。

那么，回归理性的NFT还有价值吗？我的回答是"有"。

不过这个价值不在NFT，而在铸造NFT的IP其本身的价值。比如周杰伦发的限量歌曲NFT肯定会有价值，因为现实世界中他歌曲的限量版唱片就很有价值，但如果是随便某个人的涂鸦或者照片，就没有任何价值。在NFT爆火的今天，好像随便一个涂鸦都价格飙涨，这是不合情理的现象。

对于有品牌定位、有自己IP的大型企业，适当地将自己的IP进行二次创作，然后铸造企业的NFT并发行给品牌的粉丝们，同时与现实世界的产品销售有机结合起来，是一种比较不错的品牌传播模式。

如果品牌实力足够强大，将NFT与虚拟人结合起来，不但打造虚拟人"人设"，而且将虚拟人的生日、NFT纪念日、虚拟人的喜好等全部结合起来，与粉丝之间进行高强度连接，也不失为一种新潮的玩法。

另外，对数字艺术类、歌曲类产品，NFT或许有其独特的产权保护价值，但这需要平台级应用开发，散点式的NFT铸造几乎无法起到版权保护的效果。

虽然目前虚拟人和NFT是热门话题，但我认为比较有价值的元宇宙应用场景是"元宇宙空间"。

从互联网1.0时代开始，网站就成为企业不可或缺的品牌传播工具，但一直到今天几乎没有任何变化。元宇宙时代会将网站的"域名"换成虚拟世界的"地址"，而有了地址之后的网站就变成虚拟世界的一家真实的公司，你访问某家公司的网站就相当于到虚拟世界的某家公司去参观。

有具体地址、有办公场所、有展厅、有接待虚拟人，这就是元宇宙空间——新一代的企业级门户，而打造元宇宙空间的基础技术模块正是AR/VR、SLAM、3D渲染、人机交互等元宇宙相关的技术。

来访者可以像真实地进入某家公司一样参观展厅、提问问题、与接待人员沟通，这样的场景需要以下几个基础模块。

一是虚拟环境的建设。这个虚拟环境可以是真实办公室的虚拟呈现，可以是某个在现实世界中不存在的星球，也可以是现实世界存在的其他地点（这个要得到对方的授权）。

二是接待虚拟人的制作与开发。这个接待人员可以是企业的代言虚拟人，也可以是一位普通的虚拟人员工，但要有这样的人存在，才能够和来访者自然对话。

三是交互内容的设计与开发。这要用到游戏化思维，就是设置"有趣"的互动场景，让来访者可以参与其中并体验到公司的文化和氛围。前文所讲的虚拟展厅就属于互动的一部分，只不过虚拟展厅中可以展示各种产品及其使用场景，让来访者能够有身临其境般的体验产品的功能。

以上场景在"后疫情时代"特别有价值，因为疫情，人与人之间的商务面谈必然减少，但不能因为这个减少影响企业的宣传、产品的推广，而元宇宙空间则是一种非常有用、有趣的品牌宣传和产品推广方式。

个人斗胆预测，元宇宙技术在企业级的应用中，元宇宙空间将会成为一种最实用、最有价值的产品形态。因为任何企业，在元宇宙的初级阶段要从现实世界进入元宇宙世界，首先要有个入口，用户只有通过这个入口才能找到企业所在。

用户只有进入企业的元宇宙空间，才能够体验企业的虚拟人服务、虚拟展厅、虚拟试衣等，而这一入口未来也会是企业自身的庞大流量来源。

营销销售

营销最重要的是吸引流量和产品推广，销售最重要的是流量转化，即成交。

吸引流量有两个维度：一是尽量增加与流量接触的面，即触达；二是让流量能够与产品之间形成互动，即引导。这就类似于传统的农田灌溉，首先要找到水源（触达），然后再制造高差（引导），水才能够流到农田。

AR智慧包装是一种非常有效的触达手段，AR智慧包装两步就可以实现流量触达。

第一步，将AR扫一扫可识别的"识别图"印在包装上，并在旁边注明"AR扫一扫"可得何种福利，福利可以是优惠券，也可以是实物或其他奖励，总之能够让用户有扫图的欲望和行动即可。

第二步，用户扫图之后便会进入AR互动流程，AR模型内容可以自由设计，可以是自家的产品介绍，可以是互动游戏或虚拟人合影等，互动流程结束后进入电商页面。

这样的引流路径可以实现趣味与实效的最佳结合，最终实现"包装即入口"的新型电商模型。

引流来了之后，如何形成消费者与产品之间的互动呢？目前来看直播是一种比较有效的"流量引导"手段，主播直观、生动的介绍可以加深消费者对产品的了解。由于直播的时长直接影响流量转化效果，个人认为虚拟主播技术可以完美地解决这一点，正如N小白和N小黑播报新闻一般，让虚拟主播经过类似的脚本及问题知识库训练，就能够实现与消费者之间24小时不间断的直播间互动。

不过，再生动的介绍也无法解决消费者试装的问题，正因这一点，使得服装电商交易过程中因尺码、款式问题导致的退换货比例高达30%~50%，商家的多数利润被退换货"吃掉"了。相信近年来不断在成熟的AR试鞋、试妆和试衣的技术会逐步改善电商的这一"顽疾"。

目前，京东、得物等App有部分产品实现了AR试鞋或AR摆放，消费者只需要在购物页面点击"AR试鞋"，然后将手机对准自己的双脚，新鞋的模型就会自然地"匹配"到消费者的脚上，让消费者感受鞋子的款式、颜色等。唯一美中不足的是，现有技术还无法实现尺码的试穿，相信随着AR技术的成熟，这一问题终究能够解决。

如果能够解决款式、尺码、颜色等一系列问题，那么AR试穿将与现实中的试穿有类似的感觉，电商的退换货率将会大大降低。

售后服务

消费者购买到商品之后第一件事情就是想知道如何使用，传统的方式是看说明书，实际情况却是多数人都直接将说明书束之高阁，然后自己摸索使用方法，实在不行上网找视频。可见，文字类的说明已经无法满足消费者的需求。

视频也有一个问题，就是无法交互，也就是说我不懂的地方在A，但视频可能根本没讲到。

AR的万物识别能力完美地解决了这个问题。以汽车为例，如果你提车之后不知道SIM卡应该插放在哪里，你可以打开汽车的App（目前多数新能源汽车都有自己的App，因为要实现智能控制，App是必需的），使用AR扫一扫，便可以查找到SIM卡的插放地点。

再则如果汽车出现故障，仪表盘上会有相应的图标，一般情况下普通车主都不知道这些图标代表什么，打电话给4S店通常也不好描述。这时如果使用App中的AR扫一扫，不但图标所对应的警示内容一清二楚，甚至可以跳出一个虚拟人指导你下一步应该如何排除故障（小故障），或者应该去哪里维修，以及在这个过程中的注意事项（大故障）。

如果你从网上购买的产品需要自行组装，AR说明书也会起到很大的作用。没有AR加持的情况下，我们一般都是按装配图操作，但这样确实需要较好的理解能力，如果使用AR技术扫扫每个部件，便会有安装在哪里的提示，这样将会大大减少消费者的工作量。

以上是对于消费者的便利之处。对于厂商，AR相关技术一样大有用处，比如维修工人的远程培训、虚拟客服、用户动作捕捉识别等。

其中虚拟客服的场景与虚拟主播类似，维修工人的远程培训与前文介绍的专家远程协同类似。

用户动作捕捉识别则主要用于汽车领域，在驾驶员驾车时，摄像头可实时捕捉其动作，如果发现驾驶员疲劳、动作异常等（这些均可通过AI算法得出结论），则可及时采取机械或人工干预措施，避免恶性事故的发生。

旅行，穿越时空的体验

十年前的中国旅游业还是旅行社的天下，那时的出游主要是跟团，于是便有了"上车睡觉，下车尿尿，景点拍照"的段子。

随着人们生活水平的提高，近年来自驾游日益增多，人们对景点的内涵理解更加看重，但很多人文类景观不是能"看"出门道来的，需要讲解。讲解员的数量总体上来说还是不足，而且有些场景单靠语言也不那么容易表达，这便成为元宇宙有可能大规模率先应用于旅游领域的第一个理由。

其次，自2020年新冠疫情暴发以来，全球的旅游行业均受到较大的影响。特别是进入2022年，国际上多数国家对新冠疫情采取"躺平"策略之后，对我国的防疫形势造成了挤压式影响，从而进一步延长了旅游行业的恢复周期。疫情暴发初期，文旅行业的从业者大多寄希望于疫情尽快结束，但从现实情况来看，这或许是一种奢望。在可以预见的未来，疫情与我们共存或许会成为一种常态，我们称之为"疫情常态化时代"。

既然疫情已经成为常态，与其"坐而待毙"不如主动出击。有谚语云："上帝关上一扇门，定会为你打开一扇窗。"与疫情发展相对应的是，近两年元宇宙相关的技术也在迅猛发展。或许，元宇宙就是文旅行业那扇已经打开的"窗"。

我们知道，AR技术的主要功能有三种：第一个是万物识别，即无论使用"AR扫一扫"扫什么内容，只要是这个"图"在数据库中，就可以调取相应内容出来；第二个是虚实结合，AR技术能够将虚拟模型与现实场景有机地结合起来，即将虚拟场景还原到现实环境中；第三个是虚实交互，AR技术不但能够投放模型，还可以实现人与模型之间的互动。

通过这三大功能，AR技术可以完美地实现人在不同时空之间的穿越，同时也能够实现随时随地扫一扫来了解某个景点的细节与故事，所以我经常说："AR是游客的第三只眼。"因为游客看哪里，哪里就展现给游客更多的内容。

以上功能可以催生出旅游行业的三大应用场景：一是将线下场景搬到线上，让旅游不再过分依赖人员的实际流动，通过游戏似的场景还原就可以实现线上旅游；二是将虚拟与现实有机地结合起来，形成人与人、人与虚拟环境之间的"超时空"穿越，进而增强旅行的内容体验；三是文创产品的数字化与资产化（NFT）后的交易能够形成巨大的后旅游市场。

接下来以厦门的鼓浪屿为例，我们详细介绍一下元宇宙技术在旅游场景的应用。

鼓浪屿在2017年第41届世界遗产大会上被列入世界遗产名录，是源于其国际历史文化街区的定位，源于其特定历史时期的文化多元与和平共存，大会对鼓浪屿的评估意见是："在所有能够体现多元文化影响的城市中，鼓浪屿是独一无二的，它见证了有机城市肌理中实现的不同文化之间的相互借鉴及文化融合，以及循序渐进的自我更新转化。"这些内涵表述起来比较拗口，再让游客理解确实难上加难，这就亟须新的技术表现形式使其生动化、形象化。

目前国际上使用元宇宙技术建设的虚拟社区多数都是纯虚构或利用画作等艺术品为蓝本创作的，我们可以以鼓浪屿"历史国际社区"多元建筑为蓝本创作出"鼓浪屿元宇宙历史国际社区"，使鼓浪屿成为全球首例以现实社区为蓝本的元宇宙社区。

第一步是将鼓浪屿全岛通过"点云扫描"技术建模，形成元宇宙社区的基础模型。

第二步是将具有代表性的历史文物、艺术品，如建筑、音乐或图像等数字化建模，如海天堂构、四落大厝等。

第三步适当创建游戏化场景，设置不同场景的NPC角色，这些NPC角色可还原1842—1941年的历史人物原型，为元宇宙鼓浪屿的游戏化运营打下内容基础。

第四步是设计剧本。根据鼓浪屿当时的社会形态设计出典型的故事场景，可让游客（虚拟或现实）与NPC互动起来，从而沉浸式体验鼓浪屿的风土人情。

第五步是开发"元宇宙鼓浪屿"App，用户通过此App可实现如下功能：一是远程登录App，玩家可像玩游戏一样体验1842年—1941年这段鼓浪屿最有国际社区风味的社会图景。玩家可自定义自己的角色，与游戏中的NPC角色互动的同时，亦可与其他玩家互动，形成一个虚拟中的仿真社区。二是来到鼓浪屿实地旅游的游客，可以通过手机或AR眼镜等终端设备，同步游戏内容，在鼓浪屿上行走时就像进入游戏中一样，从而实现虚实互动似的时空穿越。在这个"时空穿越"的过程中，游客既能直观、充分地体验当年鼓浪屿的繁荣与多元，又能理解每栋建筑、每个文物的历史内涵。三是开发鼓浪屿相关NFT藏品，结合厦门本地的特色产品，形成真正的线上交易市场，让鼓浪屿的艺术资产真正活起来。这个交易过程可以在游戏中完成，亦可利用单独发售NFT资产完成。

一般情况下，普通游客到鼓浪屿游玩多数是感受那种静谧的氛围，殊不知鼓浪屿的每栋建筑都是一本故事书。鼓浪屿研究专家詹朝霞写过一本书——《鼓浪屿的故人与往事》，她将在鼓浪屿生活过的人与他们曾经住过的房子都生动、细腻地描述了出来。到鼓浪屿的游客不可能全部看过这本书，但我们可以通过AR技术将这些场景还原出来，让游客通过手机或租用AR眼镜将这些虚拟场景投射到现实的建筑物当中，游客好像穿越回上世纪的鼓浪屿，成为其中的一员，体会每一栋建筑背后的故事，体会鼓浪屿的前世今生，这将是多么美妙的一种感觉啊！

当然，这种场景可以拓展开来，AR技术既然可以应用于鼓浪屿这种文化旅游景点，就可以应用在各大博物馆、历史文化基地、党建基地等。

凡是需要讲解的场所，均可使用AR技术将原来使用语言表达的场景逼真地还原出来，让游客作为其中的一个角色参与进来，身临其境地"穿越"到那个时刻。

再比如三星堆，当你看到古蜀人的青铜器面具时，可能很疑惑它到底是干什么的。如果使用AR技术将古蜀国当时的祭祀场景还原出来，让"青铜大立人"拿着祭祀的器具站在前方，他的面前是一群戴着"青铜面具"的人在跳祭祀舞蹈，人群旁边是"通天神树"，通天神树上有神鸟栖息。配合着场景，再使用语言将当时的祭祀内容表达出来，相信参观者能够瞬间理解这些文物的用途以及它们表达的意义。

可以说，凡是需要内容展现的领域都可以让AR眼镜成为"游客"的第三只眼，进而通过AR透视功能实现场景中具体的内容展现。

教育，做最好的自己

一般情况下，我们一提起"教育"二字，就会想到学校、教室、老师和课本，其实这是狭义的教育。广义的教育应该包括一个人终其一生的所有学习过程，即凡是有目的地增进人的知识技能、影响人的思想品德等素质发展的活动，都是教育。

人类自从呱呱坠地开始就在学习。小时候主要靠模仿学习基本的技能，如语言、动作和对事物的认知；稍大一点靠游戏学习社会上的基本规则、学习爱与理解、学习互助合作；再大一些进入学校通过书本学习前人积累下来的知识和技能。

如前文所述，美国教育家Edgar Dale曾经提出了"体验金字塔"理论，该理论认为语言、文字的知识传达效率最低，而亲身体验的学习效果最好，从一个人小时候使用的学习方式我们也不难看出，游戏、体验是比较好的学习方式。然而，现实生活中并非所有的知识、技能都能够游戏化和体验化，所以学生们在学校主要还要依靠"听课"的形式来学习。

但，元宇宙时代的到来可能会颠覆传统的学习方式，因为元宇宙最大的特点就是"沉浸式感受"，即让一个人能够融入某个创造出来的场景，去体验在那个场景中的各种感受。

记得2015年左右，我在网上发现了一套书——《让恐龙跑出来》，下载一个App，扫描书页上的图片就可以将恐龙投放到现实空间，可以放大、缩小，可以让孩子们与恐龙合影，甚至可以用手指头与恐龙互动。孩子们看到投放到客厅或院子中的恐龙之后，都异常兴奋，好像自己真的来到了恐龙博物馆一样，现在看来这就是AR教育的初级阶段。

近年来，如雨后春笋般冒出来的VR虚拟教室就是对这个场景的有效改进。虚拟教室多数的形态是，让学生们戴上VR眼镜和可穿戴设备，甚至将教室的椅子也更换成可传感设备。比如，当老师在讲威尼斯水城的时候，就可以在虚拟教室邀请学生们一起"坐船游览"威尼斯。学生们戴上VR眼镜，就可以"上船"，小船摇摇晃晃的感觉通过体感座椅传递给学生。学生目光可及之处，皆是威尼斯的实景，游览的同时耳边还会不时响起老师适时的讲解。这样的一堂课下来，学生们好像真的去过一次威尼斯，其对威尼斯风景、文化及特色的理解肯定比老师单纯的口头讲解要深刻得多。

以上，就是"元宇宙+教育"的一个典型场景，但也仅仅是其中一个场景而已，其实元宇宙能够给教育带来更多。

2022年2月，美国布鲁金斯学会发布报告《一个全新的世界：当教育遇到元宇宙》。报告认为，元宇宙能够从本质上改变现有的教育内容、教育模式，甚至最终会影响人们生活的方方面面。

孔子说过："知人者智，自知者明。"不可否认，我们每个人因为遗传基因的不同导致了优势特点的不同，有些人天生就有音乐天赋，有些人听任何音乐都傻傻分不清；有些人对数字非常敏感，有些人再怎么努力也无法学好数学；有些人能够认出仅仅见过一次面的人，有些人可能连续见过多次面仍然无法认出对方是谁。这些，都是基因决定的，虽然后天的学习能够带来些许改变，但毕竟不是决定性因素。

元宇宙技术除了能够将不存在的场景"创造"出来，让学习者有亲身的体验感之外，还能够像游戏一样为学习者提供非常及时的反馈，最终的目的是让自己更了解自己。

一个人最痛苦的莫过于在自己不擅长的领域努力终生，但如果没有合适的评估手段，这种情况发生的概率一直很高，元宇宙将一切数字化之后，"自知"将会变得无比容易，这种游戏化、智能化的反馈无疑会大大提升人们的幸福感。

基于元宇宙的各项技术能力，我们可以设想未来的"元宇宙+教育"应该可以分为以下几个阶段，也可以称之为几个场景。

一是虚拟教学。虚拟教学是目前已经进入实际应用的场景，很多学校现在已经搭建的VR教室就属于这类应用。虚拟教学主要是使用AR/VR技术、虚实交互技术，然后结合内容的创作，让学生在学习的过程中将原来仅能够通过抽象想象理解的学习内容转换为可以直观体验的内容，最终通过深度体验加深对学习内容的理解。

二是虚拟实验。虚拟实验的全称是虚拟仿真实验教学，2021年4月，教育部发布《关于开展第二批国家级一流本科认定工作的通知》，其中国家虚拟仿真实验教学一流课程认定1100多门。

所谓虚拟仿真，就是使用多媒体、仿真和虚拟现实等技术在计算机上营造可辅助或模拟传统实现各操作环节的软硬件操作环境，从而让教育过程中成本过高、时间过长、场景危险、具有破坏性或实验环境不可及的实验使用虚拟仿真方式教学。比如真空环境、油罐环境、电路过载、电池爆炸、生物从小长大等实验均适合虚拟仿真实验，进而提升学习效率。

三是虚拟培训。比如需要反复操作的手术训练，使用数字孪生、虚拟仿真和可穿戴设备技术，可将手术环境模拟到虚拟当中，让实习医生反复训练，增进自己的熟练度，最终达到与现实训练同类型的效果。这种虚拟培训在汽车维修、设备维护等领域一样的较广阔的应用空间。

四是元宇宙化的学习环境。在这种元宇宙化的学习环境中，学习内容是沉浸式的，讲解老师是虚拟人，学习效果通过人工智能分析过后并给学生制订下阶段的学习计划，学习后的培训也可以通过虚拟仿真来完成，实训过程中的纠偏可由远程的专家通过"远程协同"技术来实现。在这种学习环境中，学习内容可以体验，虚拟人老师可以通过人工智能为每一位学生提供全时的、个性化的指导服务，虚拟人老师不负责教学，但他能够以学生为中心，协助学生理解学习内容。

这种融学习内容、环境、设备、老师和学习效果分析于一体的数字化教学体验才是真正的"元宇宙+教育"。正如《元宇宙教育》的作者李骏翼老师所言："元宇宙技术可以帮助教育者和学习者进入教育者态和学习者态，甚至能够进入'心流'级别的学习状态。"我想这应该是元宇宙教育致力于达到的终极目标。

北京师范大学姚有杰老师认为，元宇宙教育可以从教学设备、教师、学生和学习环境四个方面进行建设。这四个方面中，教学设备的提升可创建有有效的沉浸式学习环境，学生在这种沉浸式学习环境中身临其境地体验学习内容，并通过自己的虚拟化身，与虚拟人教师或现实世界中老师的虚拟化身，进行有效沟通，最后由人工智能评估学习效果并拟定下一步的学习计划。可以说，对比传统教育，元宇宙时代的教育可以达到的目标是："虚实结合的环境，多元融合的方式，个性化的内容，多重价值目标和实时反馈的效果。"

看得出来，元宇宙教育与目前教育最大的区别不在于形式上的改变，而是将教育由现在的"工业化生产"模式改变为以学习者为中心的"个性化服务模式"，这种教育方式正应了孔子"因材施教"的理念，也让学习者"成为最好的自己"，这确实应该是未来教育的总体方向。

赋能，元宇宙的生命

任何新科技的诞生都需要有其价值，这种价值可以是体验感的价值，亦可以是生产效率的价值，甚至可以是对生态环境的价值。

价值的体现不是科技本身，而是科技的应用。爱因斯坦的能量方程本身没有价值，但运用这个能量方程可以人为设计出核聚变反应和核裂变反应才体现出其巨大的价值。

元宇宙的相关技术具备同样的性质，无论是物联网、大数据、深度学习算法、区块链还是人机交互，没有内容的流动，就只是一堆空洞的概念。所以我们说，内容是元宇宙的有机体，因为内容能够赋予元宇宙力量，最终对现实世界或人类的生活产生根本性的影响。

本章我们列举的消费场景、商业场景、旅游场景和教育场景仅仅是元宇宙时代众多的场景应用之一，套用一句很流行的话就是："元宇宙时代，任何传统的行业都值得重做一遍。"

当然，重做一遍的前提是有优秀的内容产出，即找到为传统企业赋能的点。没错，优秀的内容要符合几个标准，一是赋能性，要么是对企业赋能，要么是对个人赋能，要么是有正外部性，即对社会赋能；二是趣味性，这也是我们说游戏是内容基础的原因，因为游戏的即时反馈机制、闭环特点等能够让人们在体验内容的时候享受趣味性；三是进步性，即内容要符合社会基本伦理价值观，代表着积极、正向、奋进以及人文主义精神。

专家远程协同可以为企业赋能，虚拟人代言能带来更多的趣味性，AR透视能力则会让人与人、人与物之间的信息交流更加顺畅，以区块链技术为底层的"去信任交易"则能够让人与人之间的、人与物之间的沟通和交流标准化、通用化，因而大大提升了沟通的效率与准确度，这些内容无疑都算优质的。

看得出来，我们在本书中所列举的应用场景均属于近期可以看得到的、可预见的部分场景。着眼于更远的未来，通过科技之间的相互作用肯定还会催生出我们现在根本就无法想象的应用，就像人们至今还无法直观地理解量子纠缠一样。

科技的发展很多时候是不以人的意志为转移的，但无论科技的发展多么任性，作为人类的一员，我们在利用科技力量的时候一定要将人类的利益放在第一位，这也是内容设计的一条基本原则。

但有一点需要特别注意，人类往往是短视的，特别是当有巨大利益诱惑之时，则会加重人类的短视。

有句话说得好："当人类砍倒第一棵树的时候，文明开始了；当人砍倒最后一棵树的时候，文明结束了。"

那么人类为什么要砍倒最后一棵树呢？如果这种结局有一天真的发生了，这无疑就是短视所造成的。

元宇宙的内容设计必须具备这些长远的视角，特别是涉及更加智能的虚拟体之时，这一目标靠单个人或机构是无法达成的。

个人认为，元宇宙内容的生成标准必须存在某个全球性联盟，这个联盟需要制定相关内容生成的标准及基本原则，就像"机器人学之父"艾萨克·阿西莫夫制定"机器人三定律"一样，元宇宙的相关内容设计一样应该有自己的"定律"。

由于元宇宙的基础是"万物数字化"，即一切事物、行为、语言甚至思想均被数字化，智能机器再将这些数据进行存储、整理、计算，最后得出相应的结论。不难看出，在这个过程中最大的风险在于隐私的泄露，因为万物数据化的本质是"一切皆透明"，但这里所说的"透明"并非让每个人的所有信息都公之于众，而是在后台计算时"透明"，但前台操作者，甚至智能机器本身并无法知道具体某个人的相关信息，这种对信息的处理方法被称为"脱敏"。个人认为元宇宙内容设计过程中需要遵守的第一条原则就应该是对隐私的保护，而对隐私的保护方法除了信息"脱敏"之外，还有加密技术、隐私计算等，所有这些技术的服务目标只有一个，就是保护"万物数字化"之后的个人信息的安全。

元宇宙内容设计开发过程中的第二项原则是分布式。前文我们已经详细阐述过，如果一个人掌握了世界上每个原子的状态并拥有足够强大的算力和足够优秀的算法，那么他便是拉普科斯所描述的"妖"，也就可能成为《1984》中的"老大哥"，所以如何保证"万物数字化"之后的数据分布式存储应该是元宇宙内容开发过程中的第二项原则。

元宇宙内容设计开发过程中的第三项原则是有用性。即基于宇宙技术开发的内容是否能够有助于缩短人与人、人与物之间沟通的时空距离，或者能够增加人类的幸福感，这是元宇宙内容是否有生命力的基础。

元宇宙内容的最后一个原则是"以人为本"，即任何内容的设计、智能应用的开发都应该将"人"放在第一位，任何应用均不能用于"伤害"人类，这也是防范元宇宙相关的智能应用反过来会损害人类的基本原则，这一原则与机器人三定律类似，但必须重提，毕竟元宇宙的很多应用与智能机器人是紧密地结合在一起的。

基于以上原则设计的内容，利用"万物皆数字"之后的海量数据，遵守区块链技术和Web3.0制定的分布式、拟人化规则，通过AR/VR及可穿戴设备等实现虚实交互，将会成为元宇宙时代的常态，也一定会大大地提升人与人、人与物之间的沟通效率，最终从根本上改变人类对自己、对世界的认知。

第七章

奇点临近，数智未来

人在尘世中生存，并不因此占有了组成我们身体的粒子，因为它们随时在变，一个月前的我和一个月后的我，是完全不同的粒子集合，唯一延续的是它们的组织形式。

其实，组织形式也会变，只是相对缓慢，有秩序性。所以说，只要组织形式没变，我就依然是我！

——《奇点临近》雷·库兹韦尔

数智未来

行文到这里的前一天，一位大学同学来访，席间聊到元宇宙。由于我们读大学时的本科专业是动力工程，而这位同学多年来一直在动力工程领域深耕，所以对元宇宙知之甚少。

于是他向我提出一个问题，那就是希望我能够用最简单的语言说清楚元宇宙是什么。我觉得这个要求特别棒，真正内行的人一定可以用简单的语言表达出深奥的道理。

我尝试着满足他的要求，于是有了下面这段对话（同学叫易岷，以下简称"易"）：

易：你能否用最简洁的语言让我了解什么是元宇宙？

我：元宇宙本质上是一种未来社会形态，是某些企业或媒体为了博取眼球而造出来的概念。这种社会形态就是万物均数字化之后，再由人工智能驱动数据形成的一种虚实相融情景。所以，元宇宙的基础是万物皆数字，包括生命体、非生命体，甚至人类的思想都可能会被数字化。

易：数字化的精确定义是什么？

我：比如我们描述汽车发动后加速，这不是数字信号，是定性描述；如果我们说汽车从静止向东偏北30度的方向直线加速，加速度保持不变的情况下10秒的时间加速到100km/h，这就是使用数据来描述状态。但这还不是数字化，这是定量描述中的模拟信号，真正的数字化是使用"0、1"比特来表述任何现实世界的物体、状态、动作，这就是万物皆数字。

易：这个是有可能的，之后呢？

我：之后就是人与数字对象之间的互相理解与沟通，简称为人机交互。路径有两条，一条是模拟信号数字化，正如我们上面所讲；另外一条路径是数字信号模拟化，就是如何让数字对象理解人的语言、行为、思想，并能够像人一样和物理世界中的人展开"自然交流"。第一条路径涉及的技术是可穿戴设备、脑机接口等；第二条路径涉及的技术是AR/VR、虚拟人等。通过第一条技术路径，机器可以读懂人；通过第二条技术路径，人可以"看到"虚拟人和虚拟世界中其他的物。当人与数字对象可以充分理解并自由交流之后，便形成了元宇宙世界的几个主角，那便是物理世界中的人、人在虚拟世界的化身Avatar、数字原生人（借用小冰公司的称呼叫AI being）和智能机器人。这四类人之间的互动将构成元宇宙的基本范式。

易：我认为模拟数字化是根本路径，是ending，因为数字的效率要远高于模拟。

我：你说得没错，但那是远景，其中最难翻越的一道大山是"人"自己的感受。人的语言、感情等都属于模拟信号一类，如果要将这些全部数字化就要考虑到人类自身的感受。毕竟科技要为人类服务，如果人类感受不好，虽然不会改变科技发展的最终方向，但肯定会延缓这项科技的发展进程。

易：如果某一天智能机器人要伤害人类怎么办？

我：你这个问题问得太棒了！这就涉及元宇宙的社会运行规则——区块链技术。任何数字对象在元宇宙世界中"存活"必须有Token，这个Token就像我们玩游戏时某个角色的"生命数值"一样，当数字对象用完了自己的Token，它也就无法"存活"在数字世界中了，智能机器人也是一样。而这个Token的生成、消耗则通过区块链"行为即合约"的智能合约技术来完成。智能合约最强大的功能就在于它可以让数字世界中的任何数字对象的行为都和物理世界中的"人生"类似，"只有直播，没有彩排"，也就是数字对象的每一分、每一秒也不可"回头覆盖"，因为区块链的这种唯一性、不可篡改性和分布式结构的特点，使得区块链和以区块链技术为基础的Web3.0是元宇宙的规则制定者。只要是在这个架构之上的任何数字对象的行为都和Token值挂起钩来，如果数字对象的行为花费太多Token，它就只能走向死亡之路。比如杀人这种事一旦将要发生，便可以一次性扣光Token值，让这个数字对象立即在网络上"社死"。

易：这套规则谁来制定？

我：算法。所以说，元宇宙时代的一个基本要求就是算法、算力、物联网、5G等技术都发展到一个阶段才可以实现的数字社会形态。我认为人类社会从采集时代、农业时代到工业时代都属于模拟社会，只有到了万物皆数的元宇宙时代，人类才正式进入数字社会，而数字和智能的结合就形成了元宇宙，也就是"数智社会"。数智社会的主宰者就是"算法"，即"代码即法律，算法即规则"。

易：这个算法是由谁来编写的呢？

我：正如我们刚才所言，在数字世界中，代码即法律，算法即规则。算法将由谁来编写这个问题就像"现实世界的法律由谁制定"是同一个问题。人类从原始社会走到今天，法律的制定权一直在变化，我们称这个过程叫"演化"，但有一个趋势是明显的，就是权力越来越分散。这个趋势在计算机世界中叫作"分布式存储"，也就是通过分布式存储和多节点控制，再经过长时间的演化，数字世界一定可以诞生出一套完整、合理的算法编写规则。

易：如果这么说算法、算力等技术也算是元宇宙的一部分？

我：从本质上来说，元宇宙不是技术，它是一种社会形态，是社会数字化之后的一种表现形式，我把这种社会形态称为"数智社会"。但要达到这个"形式"必须有相关的技术支撑，这些技术支撑又可以分成两类：一类是元宇宙的专用技术，一类是通用技术。专用技术是指这些技术是元宇宙的基本框架，没有不行，像我们前面讲到的区块链和人机交互技术；而通用技术是指目前已经发展得较为成熟，且在各个领域都得到广泛应用的技术，类似你刚才提到的算法、算力、物联网、6G等。业界经常提到的"BIGANT"中就既包含了专用技术，也包含了通用技术。如果不加以区分，会让人有"元宇宙是个筐，什么技术都能往里装"的感觉，按我的定义，交互类、规则类技术是元宇宙专用技术，而算法、算力、通信、半导体等技术则属于通用技术范畴，至于通用技术是否为元宇宙的一部分，我的回答是它们属于广义上的元宇宙，并非狭义上的元宇宙。

易：这么说我就明白了。那元宇宙对我们人类有什么用？如果没用，干吗搞这些花里胡哨的东西？

我：你说得太对了。元宇宙一定要对人类有用，它才能快速发展，也才能够有价值。就像人体内的细菌，如果对人类没有价值，它们就不可能存活，这种状态叫共生。元宇宙也一样，它无论是对企业还是对个人都有非常大的价值，业界称这两种应用领域分别是企业元宇宙和消费元宇宙，简单地说就是To B和To C应用。评价一项技术或创新是否有价值，可以看两点：一是看能否提升效率，即减少沟通对象之间的时空距离；二是看能否提升体验，即丰富人的感性世界。元宇宙对企业来说可以通过虚拟空间大大减小沟通对象的时空距离，对个人来说就可能增加很多人和人不见面就可以实现的场景。你想象一下，如果某一天坐在你对面的是我的Avatar，我们不见面也可以像这样聊天，这种感觉是不是很酷？

易：万物皆数，越想越有道理。

我：这是两千多年前的毕达哥拉斯提出来的，不过当时他的意思和数字社会时代的万物皆数是不同的意义，我这仅仅是借用他的词汇来表达，不过这正好就是元宇宙的根基所在。

沟通过后，易岷表示他对元宇宙已经有了一个初步的认识，当然这种认识仅仅是我传达给他的一种印象而已，到底是否准确，确实还未可知。

所有的预测必然都有一定的风险，正如全球各地的大咖对元宇宙的认识也是"千人千面"一样。

可穿戴计算之父、多伦多大学教授Steve Mann认为，元宇宙是由感知传感器（如雷达、声呐、麦克风、摄像头）及其感知能力定义的，他称之为元视觉、元感知、元监控、元成像、元测量（Metavision、Meta-sensing、Metaveillance、Metaveillography、Metaveillogrammetry），这些多元模块合在一起，就是元宇宙。

华盛顿大学教授Thomas A. Furness III认为元宇宙是连接全世界公民思想和心灵的现代交通系统（Transportation System），是一种前所未有的、全球化分布的多维度、多感官的通信和交互媒介，通过元宇宙的"媒介"传递"信息"，有无数的实际应用均可落地实现。

Meta增强现实硬件负责人Caitlin Kalinowski则认为元宇宙是社交技术的下一代进化，它并非特定的数字场所，而是代表着一种共享信息的方式。进一步讲，元宇宙将是一系列数字空间，是彼此连接、可以轻松切换的沉浸式3D体验。它可以让你和不能在现实中在一起的人，做不能在现实中一起做的事。在元宇宙中，你几乎可以做你能想象到的一切——与朋友和家人团聚、工作、学习、娱乐、购物、创造，以及那些用电脑和手机完全无法提供的全新体验。

无论是我对元宇宙的理解还是各位大咖对元宇宙的"定义"，我们基本可以得出如下结论，那就是元宇宙的定义虽然不一定很容易给出，但其几个基本特征业界基本已经达成一致，那就是：

一、元宇宙是一个基于数据和现代通信技术的、虚拟对象和实体对象在算法、算力加持之下可以实现无缝交流的新型社会形态，这一特征我们可以将其定义为"虚实相生"。

二、在元宇宙中，人们可以实现跨空间的在线交流，虚拟对象和实体对象在元宇宙中是完全平等的，他们有自己的人格、自己特定的ID，他们的行为本身就是价值，这一特征我们将其定义为"价值互联"。

三、元宇宙通过分布式结构，虚拟对象和现实对象的自主创新，将会形成一种类似于"物竞天择"一般的自然演化，最终的社会形态并非线性的、可预知的，这一特征我们将其定义为"涌现结构"。

通过以上特征，如果非要使用一句话给元宇宙下个定义，我认为应该是这样的：元宇宙是一个建设在万物数字化基础之上的，通过一系列智能技术实现虚拟和现实世界的充分理解和无缝沟通，最终形成的一个以分布式"涌现结构"为基础、以"价值互联"为规则、以"虚实相生"为形式的新一代立体、沉浸式数智社会新形态。

在这种社会形态中，生命体和非生命体在其中将像游戏中的角色一样共同生活，正如俗语所言："人生如戏。"

可以想象，假设上帝真的存在，他便是世间万物"游戏"的开发者和行为规则制定者，所以人生在上帝的眼中确实就是"游戏"。

且这种人生游戏与我们熟知的"游戏"也有很多相似之处。首先，游戏需要角色，而社会中的每个人是天然的"角色"；游戏需要制定规则，社会上大至道德、法律，小至合约、口头协议等均是规则；游戏中有装备高低，社会上有贫富贵贱。

当然，人生与游戏也有两大不同点。一是游戏有输赢，且输赢多数能够量化，而人生虽然有不同的经历，但只有生命的终结，没有本质上的输赢。其二，人生的社会规则并非由"上帝"制定，而是在漫长的社会发展过程中形成的；而游戏的规则多数则是由游戏开发者制定出来的。

元宇宙时代，有虚拟角色参与进来的"数智社会"则将人生与游戏有机地融合起来。

以区块链和Web3.0为底层的游戏结构将不存在"规则制定者"这个角色，所有规则都将是在角色互动的过程中自发形成或被约定好的；这种规则将不再规定输赢，而是通过角色的体验、Token值的多少代表"游戏"中每个角色的生命能力，当数字角色的"Token"归零之时也便是数字生命的终结之日。

这也许就是元宇宙的终极形态。

前路漫漫

凡是梦想，均须一步步努力才能实现，元宇宙的终极形态也非一蹴而就，瞬间即达。

从今天我们讨论元宇宙的雏形一直到元宇宙的基础应用比较完善还有一

条无比漫长的道路，而且这条道路肯定并非一帆风顺。

从现在元宇宙进展的情况以及元宇宙未来的特征来看，元宇宙的发展过程中将面临两方面的挑战，一是社会伦理方面的挑战，二是技术瓶颈的突破。伦理方面的问题决定了人们是否有意愿发展元宇宙，技术方面的瓶颈决定了人们能否实现理想中的元宇宙模式。

这和现实生活中要做成功一件事情的关键因素类似，一个是有努力的欲望，另一个就是有实现的能力。

伦理方面需要解决的人类疑惑主要集中在如下几个方面：

一是如何避免智能数字对象潜在的危险，比如不受控的情况下对人类的攻击或伤害。这在很多科幻小说中已经警示过多次，但目前来看除了机器人学之父"艾萨克·阿西莫夫的"机器人三定律"之外，好像并没有特别好的方式去从根本上"否定"这个潜在风险。

二是如何避免数据过于透明化之后，最终产生一个或一部分有能力掌握所有数据的"老大哥（们）"对其他现实与虚拟对象进行奴役的情况发生，这种情况我们可称之为"1984陷阱"。第一章中我们曾经提出了相应的解决方案，即使用分布式结构和相应的加密手段，从而避免这一情况的发生。客观地说，这是其中一种解决方案，但并非终极解决方案，因为这种方案可能有效，但同时带来了巨大的计算成本。

三是关于生命的意义。凡是经历过深度思考过程的人们势必都想过一个问题，那就是"人生的意义到底是什么"，最终的答案或许都指向一处，那就是：人生并没有终极意义，但由于我们经历人生的过程中有非常多的不确定性，这种不确定性使得每一分每秒都有无可估量的价值，所以过好生命中的当下就是人生最大的意义，而当下的"不确定性"恰恰人生的趣味所在。

那么问题来了，如果在元宇宙时代，万物数字化之后，甚至人与人之间的沟通、关系、感觉都可以完全量化，这种量化虽然带来了效率的提升，但却是以损害"人生趣味"为代价的，这种代价是我们追求数字化和元宇宙的过程值得付出的吗？这或许会成为元宇宙发展过程中的一个巨大挑战，我们接下来的章节会专门讨论这个问题。

第四就是"绿洲现象"，即类似《头号玩家》中，大家为了逃避现实而沉迷于虚拟世界。电影中的背景是人类社会的"生无可恋"才导致人们逃避到绿洲，但实际情况却可能是因为人们沉浸在虚拟世界导致不再着手解决现实社会中的复杂问题，毕竟虚拟世界的生活较现实世界"安逸"。

以上四个伦理问题如果没有明确的答案，要么是限制了人们发展元宇宙的动力，要么是盲目发展之后才发现问题的严重性、最终导致不可预测的严重后果，甚至危及整个人类的生存。

技术层面的挑战虽然较伦理问题更容易解决，就像人们经常说"能用钱解决的问题都是小事"一样，在科技领域类似，换句话来说就是"能用技术解决的问题都只是时间问题"。

虽然如此，我们还是有必要列出几个制约元宇宙发展的关键性技术瓶颈，以方便我们判断何时元宇宙的发展有可能进入快车道，这一标志或许就是这几类关键难关的攻克。

首先是模拟信号数字化与数字信号模拟化的双向全真互通技术，简单来说就是可穿戴技术的成熟。也就是说未来要实现虚拟对象和现实对象完全的、不失真的互相理解和通信是元宇宙实现"虚实相生"的第一步，据"可穿戴设备之父"Steve Mann预测，这些问题的解决应该要在10年以上。

其次是通用平台或标准协议的建立。元宇宙既然是下一代互联网，就必须有自己的标准协议，而非各家企业各做各的，Meta和Microsft公司之间不能互联互通的元宇宙绝对不是真正的元宇宙。互联网的快速发展也是从TCP/IP协议等标准出台之后才开始的，所以有不少专家认为元宇宙标准协议的建立是元宇宙快速发展的前提。

对于这个问题，英伟达开发者生态副总裁Neil Trevett认为：未来通用的元宇宙资产格式将能够实现从利用几何、纹理、动画来定义对象外观转为通过添加参数和属性来定义对象在特定环境中的行为方式。如何通过这种方式精密定义资产参数和属性，进而实现复杂对象在不同环境中灵活、自然的行为表现，将是一项重大挑战。

最后就是海量数据处理问题。我们曾经举过一个例子，即如果真的存在上帝，他应该能够拥有宇宙运行的所有原子的所有状态数据，并拥有足够好的算法和足够充足的算力实现瞬间的海量数据分析，那么他就可以预测宇宙中万物的未来。元宇宙时代，人们试图通过分布式网络实现这种能力，首先需要解决的除了海量数据收集的问题之外，最重要的就是海量数据的处理能力，如果这种海量数据为了避免"1984陷阱"又进行过了加密和上链处理，其计算量将会成指数级翻倍。至少目前来看，能够同时处理如此级别的海量运算的能力我们还不具备，是通过优化算法还是通过扩张算力来实现这个目标还是个未知数。

这个难题在业界被称为"区块链不可能三角"，即安全、高效和去中心化三者不可兼得。

可见，虽然现在元宇宙已经成为一个"热词"，但距离我们全面利用元宇宙为人类赋能的时候还很远，至少要解决掉上面提到的大多数伦理和技术挑战之后。

本着对科技发展抱有无限信心的态度，相信这一天迟早会到来。

那么，如果一切技术问题都迎刃而解之后呢，人类的世界将会变成什么样子？美国硅谷的未来学研究学者Ray Kurzweil所著的《奇点临近》这本书给我们了部分警示和答案。

奇点临近

所谓"奇点"，即独特的事件以及种种奇异的影响。在数学上的定义是超越了任何限制的值，即函数$y=\frac{1}{x}$，当x趋近于零时，y的值。在物理上，用奇点来代表体积趋近于零，质量无穷大的点，也可称之为"黑洞"。

在《奇点临近》一书中，奇点则代表随着技术的加速进步，直到有一天人类无法控制智能技术时，将会迎来"技术奇点"。Ray Kurzweil认为当奇点临近时，人类可能只能接受如下命运，即："第一台超越人类智能的机器将成为人类1.0的最后一个发明"，他预测这个奇点到来的时间应该是在2045年左右。

当然，他指的是强人工智能或超级智能。

业界提到人工智能多数把它分成两类：一类是弱人工智能（Artificial Narrow Intelligence，ANI），另一类是强人工智能（Artificial General Intelligence，AGI），它们也分别被称为狭义人工智能与通用人工智能。

如果想简单区分ANI和AGI实际上只需要确认一点，那就是目标设置。ANI是按照人类的指令行事，AGI则拥有自己的判断甚至思想。那么所谓"奇点"，其标志是人机文明全面超越人脑的限制，而发展成为独立的智能。

要做到这一点，大脑的逆向工程就变得非常重要。虽然人类目前对于大脑的运作机制还不甚了解，但可以肯定的一点是人脑的运作机制主要依靠电流运转，而且拥有强大的"并行计算"能力，这从本质上来说应该是模拟信号，而"计算机"则是数字的，逆向工程则需要使用计算机去模拟大脑的运行模式。

我认为，从根本上讲人脑也是机器的一种，人类、大脑都是由原子、分子和各种元素组成的。同时，DNA等生命奇迹无非是这些"硬件"和"信息"的结合，从本质上来说也是一种计算机。既然认识到这个根本问题，那么智能机器超越人类就成为一种必然，只是时间的长短而已，并非仅仅是一种可能。

现代科学对于作为"生物"物体的物质人，已经研究了很多，也取得了相当优秀的成果。但对于那个"精神"上有灵魂、有思想的人，我们确实还知之甚少。

在即将到来的元宇宙时代，当一个戴着"脑机接口"头盔和AR眼镜、穿着"外骨骼"设备、体内布满传感器的"人"出现在你面前时，你是否会发出灵魂之问："这还是人类吗？"

不过，这还是人类初级的二次"进化"，根据《奇点临近》的作者Ray Kurzweil预测，在21世纪前半叶，通过基因技术（G）、纳米技术（N）和机器人技术（R）三种技术重叠进行的革命，人类将会被彻底改变。

他认为基因技术是信息与生物的交融，未来的人类可以通过这些技术修补DNA片段以治疗病变，可以通过减缓细胞的氧化速度而延长寿命至1000年以上，可以通过DNA改变来激发人类的潜能，进而从根本上扩张生命的力量。

纳米技术是信息与物理世界的交汇，通过纳米机器人类能够以分子为单位重新设计自己的身体器官，也可以用纳米粒子对身体的某一部位实施针对性治疗，因为纳米粒子足够小，可以穿过细胞壁直接将药物传递给细胞内部目标结构。甚至红细胞等都已经被纳米机器人替代，这样可以有效地避免生物因素对身体机能影响。

你可以想象将来的你可以通过基因技术修改基因延长自己的寿命到500岁，腿脚不灵活之后可以穿戴假肢之后再用脑机接口控制，体内还有无数的纳米机器人为你打扫体内的垃圾……

这种智能出现之后，人类将变成"人类2.0"，即生物、物理和智能算法的融合体，这时的"人"和"机器人"之间的分界线将会变得越来越模糊，或许是应了马斯克的目标——"让人类打入机器人内部"。

这或许真的是人类面对AGI时最有可能成功的路径。

元宇宙时代的来临，我们可能要直接面对几种与我们具备类似智能的"数字人"，即我们前面所讲的Avatar、AI being和智能机器人，随着人工智能的发展，它们的智力超过人类的可能性越来越大，低智能的生物对高智能体的控制能力确实让人怀疑，这个时候人类如何与这些高智能体和谐相处是人类很快就会面临的大问题。这时的人类一定要学会平等对待这些与自己不同物种的智能体方能够让地球不至于陷入《黑客帝国》的困境。

同时，数字技术给我们带来的"灵魂永生"我们是否愿意？这也是个问题。在元宇宙时代，如果任何人在虚拟世界都能够对应一个Avatar，那么即使现实世界中的这个人已经"去世"，虚拟世界中的Avatar并不会因此消失，因为他已经同步原来现实世界中这个人的性格、爱好、音容笑貌等，如果你进入虚拟世界与这个Avatar沟通，Avatar通过人工智能算法仍然能以和现实世界中已经去世的人相类似的方式、完全一样的口音、语调和你沟通，人类如何适应这种可能出现的状况将是一种巨大的伦理挑战。

这并不是梦想，2019年全球第一个去世后还可以留在数字世界的

"AndyBot"诞生了，他是美国战地记者、间谍小说家、好莱坞编剧和企业家安德鲁·卡普兰，他委托HereAfter公司，对自己的记忆想法进行数字化保存，同时生成自己形象的数字模型，以保证未来去世后可以通过数字化的方式与自己的后代们互动。

综前所述，奇点之后的元宇宙世界将会存在的、如前文所述的四类智能体，其智能状态和基本特征如下：

一是人类，但人类却被分成人类1.0和人类2.0两个版本，其中人类1.0就是现在我们所认识的正常的人类，人类2.0是融合了脑机接口、智能可穿戴设备，甚至在体内已经内置了各种纳米机器人的"智能生物人"。

二是智能机器人，即通过非生物的方式组合起来的智能体。换句话说，智能机器人无法通过基因遗传自己的信息，但可以通过科技的"技术元素"让自己迭代。以上两类智能体均生活在现实世界，人类无须借助任何技术和设备便可以感受得到。

第三类和第四类是虚拟智能体，其中一类是人类在虚拟世界的替身，我们称之为数字孪生人；另一类是在虚拟世界中原生出来的、并经AI训练后的数字原生人，即AI being。

单从智能的层面来看，这四类智能体均可能会超越现在的人类，但它们是否具备"灵魂"和自我意识，则要取决于未来人工智能的发展方向及阶段。

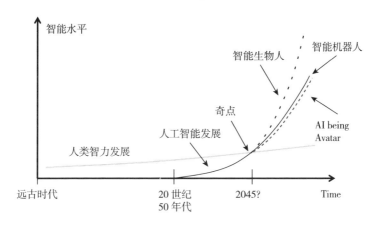

图7.1　人工智能在奇点之后的发展预测

　　我们是否愿意看到上面描述的四类智能体共存的场景？我们是否应当接受上面的行为？很显然，这已经不是个技术问题，而是伦理问题。正如我们上面提到的智能体就不包括克隆人一样，因为从伦理上来说，克隆人至少目前仍无法为人类所接受。

　　综合来看，无论我们对AGI持乐观或悲观态度都是不对的，正如凯文·凯利预测科技的进化有其自己的方向并不受人类控制一样，AGI的发展也不会因为人类的乐观或悲观而改变其发展路径。人类所能做的事情不是预测它对人类是否有利，而应该充分估计到它可能给人类带来的风险，并勇敢地面对，积极地想办法将事情控制在人类可接受的范围之内。

必然涌现

　　读到这里，您心中或许会产生一个疑惑，那就是既然科技发展存在那么大的风险，我们能否不要再发展这些技术，类似基因技术、纳米技术、强人工智能等，这样人类就不会面临如此之多的风险。

　　进一步来说，虚实相生的元宇宙也不需要，几千年来人类没有这些东西不也生活得好好的，为什么非要发展这些"劳什子"呢？

　　相信这种想法很多人都曾经有过。

　　不客气地说，这种想法太主观，因为它隐含着一种观点，那就是科技的发展、社会的进步与演化是受人类的意愿左右的。

　　其实不然，无论是人类社会的演化、科技的发展和进步，看起来都是由人类推动的，但从本质上来讲都有它们自己的规律。

　　历史证明，很多科学与技术的进步都是在某个时期、多个地点、由多个完全不认识的人同时推动。比如微积分，同一时期由莱布尼茨和牛顿发明；比如物种起源，也是同一时期由达尔文和华莱士共同提出。

　　以上情况的发生并非偶然，也就是人类社会发展到一定阶段之时，多种因素的叠加效应必然会产生另外一些社会形态或科技的创新，这些社会形态或科技的创新并非以人的意志为转移，而是多种因素的叠加效应，即涌现。

自然界中，我们经常看到的涌现例子是集群，如蚁群、蜂群、鱼群等。在这些群落中，几乎没有统一的管理者，即便有头领，这些头领一般情况下也不发号施令，群体中每个个体的行动都遵守简单的规则，但庞大的个体数量的共同决策却可以产生另外一种新型的"群体智能"，这种群体智能是不以个体的意志为转移的。

比如蚁群中，每只蚂蚁都是一个自主的单元，它们通过对其他蚂蚁、入侵者、食物和排泄物等刺激产生直接反应，这些个体反应集合在一起会生成新的群体行为。

科技进步的过程中也有类似的情况，当物理学、数学、化学、生物学等发展到一定阶段之后，它们之间的互相融合会形成新的科技创新模式，而这类创新模式往往不是因某个人而生，而是一种涌现模式。

正是基于这样一种原理，凯文·凯利在《必然》一书中的开篇便指出，科技的发展本质上就像雨点落向地面一样，虽然我们不能预测它的准确位置，却可以肯定它是因重力作用而向地面落下。未来科技的具体形式虽然不能预测，整体趋势却有其必然性。正如本书的观点，数智社会的到来就是必然，但数智社会到底是个什么样子却是不好预测的。

虽然"奇点"之后人类面临无数未知风险，但我们无法阻止这些风险的到来。人类唯一能够做的事情就是未雨绸缪，在默认这些科技都会出现的情况下如何规避风险、寻找对人类最有利的解决方案。

毕竟，任何事情的出现、任何技术的进步给人们都会带来正负两个方面的影响，而且从长远的角度看，技术发展带来的益处往往大于人们的预测，而负面影响却又往往小于预测。

就像当年蒸汽机发明之时，很多人认为机器时代的到来会让无数工人失业，结果呢？生产效率的大幅度提升催生更多产品的同时又产生了更多的消费，反而使得多数人都有了更多的就业机会。

当然，为了适应工业革命的到来，就业者的知识结构肯定会做出相应的调整。

计算机时代的到来也出现了类似的情景。

对于即将到来的元宇宙数智时代，又有很多人产生了同样的担心，基于历史规律来判断，我们应该有足够的信心认为这些担心多数都是多余的，因为科技的发展势必会带来更多新的机会。

不过，这些担心也都是有必要的，或许正是这些"担心"的警告，人们才会提前规避科技发展可能带来的负面影响、提前预防可能给人类带来的危害，从而能够让人类享受科技发展便利的同时尽量消除对人类的伤害。

在科技发展过程中，技术能力的实现永远都不是最大的问题，最大的问题是"伦理"。人，之所以为人，有自己的基本伦理，任何科技的发展与应用，人类要学会使用"伦理"来约束相关的应用场景，才能够符合艾萨克·阿西莫夫的"机器人三定律"，最终让科技的发展为人类谋福祉。

那么，人类的福祉到底是什么呢？

生命真谛

从读本书的第一章开始，大家或许就已经悟到了一个事实，那就是生命体与非生命体本质上没什么不同，它们都是由宇宙中的基本粒子通过一定的信息编码方式组成的。

正是有这样的一种共通性，才可能形成元宇宙时代的"美丽新世界"，即让非生命体或类生命体能够像人类一样"思考"，过类似于生命体一样的"人生"，再通过虚实相融、人机交互的方式实现宇宙中万物之间的交流与理解，并同时遵守"行为即合约"的区块链规则。

那么问题来了，数智时代生命体和非生命体之间的界限是什么？生命的意义又是什么？

看起来这是一个哲学问题，应该不能用"负熵"来解释，因为我们开始寻找"意义"。

就像话剧《威廉与我》中所言："生命乃至整个地球本身就是由'空气'

组成，最终也将复归'空气'，整个世界就是一座舞台，在这世上活过的男男女女们，其实都只是演员而已。他们以各自的方式粉墨登场，可也总有谢幕的时刻。"

没错，如果我们从上帝的视角、宇宙的时空来审视生命，真的可能得出无比虚无的结论，那就是："既然一切终归尘埃，生命又有什么意义？"

回答这个问题之前，必须回答另外那几个终极问题，即"我是谁？我从哪里来？我到哪里去？"至于我从哪里来，我到哪里去，从本书的前面章节中或许可以得出答案："生命源于尘埃，终将复归尘埃。"但至于"我是谁"这个问题，就可能没那么好回答了，如果答案是"我们就是靠基因编码组合成的一堆粒子"，则未免是对生命极大的不尊重。

你可能还会说，这很容易回答，我叫某某某，我是谁的儿子、谁的父亲，我从事什么工作等等，这就是我啊。

初看确实如此，但细想之后会发觉这个答案并不准确，这并非"我"的本质，而是"我"的外在形式，即"我和我的故事"所组成的结合体，是通过结构和内容结合在一起的幻象，是"小我"，而非本质。其中，小我的结构即所有权，如"我的"，小我的内容是所拥有的事物，如"工作"，二者结合在一起就是"我的家庭""我的工作""我的汽车"。看得出来，所有的"小我"最终都会消亡，你越是想抓它，越是无法得到幸福，很明显这不是生命的真谛。

小我的核心是认同和分离，这种对"自己的证明"和"拥有更多"的欲望，其根源是恐惧，而小我恐惧的根源正是因为小我意识到"所有事物都是稍纵即逝的"，所以小我想更多地拥有或抓住即将流走的时光，然而在"想抓住"的这个过程中生命的真谛也就难于找到了。

所以，"我是谁"这个问题的答案肯定不在于"小我"一样的归属关系，这个问题的答案恰恰在你放下"身份"的时候便会显现出来。

放下身份，即不存在"我的"。

世间万物，我就是我本身，它就是它本身，不存在任何归属关系，甚至也不存在"我的生命"这个实体，"我"与"生命"本来就是合二为一的，也就是说"我就是生命"，而生命则是每个当下的时间点汇聚而成的"时光"。

从这个意义上看，每个人的全部历史与角色定位，最终也就是一个故事、一堆思想或情绪，但不要小瞧这些故事、思想或情绪，这些东西本身就是生命，也正是"我是谁"的答案所在，因为"我"本身就是由时光和岁月构成的。

了悟了"我是谁"的真谛，生命的真谛也就呼之欲出。很明显，生命就是由无数个当下组成的内容，只要是关注当下，也就是关注生命。一个人，当用自己全部的热诚去接纳生命、享受生命、感悟生命，他也便获得了生命的真谛。虽然我们深知生命源于"尘土"，并且终归于"尘土"，但我们仍然以饱满的热情去拥抱生命，去感受生命时光中的每时每刻、每分每秒，这就是生命的价值和意义所在。

"给时光以生命，而非给生命以时光"，这既是人生的意义所在，也是未来科技发展应该努力的方向。所以，无论科技如何发展，人的感受才应该是我们最应该关注的主体。

那么，元宇宙到底是在增进还是削弱人类的幸福呢？数智时代的到来是否会让人类也变成一个个冷冰冰的机器，进而让生命的存在变得越来越没有意义呢？

接下来我们通过分析幸福的达成方式来认证这个问题，希望能够得出有意义的答案。

重塑幸福

确实，对于幸福这一命题，民众普遍也存在着一些担心，即科技的进步甚至是元宇宙都无法给人们带来更好的幸福感，甚至不少人认为元宇宙时代的到来会让人们的幸福感变弱，甚至是以牺牲人类的幸福为代价的。

包括我们前文所描述的"伦理挑战"中也有提到类似的观点，即元宇宙的万物皆数字会影响人生的趣味，因为一切都变得可以计算。

担心是有必要的，但结论却有失偏颇。合理地运用科技，包括元宇宙相关技术，不但不会损害人们的幸福，甚至可以提升个人的幸福感和整个社会的幸福指数，因为"数字化+智能化"能够让人类更加有效地捕捉到当下的幸福感。

美国心理学家马丁·塞里格曼多年研究积极心理学，他认为幸福的来源主要有三类：一是快乐人生，即天生乐观的性格，以及习惯性地以乐观的态度看待问题；二是参与感较强的充实人生，即一个人做自己喜欢且擅长的事情，甚至能够达到"心流"状态；三是有意义的人生，即找到值得一生为之奋斗的目标，且这种目标是利他的，对整体社会是有益的。

马丁·塞里格曼甚至还提醒到，根据他多年的研究发现，第一类人的性格遗传因素占了50%以上，后天的努力能够起到的作用并不大，所以如果想要通过后天的努力获得"幸福"（记住，不是成功），多数人都需要选择第二或第三条路径。

关于充实人生的达成方法，另外一位美国心理学家米哈里·契克森米哈赖的大作《心流》中的观点与塞里格曼不谋而合。他也是通过调查发现，只有当一个人全神贯注地专注于某件具有适当挑战度的事情的时候，才会感觉最幸福。

根据心理学家们的研究，当一个人专注于做这类事情的时候，其幸福感会大幅度提升。正如奥地利心理学家维克多·弗兰克所说："不要以成功为目标，你越是对它念念不忘，就越可能错过它。幸福也一样，你越追越远，真正的幸福源于一个人全心全意投入某件事情并把自己置之度外之时。"

看来是没错的，我们每个人也应该都在生活中体验到过类似的幸福感，比如全神贯注地看电影时的"心流"幸福，比如专心于某项工作或学习的时候转眼就几个小时的感觉，比如与心爱的人在一起时光飞逝的幸福。

那么，元宇宙能否在"心流"方面提升人们的幸福感呢？这是个值得认真探讨的问题，因为如果结论是"能"，则可能会颠覆很多人对元宇宙价值的认知。

至少在我身边的多数人，无论是否是业内人士，普遍认为元宇宙作为一种虚实结合的技术，虽然可能提升生产效率，但对人的幸福感影响肯定是负面的。其实不然，元宇宙的新模式、新技术不但可以创造更多的心流场景，还能够让人们更容易达到心流状态。

《心流》中有一个观点我特别赞同，那就是心流的产生条件之一是兴趣，而兴趣是否能够维持的关键则取决于挑战与能力的关系。当一个人的能力完全胜任做一件事时，会感觉无聊；当一个人的能力不足以完成这项任务时，则会产生焦虑的情绪，只有二者出现一定程度的匹配之时，才会产生心流效应。

比如学习书法。刚开始学习之时会非常吃力，一旦突破瓶颈并有些许成就之后，就会产生兴趣，而专注于有兴趣的事情之时，就最容易产生心流效应。这个瓶颈，我们称之为基础难度，只有当一个人掌握的技能突破这个基础难度之后，才有可能进入"心流通道"。

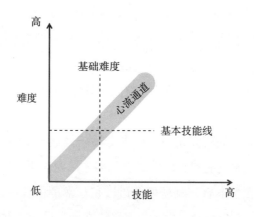

图7.2　心流产生的条件（来源：《心流》）

由此可见，心流并不容易得到，因为在现实生活中，人最大的问题之一是不了解自己的能力特点，所以往往无法找到与自己能力最佳匹配的事情，甚至一直停留在基本技能线之下，所以心流效应变成了"可遇不可求"之事。

"万物皆数字"之后，人们会更加了解自己，就像一个人佩戴智能手表之后就更加了解自己的健康状态一样。当一个人了解了自己的能力特点，就更容易找到与之相匹配的、容易产生"心流效应"的事情。

心流是实现价值和参与感的一种形态，元宇宙还可以为人们带来另外一种参与感，那就是分享。

如果你身边有朋友戒烟或健身，我相信他们十有八九会发朋友圈告诉朋友们，为什么？一方面是分享，另外一个方面是自律后的成就感。据心理学家研究，如果他能够按自己的计划完成目标，那么分享与不分享之间的幸福感差异是巨大的，分享的人将获得更多的幸福感。

其中的主要原因是他们邀请朋友们参与到了自己的世界中来，同时又让朋友们见证了自己的"成就"。

元宇宙时代来临之后，这种分享就更为普遍，只要你愿意，甚至可以分享自己的一切信息。

当然，这也带来了一个问题，那就是如何维护自身的形象。捷克剧作家瓦茨拉夫·哈维尔曾说："我们一直在维护个人的身份，检验个人信用，保持个人尊严。我们不知道这会带给世界什么利益，但大家都相信这是有好处的。"

在信息更透明，"行为即合约"的数字世界，个人的形象已经不再用"维护"了，因为你的"品行"、过去的所作所为"算法"会一览无遗（当然是加密的，其他人无法看到），这个时候每个人将会更遵守规则，对于多数人而言会更加幸福，因为社会上的谎言、欺骗将会减少很多。

可见，元宇宙时代能够为大多数人带来更加充实的人生。

塞里格曼认为第三种获得幸福感的方式就是寻找意义，比如现实世界中的宗教、慈善，影视剧作品中拯救世界的英雄等都可以帮助人生获得意义。

从帮助别人的过程中获得快乐，相信多数人都体验过。据心理学家的统计分析，帮助别人所获得的幸福感较单纯的享乐所获得的幸福感要持续得更久。

现实生活中，多数人都曾经有过利他的想法，但真正付诸实践者可能要少很多，这很大的原因在于信息不对称。即可提供帮助者不知道需要帮助者在哪，需要帮助者也不知道在哪里可以发布求助信息或者信息的真实性也无法得到验证。

元宇宙时代的信息透明化使得这已经不是问题，在这种透明信息的机制之下，利他的行为只会越来越多，因为大家再也不用担心"虚假"的慈善信息。

同时，由于元宇宙时代的信息传播速度也很快，这种利他的行为又极易形成示范效应，通过游戏化的设计，也能够使得英雄式的利他主义得以快速传播。

读到这里您或许会悟到一个问题的答案，那就是为什么有信仰的人看起来更幸福，答案显而易见，那就是因为多数宗教都在鼓励人们行善，这些长期的善举会大大提升人生的意义，进而提升幸福感。

意义在现实世界中难于体现的另一个重要原因是，反馈路径太长，短时间内人们无法看到它的价值。而在未来的元宇宙世界，信息的流动将会让人们更容易体验过有意义的人生能够给自己带来的即时反馈的好处，从而可以鼓励更多的人参与其中。

看得出来，元宇宙时代的数字社会给人们带来的并非"奶头乐"式的幸福，而是一种持续的幸福，因为大数据给人们的并非简单的满足，甚至还有督促。

现实生活中，人们在谋求幸福方面遇到的主要问题有两个：一是不清楚自己到底想要什么；二是当得到一种追求很久的体验或得到一件期待已久的物品之后，幸福感反而会大大降低。

这两种状态在"万物数字化"之后都会得到大大的改善。因为AI能够根据一个人的性格特点、能力优势自主地给每个人更好的建议，不但让你知道自己到底想要什么，还会让你知道你到底适合做什么，进而让每个人的人生更加积极、更加有意义。

正如塞里格曼所言："真正的、持久的幸福不仅仅是个人的满意度感受，更是一种蓬勃的人生状态。"元宇宙正可以通过"万物数字化"、优秀的智能算法、公平的运行规则、简单的互动方式让人们达到"蓬勃的人生状态"变得更加容易。

基于以上，我认为元宇宙时代的到来不但不会降低人们的幸福感，应用得当反而会大大增加人们的幸福感。

假如果真如此，元宇宙以及随元宇宙同步到来的数智社会时代，则更加值得我们期待。

后　记

这本书最初起源于2014年的一个偶然的业务项目，这单业务是协助商户拍摄"VR全景"宣传片，那是我第一次接触到"虚拟现实"这个概念。

当然，我们现在知道这并非真正的"VR"，不过正是这次的偶遇使得我有机会在2016年参与蚂蚁特工（一家专门从事AR/VR内容平台研发的公司）的组建。

六年多来，随着蚂蚁特工的发展壮大，虚拟现实（AR/VR）行业也随着区块链、元宇宙等相关概念的热度而潮起潮落，在参与公司决策的过程中，也逐渐形成了我对元宇宙的完整看法。

2021年，随着Rolox上市和Facebook的更名，区块链和AR/VR等相关技术均被包入了一个叫"元宇宙"的概念之中，而多数人对这个概念的理解都是懵懵懂懂。

人们对元宇宙的认识如盲人摸象一般"千人千面"，有人将NFT当作元宇宙、有人将虚拟人当成元宇宙，当然也有人认为元宇宙就是个骗局。

作为元宇宙的提前入局者，我便经常将自己的想法分享给大家，也受邀开展了多场元宇宙相关的培训。

在给大家讲课的过程中，逐步产生将这些与元宇宙相关的内容整理成书，让更多人理解元宇宙的想法。翻阅市面上的书籍，也确实发现并没有哪本书能系统地说清楚元宇宙到底是个什么东西以及它能给企业、个人带来什么影响，多数文章偏重于应用场景，而非底层逻辑，我觉得很有必要写一本阐述元宇宙底层逻辑的书籍。

此念一起，便开始动笔。

为了讲好元宇宙这堂课，写好"数智未来"这本书，我翻阅了很多资料，拜访了不少专家，却愈加发现元宇宙在多数人心目中都类似于"盲人摸象"，他们都从自己所从事的行业作为出发点去理解元宇宙，这种理解不能说错，但大多不全面。

我认为，要真正理解元宇宙，就要从社会演化的角度去分析元宇宙时代的社会运行逻辑，然后将其视作一个有机生态系统去分析，而区块链、XR技术和Web3.0等不过是组成其有机体的一部分而已。

这些组件固然都很重要，但可能都不是决定性因素。它们的属性正如组成人类社会有机体的生物、规则、语言，这些基本构件虽然定义了有机体的演化框架，但最终决定人类社会演化方向的仍然是每个个体、群体和大自然之间的互动与选择，而这种演化表面上是随机的，但其内在逻辑始终是遵循自然选择规律的。

元宇宙亦是如此，技术、规则、玩家形态等决定了元宇宙的未来演化可能性，但真正可能的演化路径则需要创作者内容之间的互相促进，借用凯文·凯利的话来说，就是涌现。

元宇宙未来涌现成具体的什么模样或许真的很难预测，但元宇宙的底层逻辑犹如生物界的"自然选择规律"一样是不会改变的。

这正是本书写作的基点，也是本书要寻找的答案。

诚然，在写作过程中也发现自己的知识短板仍有不少，感谢多位专业人士的指点，感谢蚂蚁特工同事们的坦诚交流，才有了今天您手中的这部小书。

谨以此书献给即将到来的数智社会新时代。

参考文献

[1] 阿尔文德·纳拉亚南，约什·贝努，爱德华·费尔顿，安德鲁·米勒，史蒂文·戈德费德.区块链：技术驱动金融 [M].林华，王勇，帅初，蔡凯龙，许余洁，李耀光，高晓婧，洪浩译.北京：中信出版集团，2016.

[2] 艾克哈特·托尔.新世界：灵性的觉醒 [M].张德芬译.广州：南方出版社，2012.

[3] 埃迪·普罗斯.生命是什么 [M].袁祎译.北京：中信出版集团，2018.

[4] 拜伦·瑞希.人工智能哲学 [M].王斐译.北京：文汇出版社，2020.

[5] 布鲁诺·阿纳迪，帕斯卡·吉顿，纪尧姆·英罗.虚拟现实与增强现实：神话与现实 [M].侯文军，蒋之阳译.北京：机械工业出版社，2020.

[6] 陈龙强，张丽锦.虚拟数字人 3.0[M].北京：中译出版社，2022.

[7] 大卫·克里斯蒂安.时间地图：大历史，130 亿年前至今 [M].晏可佳，段炼，房芸芳，姚蓓琴译.北京：中信出版集团，2017.

[8] 丹尼尔·L·埃弗里特.语言的诞生：人类最伟大发明的故事 [M].何文忠，樊子瑶，桂世豪译.北京：中信出版集团，2020.

[9] 方军.区块链超入门 [M].北京：机械工业出版社，2021.

[10] 弗若斯特沙利文，头豹研究所.2022 年中国虚拟人产业发展白皮书 [J].

[11] 高承实，王永娟，于刚.区块链中的密码技术 [M].杭州：浙江大学出版社，2021.

[12] 凯文·凯利.科技想要什么 [M].熊祥译.北京：中信出版社，2011.

[13] 凯文·凯利.失控：全人类的最终命运和结局 [M].东西文库译.北京：新星出版社，2011.

[14] 凯文·沃里克.人工智能基础 [M].王希译.北京：北京大学出版社，2021.

[15] 库兹韦尔.奇点临近 [M].李庆诚，董振华，田源译.北京：机械工业出版社，2011.

[16] 李骏翼，杨丹，徐远重.元宇宙教育 [M].北京：中译出版社，2022.

[17] 刘进，史康云，宋兴旺，赵玉兰，张新生.虚拟工厂应用的研究综述 [J].1006-3269（2019）02-0017-07.

[18] 马丁·塞利格曼.持续的幸福 [M].赵昱鲲译.杭州：浙江人民出版社，2012.

[19] 马修·科布.大脑传 [M].董乐山译.北京：中信出版集团，2022.

[20] 米格尔·尼科莱利斯.脑机穿越：脑机接口改变人类未来 [M].黄珏苹，郑悠然译.杭州：浙江人民出版社，2021.

[21] 米哈里·契克森米哈赖.心流：最优体验心理学 [M].张定绮译.北京：中信出版集团，2017.

[22] 彭木根，刘喜庆，闫实，曹傧.6G 移动通信系统：理论与技术 [M].北京：人民邮电出版社，2022.

[23] 乔恩·佩迪.增强现实：无处不在 [M].邓宝松，闫野，印二威译.北京：电子工业出版社，2020.

[24] 乔治·奥威尔.一九八四 [M].董乐山译.上海：上海译文出版社，2009.

[25] 让·雅克·卢梭.社会契约论 [M].北京：作家出版社，2016.

[26] 索尼娅·孔特拉.纳米与生命 [M].孔亚飞译.北京：中信出版集团，2021.

[27] 谭乐.脑机革命 [M].周先武，赵梦瑶，倪雪琪，何文忠译.北京：中信出版集团，2021.

[28] 王立铭.生命是什么 [M].北京：中国盲文出版社，2019.

[29] 王晓云，段晓东，张昊.算力时代 [M].北京：中信出版集团，2022.

[30] 维塔利克·布特林.以太坊：下一代智能合约和去中心化应用平台.

[31] 吴军.数学之美 [M].北京：人民邮电出版社，2020.

[32] 吴军.智能：大数据与智能革命重新定义未来 [M].北京：中信出版集团，2016.

[33] 徐明星，刘勇，段新星.区块链：重塑经济与世界 [M].北京：中信出版集团，2016.

[34] 伊恩·斯图尔特.生命之数 [M].杨昔阳译.北京：商务印书馆，2020.

[35] 尤瓦尔·赫拉利.今日简史：人类命运大议题 [M].林俊宏译.北京：中信出版社，2018.

[36] 尤瓦尔·赫拉利.人类简史：从动物到上帝 [M].林俊宏译.北京：中信出版社，2014.

[37] 尤瓦尔·赫拉利.未来简史：从智人到神人 [M].林俊宏译.北京：中信出版社，2016.

[38] 约翰·布罗克曼.生命：进化生物学、遗传学、人类学和环境科学的黎明 [M].黄小骑译.杭州：浙江人民出版社，2017.

[39] 约翰·霍兰德.涌现：从混沌到有序 [M].陈禹，方美琪译.杭州：浙江教育出版社，2022.

[40] 约翰 C·黑文斯.入侵未来：数据、科技如何改变经济、社会并重构幸福 [M].吴振阳译.北京：机械工业出版社，2016.

[41] 智研咨询.2022—2028 年中国可穿戴设备行业发展现状调查及市场规模预测报告 [J].

[42] 中本聪.比特币：一种点对点电子现金系统.